내 안에 있는
원초적 고독

내 안에 있는 원초적 고독

이병국 지음

나를 포기할 때 비로소 드러나는 것

생각나눔

생각하는 마음을 포기하면

실재인 본래 '나'가 드러난다

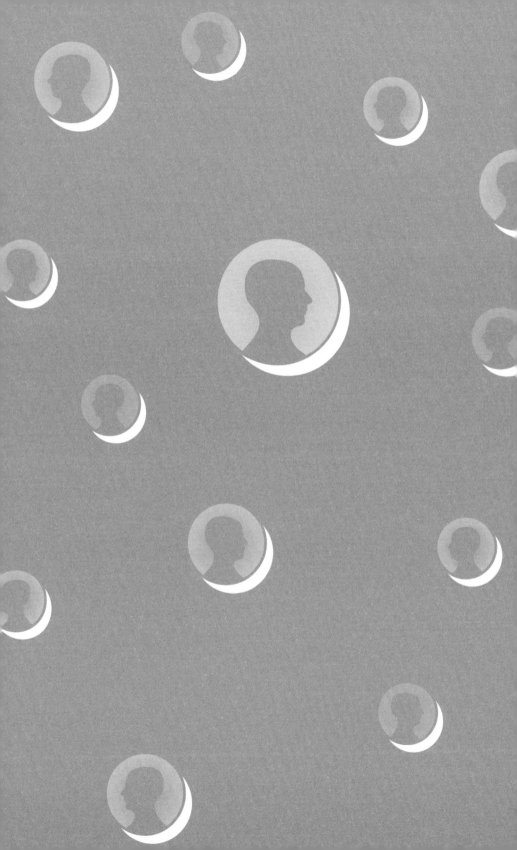

　　　이 글은 선각자들의 말씀에 따라, '나'의 정체를 탐구하는 구도와 수행의 여정에 떠오르는 의문점과 궁금한 것들에 대한 답을 찾아가는 과정을 정리하며 글로 표현한 것입니다. 책을 통해 얻은 객관적인 내용과 저의 주관적인 것들이 혼재되어 있고 게다가 실생활과는 거리가 먼 낯선 표현들 때문에 이해하고 받아들이는 데 어려움이 많으리라 봅니다. 본 내용들이 낯설고 어렵지만 제가 경험한 바로는 본문의 뜻이 가슴에 다가와 느껴질 때까지 되풀이해 읽고 몸으로 수행하는 방법뿐입니다.

　우리 인생의 진정한 목적은 참다운 인간으로서 행복한 삶을 사는 데 있다고 학교와 가정 등의 교육을 통해 배워 왔습니다. 그런데 참인간이나 행복을 사회적 성공과 유명인사로서 명성이나 부의 축적 등으로 얻을 수 있다는 이율배반적인 막연한 생각을 주고 교육으로 지식의 습득과 사회적응을 위한 혹독한 훈련만 시킬 뿐이지, 진정한 참인간의 모습과 참 행복에 대해서는 구체적으로 무엇이고 어떻게 얻는지는 배우지 못했고 단지 사전적 단어로만 듣고 자랐습니다. 그래서 성인이 되어 사회생활에 부딪혀 행복을 얻겠다고 명예와 부를 찾다 보니, 참

인간으로 살고자 하는 본래 의도는 망각하여 멀어지고 사회흐름에 섞여 온갖 고생 속에 세속적인 것들을 탐닉하게 됩니다. 설사 어렵게 부와 명예를 얻게 되어 성취감으로 잠시는 행복하나, 그걸 지켜야 하고 유지해야 하는 상황과 더욱더 큰 걸 얻고자 하는 탐욕에 행복은커녕 마음은 항상 무언가에 쫓기는 생각으로 불안한 인생살이는 계속되었습니다.

행복이란 인간의 원초적 고유품성이라서 사람들은 누구나 행복하길 원하는데, 이 고유행복은 불행 없고 단순한 본래적인 것이라 누구에게나 실재로서 있는 그대로 항상 똑같이 드러나 있다는 것입니다. 그런데 '나라는 생각'의 에고자아인 이 몸과 마음이 그런 본래행복을 장막처럼 가리고 있다는 것을 우리는 모르므로, 단지 앞에 보이는 세상에서만 물질적 대상 인식으로 행복을 찾고 있습니다. 그래서 참 행복인 실재를 커튼처럼 가로막고 있는 나의 생각하는 마음만 걷어내면 가려진 본래행복이 드러나는 것이라, 마음을 처음 생겼던 곳인 나의 내면가슴심장으로 되돌려 보내야 한다는 것입니다. 나의 마음은 본래 없던 반사광인 빛-의식이라 되돌려 내면심장의 원광 빛에 흡수 합일시키면 가려졌던 근원실재인 본래 '나'가 원광으로 드러나는데, 드러난

'참나'는 평온의 지복이라 지금 이 순간의 나는 존재로서 행복입니다.

　'참나'는 항상 '있음(BEING)'으로 '나는 존재한다(I AM)'는 자각의 식인 원광으로 비추어 모든 걸 존재케 합니다. '자각'의 본질은 근원의 스스로 빛나는 영원한 빛으로 스스로 존재함을 아는 '의식-존재-지복'인 의식인데, 이런 표현 자체를 넘어선 언표불가입니다. 그래서 내 안에 원광의 지복인 영원한 행복을 지금 이 순간 드러내고자, 침묵의 실재로서 원광인 진정한 '나'에 대한 청문성찰로 에고-나의 주시자각의 수행길을 갑니다. 바른 자세와 입 안 가득 빨아 삼킴의 미소를 머금는 호흡내면주시로 이면에 근원실재인 자각의 침묵을 드러내면, 그 침묵 안에 실재지복인 평온한 본래행복이 드러나게 됩니다. 그 행복은 이것저것이 아닌 단지 생각 없는 중도로서 이런 본래행복을 찾고자 나의 정체를 탐구하는데, 나의 주의집중의 내적주시로 반사광인 에고마음이 세상으로부터 뒤돌아서 본래 나왔던 곳인 내면가슴으로 되돌아가 원광에 합일 소멸되고, 그럼 에고로 가려졌던 본래의 '나'가 평온으로 드러납니다.

우리는 인간의 참모습은 진선미에 있다고는 들었지만, 그 정체가 무엇인지 어떻게 얻는지는 배운 바가 없습니다. 그래서 단지 몸의 외적표현인 얼굴 외모와 신체조건에서 찾는 것으로 착각하여, 상대방을 볼 때 얼굴부터 보고 다음에 그 사람의 몸매 등의 외적 모습을 보며 그 사람의 됨됨이를 생각하므로, 남에게 보여주기 위한 아름다운 외모와 멋진 몸매를 누구나 원하여 열심히 가꾸고 만들려 노력합니다. 그런데 실지로 '미'의 개념은 바른 자세에 의해 나타나는 균형 잡힌 몸매와 기품 있는 모습을 말하며, '선'이란 미의 바른 자세 안에 내적주시로 나타난 생각 없이 맑은 미소 띤 얼굴에 그 사람의 내적표현인 어질고 바른 온유한 이미지가 나타난 것이고, '진'은 내적실재인 청정심정신의 선과 외적실재인 육신에 의한 미가 드러나 조화를 이루어 모든 것을 하나로 자각하는 진정한 참인간(진인)으로 드러나는 것을 의미합니다. 이렇게 진선미가 하나로 통합되고 조화를 이루어 본래의 '참나'를 드러내 에고-나의 오류를 벗어나도록 우리는 수행의 길을 걷는 것이며, 우리 누구나 '나'에 대한 성찰탐구로 진인의 진선미를 이루면 본래대로 평온한 지복의 삶을 즐기게 됩니다.

전작인 '나'의 후기를 쓰면서 내용이 두서없고 체계 없이 어렵게 쓰인 걸 알고 다시 정리하면서 후에 얻은 것들을 더하여 이 책을 쓰게 되었습니다. 이 글을 씀으로써 공부(청문, 탐구) 중에 얻은 내용들이 정리와 복습이 되어 저에겐 많은 도움이 되었습니다. 그래서 '나'의 후기를 이어 쓰게 된 모양새가 되었는데, 여전히 체계 없고 난해한 것은 어쩔 수 없으니 이 에고마음의 시야와 표현으로는 넘을 수 없는 한계인가 봅니다. 다시 정리한 '나'의 후기를 먼저 적고, 본 내용으로 들어가겠습니다.

　감사합니다.

2017년, 이병국 드림

차 례

II 원광(元光), 영생(永生)
- 참나에 대하여 -

Ⅲ 탐구, 청문(聽聞)과 성찰(省察)
- 구도에 대하여 -

Ⅳ 실재(實在), 자각의 침묵

- 실재에 대하여 -

✎ 마치면서

'나'의 후기

여기 내용들이 표현할 수 없는 하나뿐인 진리에 대한 것이라 저의 부족한 문장력의 표현으로는 한계가 있고, 실생활과는 거리가 먼 낯선 단어와 글귀들로 이해하는데 어려움이 더욱 많으리라 봅니다. 더군다나 이 글들이 잃어버린 본래의 '나'인 근원의 실재를 드러내는 데 얼마나 도움 될지는 모르겠으나, 실지로 우리가 찾는 근원의 실재인 진리는 애고인 이 몸과 마음으로 가려져 있어서 내가 보거나 아는 생각들 너머에 있는 그것으로, 자각의 침묵인 원초적 의식으로 근원의 스스로 빛나는 원광입니다. 그것이 본래의 '나'임에도 생각하는 내 마음으로는 인식이나 표현할 수 없는 것인데, 생각의 표현인 말과 글로 그것을 나타내려 하니 매우 어려웠으며, 그래서 뜻이 가슴에 다가올 때까지는 되풀이해서 읽을 수밖에 없습니다. 이렇게 마음을 어지럽힌 것에 넓으신 이해와 용서를 빕니다.

우리는 누구나 똑같은 생명의 빛으로 자신의 존재를 나타낸다

몸으로 세상을 사는 우리들은 서로 간에 겉모습은 다르지만, 누구나 똑같은 목숨이라는 몸의 생명력으로 각자의 인생이란 굴레 안에 개아(개인자아)로서 나의 삶을 이어갑니다. 그런데 우리는 나의 내면가슴에 항상 존재하는 근원의 생명이나 실재인 본래의 '나'에 대해서 듣거나 스스로 생각한 적은 전혀 없어서, 내면이란 것을 가슴 대신 생각하는 머리의 두뇌로 착각합니다. 또한, 우리는 이 몸이 나라고 생각하는 에고마음에 의해 몸의 목숨을 생명처럼 착각하여 외부에서 들어오는 수많은 자극으로부터 목숨을 보호하려고, 두뇌의 생각으로 행위하고 나를 세상에 알려 존재감을 과시합니다. 이런 몸과 마음으로 대상물을 인식하고 소유함으로 자신의 존재가치를 찾는 에고-나로서는, 영화처럼 지나가면 사라지는 순간환상인 그림자인생의 세계를 마치 계속되는 실재처럼 착각하며 삽니다.

이처럼 몸으로 사는 우리 인간들은, 진정한 생명이며 내면에 실재인 참 존재의 '나'를 망각하고, 단지 외적발산으로 나타나는 모습과 이름의 명색(名色)에서 자신의 존재 이유를 찾게 됩니다. 그래서 우리는 대외적으로는 명색으로 자신을 나타내면서, 개인으로서는 자신의 역량에 따라 각기 다른 사회적인 역할과 위치를 갖고 있는데, 기본적으로는 사회적 위치나 능력의 격차에 상관없이 누구든지 동등한 자격의 똑같은 사회구성원으로 존재하며 단지 각자의 역할에 따라 활동할 뿐이라서, 나의 분별하는 마음이 없다면 서로 간에 차별할 것 없이 모두가 하나인 실재로서 똑같다는 것이 진리입니다. 왜냐하면, 이렇게 서로 각기 다른 형상과 각자의 이름 가진 모든 존재 안에는, 나 너 구별할 것이 없이 모두가 똑같은 동질의 생명인 근원의 실재를 가지므로, 모든 것의 내면은 똑같은 단일한 순수의식인 근원의 빛으로 빛나는 실재라는 것입니다. 그런데 우리는 이런 사실을 전혀 모르고 겉모습과 생각이 다르다고, 각자가 에고마음으로 서로를 별개로 인식하고 있다는 건 정말 아이러니가 아닐 수 없습니다. 알든 모르든 인간으로서 우리 모두는 겉모습은 다르지만, 본래대로 누구나 똑같은 실재로서 영적 생명 빛으로 가득한 똑같은 내면을 가지므로 너와 나는 분별할 것 없이 똑같은 하나입니다. 비록 순수의식인 생명 빛의 비춤이 원습반사로 마음인 에고의식과 몸인 형상으로 제각기 나타나지만, 개아로서 존재들의 본래생명은 본질적으로 근원이 같은 불성성령의 빛이어서 모든 존재 안에는 나와 다른 인간이나 대상물은 전혀 없이 같은 생명 빛으로 하나입니다.

그런데 문제는 반사광으로 '나라는 생각'인 에고마음의 산란된 빛으로 각자모습이 다르게 나타나고, 내면가슴에 원습반사의식인 에고마음이 다시 두뇌를 비추면 상습이 업으로 활성화된 산란된 생각이 자신의 몸 이외에는 다른 것으로 구별하여 대상 인식을 한다는 것입니다. 나의 몸과 마음으로 표현되는 이 에고는 근원의 실재이며 원광인 '참나' 빛의 표출로서 세상과 함께 나타난 일시적 순간의 반사광이라서, 이 몸과 마음은 나타난 세계와 함께 실재 '나'의 일부일 뿐이고 원광인 본래의 진정한 '나'는 결코 아니니, 몸이 나라는 생각의 반사광인 에고마음에게 절대 속지 마십시오.

'나'는 근원의 실재로서 원초적 자체발광의 원광입니다. 이 '참나'는 나와 세상의 이면과 저변 어디에나 있는 생명의 근원인 무한실재이면서 스스로 빛나는 빛입니다. 그 근원의 실재인 '참나'가 생명의 빛으로 세상에 표출되도록 드러내는 길이 에고-나인 이 몸의 사명입니다. 그런데 나는 이 몸과 마음으로 스스로를 매듭지어, 세상을 비추는 근원의 생명 빛을 가리고 차단하여 본래자각 대신 대상 인식으로 세상과 나를 별개로 보므로, 세상을 대하고 있는 이 몸과 마음만이 '나라는 생각'으로 그 생명 빛을 내면에만 머물게 하여 망각하고, 에고-나는 이 몸과 마음으로 정작 주인인 근원의 실재인 본래 '나'를 가리게 되므로, 에고마음은 보이는 이 몸으로 대신 실재인 양 주인행세를 합니다.

그래서 착각하고 있는 에고마음 스스로가 그런 미망에서 깨어나 이 몸이 진정한 내가 아니란 걸 알고 포기한다면, 무지한 에고-나로 가려진 생명근원인 실재 '나'가 본래대로 드러나고, 드러난 '참나'로 인한 생명 빛으로 세상도 같은 실재로서 드러나게 됩니다. '실재'란 스스로 빛나는 근원 빛이 항상 변함없이 자각의 침묵으로 존재하는 것인데, 우리 사는 세계는 끊임없이 변해가는 현상계라서 실재가 아니고, 본래 '나'인 실재를 바탕으로 그 안에 세계와 개아로서 에고-내가 순간순간 나타나 사라지는 영상 같은 환상이라는 것을 우리는 알아야 합니다. 그래서 몸과 마음만이 나라는 제한된 생각(인식)을 포기하면, 가려졌던 자체발광의 본래자각이 침묵으로 드러나 모든 게 무한 영원한 실재의 '나'입니다. 그것만이 세상에 대한 고통과 불행을 벗어나고 본래지복인 진정한 '나'를 회복하는 길입니다.

본래대로 '나'만 홀로 있다면 생각이 없어 불행도 고통도 없는데, 세상이 나타나 나에게 대상으로 있을 때는 세계에 대한 인식과 생각으로 고통이 찾아오므로, 불행이란 본래 없는 상대적인 것입니다. 그래서 불행 없는 행복을 위해, 세계를 향하고 그 안에 빠져 있는 에고-나를 포기하라는 것입니다. 그것은 단적으로 나라는 생각과 세계를 포기하라는 것이고, 그럼 가려졌던 본래의 실재 '나'가 드러나 자연스레 본래대로 행복합니다. 그래서 나의 에고마음을 포기하면 현상계 대상들에 대해 인식할 마음과 생각이 사라지므로 내면은 고요해지고, 고요 안에 본래대로 자각으로 빛나는 침묵인 실재 '나'가 드러납니다. 생명의 근원이며 진리인 본래의 '참나'는, 다리 역할을 하는 이 몸과 마음의 길을 통해 세상을 비추어 진리의 생명을 드러내는 게 '나-비춤'으로 실재의 나타냄입니다. '나'라고 굳게 믿었던 이 몸과 마음인 에고-나는 사실은 근원과 세계를 연결해주는 길로서 정말 중요한 역할인데, 원습으로 나타난 반사광에고는 실재 나인 원광을 가리고, 상습의 외향적 생각으로 본래실재인 세상을 과거의 업으로 덧칠해 환상의 세계로 만들어, 목숨으로 한정된 에고-나의 몸과 마음으로 제한된 인생을 살아가는 절대적인 오류를 범하게 됩니다.

이렇게 습과 업으로 오류를 일으키는 재반사광인 나의 산란된 빛을 거두기 위해서는, '나'에 대한 일념집중의 지성으로 세상을 향하는 외향 심을 내적주시로 내향 심으로 되돌리고, 날숨의 흡인으로 산란된 에고의식의 빛을 거두어 세상을 본래대로 드러내는 게 이 몸과 마음의 고유임무이고, 더불어 근원 빛인 진리의 생명이 세상을 본래 실재대로 비추도록 연결하는 길이 나에게 주어진 역할로 고귀한 사명입니다. 그래서 예수께서는 "나는 (개아로서) 길이요, (근원인) 진리요, (세상을 이루는) 생명이니, 나를 말미암지 않고는 천국에 갈 수 없다."라는 말씀으로 누구나의 안에 있는 근원의 실재이며 세상을 이루는 생명의 진리인 '나'를 가르치신 것이고, 이 '나'로 말미암아 나와 세계도 본래대로 실재라서 지금 이 순간에 있는 그대로의 이 세상은, 하나님 빛의 강림으로 바로 천국이고 부처님 세상인 극락입니다.

나의 본래면목은 무아(無我)로서 원광(元光)인 실재(實在)이다

불교에서 말씀하시는 무념무상이란 몸과 마음이 나라는 생각이 없는 상태인 '무심'이고, 본래대로 에고–내가 없는 '무아'로서 실재인 '나'를 의미합니다. 그래서 무아란 나의 마음이 사라지므로 에고–나로 가려진 진정한 본래의 '나'가 드러나는 원초적 실재상태입니다. 생각 없는 무념과 인식할 대상 없는 무상의 상태가 나의 내면에 본래침묵인 '무'로 아무것도 없이 비어 있어 생각과 마음 없는 무심인데, 이렇게 근원의 실재로서 원광의 빛으로만 빛나면서 단순히 자각만 하는 순수한 나가 본래의 '나'인 '무아'로서, 나의 본래면목입니다. 그래서 본래면목인 실재의 '나'는 무상무념의 무심으로 무아인 원광이며, 공의 비춤이라서 근원인 공과 같습니다. 그러나 이 몸과 마음이 나라고 생각하는 에고–나는 산란된 반사광이므로, 원광인 본래의 원초적인 '나(眞我)'의 단지 일부라서 비아(非我)로 분별되기도 합니다.

이 몸 이면에 원광으로 빛나는 나의 본래면목인 실재는 자각의 순수의식이라 보이는 대상이 아니라서, 반사광인 나의 시야로는 인식이 안되고 자각도 할 줄 몰라 알 수가 없습니다. 그런데 에고마음이 내적주시로 내면에 머물면 인식할 게 없어 생각이 사라져 고요하므로 침묵의 실재가 드러나는데, 처음엔 그런 상태를 마음은 인식대상이 없으므로 그냥 텅 비어 있다고 합니다. 이 생각 없이 비어 있음이 무심이고, 무심은 바로 지금 이 순간 자각하는 '있음'의 존재라서, 근원의 스스로 빛나는 빛으로 가득 차 드러난 본래대로의 침묵실재인데, 이 이면에 실재가 스스로 빛나는 영원한 원광이며 순수자각의식으로 주시자인 본래의 '나'입니다.

　태초(太初)에 '공'이 자체발광의 빛을 비추면, 이 원광이 비추이도록 스스로를 밀어내는 척력으로 침묵의 허공이 드러나고, 스스로 빛남은 다른 바탕 없이 스스로가 바탕이 되므로 세상 모든 것의 원초적인 시작이며 바탕입니다. 그래서 세상은 자체발광인 실재의 빛으로 나타난 것이라 나라는 생각의 에고마음만 없다면 이 몸 또한 본래실재이고, 더불어 구별할 게 없는 침묵의 허공인 세상도 있는 그대로 실재입니다. 본래실재는 대상적 앎이 없고 시공초월의 절대의식인 순수한 빛이라 나와 세상도 있는 그대로 실재로서 드러나면 청명함과 충만함인 본래의 평온을 회복하게 됩니다. 이런 스스로 빛나는 근원의 실재로 자각의 무염송이 침묵으로 영속된다는 것을 아는 것이 깨달음이며 '나'의 원초적 본래상태입니다. 이 실재에는 아무것도 없고 본래의 자각의식으로 침묵뿐이며, 해탈이나 깨달음은 몸과 마음이 나라는 생각의 무지로 속박과 고통받아 벗어나려 노력하는 이 몸에 의한 것입니다. 세상을 살면서 우리가 느끼는 모든 고통은 세계와 나의 몸을 인식하는 에고마음의 물질적인 생각으로부터 옵니다. 만일 물질적인 이 몸이나 현상계의 세상이 없다면 인식할 게 없어 생각도 고통도 없이 고요한데, 이 몸의 에고-나로서는 순간에 존재하는 몸과 세상은 없앨 수는 없어 대신 인식하고 생각하는 나의 마음을 없애려는 것입니다. 그런데 그런 생각하는 마음마저 우리 마음대로 없앨 수는 없어, 그 마음이 본래 나온 근원인 내면에 가슴심장으로 되돌리려는 것입니다. 이처럼 몸과 마음의 에고-나는 실재의 '나'를 가로막는 덧씌움의 무지로 몸만이 나라는 제한된 생각으로 속박을 일으킵니다. 그래서 습의 반사광인 나의 마음은 본래의 세상에 활성화된 업을 투사하여 덧씌워 은폐된 세계로 만들고, 업보인 마음의 생각으로 모든 게 실재라고 착각하여 행위합니다. 이 착각을 벗어나려면 내면에 침묵하는 실재인 '나'에 대한 끊임없는 내적주시를 해야 하는데, 주시는 생각의식을 오관인 눈, 코, 입, 목들의 안에 주의집중하고 삼킴의 미소를 머금어 호흡 내면주시로 내적흡인합니다. 그럼 지속적인 흡인의 들숨으로 마음은 되돌아서 내면가슴을 향하고 심장근원 빛에 흡수 소멸되므로, 내면은 본래대로 고요와 자각의 침묵으로 실재의 '나'가 드러납니다. 드러난 본래 '나'의 상태는 지복의 잠 속 같은 침묵이라 생시–잠이라 하는데, 이 상태는 나의 본래모습인 자각으로 빛나는 침묵의 실재라서 깨어 있는–잠이라고도 합니다. 그래서 깨달음이란 이 몸과 세계가 실재라는 착각의 꿈같은 생시(생시–꿈)에서 깨어나는 것입니다.

	원광	반사광		산란광	무지개	
실재 ➡	원습	➡	에고(마음) ➡	업	➡	세계
	비춤	반사		투사	은폐	

이런 과정으로 나라는 생각의 에고마음이 업을 투사하여 실재인 나와 세상을 덧씌워 은폐시키는데, 이런 덧씌움의 은폐는 허공이 대상으로 가려지듯 실재 '나'는 이 몸과 마음 등 대상세계로 가려지므로, 가리고 있는 대상만 치우면 허공이 본래대로 드러나듯이 '나'를 가리는 에고마음을 몸 대신 걷어내면, 마음이 없어 의식할 몸도 세계란 인식 대상도 없으므로 본래대로 실재가 드러나게 됩니다. 본래의 '나'는 세

상의 바탕인 실재로, 근원의 스스로 빛나는 자각의식이며, 이면과 저변에 침묵의 허공입니다.

보이지 않고 잡을 수도 없는 마음을 걷어내는 방법은 바른 자세 안에 지속적 빨아 삼킴의 순간에 머무는 흡인동작인데 눈, 코, 입, 목 안에 주의집중하면 들숨만 지속되어 나가려는 날숨이 멈추므로 밖을 향하려던 마음도 들숨 따라 다시 안으로 흡인되어, 근원인 가슴심장에 흡수 합일되어 자연 사라집니다. 이때 지속적인 흡인의 삼킴과 미소를 머금고 '나'에 대한 강렬한 주위집중이 필요합니다. 마음소멸로 생각이 없어지면 나의 내면은 고요해져 가려졌던 자각의 침묵이 본래대로 드러나는데, 그것이 바로 나의 원광이 빛나는 영광의 실재입니다. 그럼 세상도 '나'의 빛에 의해 본래대로 실재로서 드러나 찬란히 빛나는데, 이것이 바로 영광(靈光)입니다.

이것은 내면에 머무는 청정심인 순수에고의 미세한 마음이, 두뇌의 생각하는 거친 마음을 끌어당겨 근원인 '나'의 가슴심장 순수한 빛에 고정시키므로, 은폐를 일으키는 무지의 거친 마음은 본래의 근원빛에 흡수 소멸되어 내면은 고요해집니다. 그럼 에고마음으로 가려져 은폐되었던 세상이 스스로 빛나는 빛인 자각하는 본래침묵으로 드러나는데, 이것이 본래 있는 그대로 실재의 세상입니다. 이 자각의 침묵이 근원의 스스로 빛나는 원광인데 일체를 비추어 생명을 주는 실재의 빛으로, 나의 이면과 세상 저변에 주시자인 '참나'입니다. 이렇게 에고-나를 포기하여 마음이 사라지면 본래 '나'인 실재(實在)가 저변에 바탕으로 어디에서나 드러납니다.

주시자는 형상 없이 스스로 빛나는 빛인 순수의식으로, 그 빛 자체가 자각의식이라서 스스로 존재하여 주시만 할 뿐인데, 그 원광이 바탕이 되어 원습에 의한 에고-내가 등장하면 세상도 같이 나타나므로, 바다에 이는 파도 물결 물방울같이 주시자를 바탕으로 신, 세계인 우주, 개아가 등장합니다. 그런데 설사 이 몸과 세계가 나타나도 본래침묵은 지속되고 근원실재는 자연스레 있는 그대로 드러나는데, 그 실재 안에 에고마음의 생각 없이 단지 주시자각으로만 깨어있는 나는 세계와 함께 본래 있는 그대로 실재입니다. 바른 자세와 삼킴의 미소로 흡인하여 감각기관이 집중된 얼굴의 두 눈 안 상단전에 주의집중하면 오감을 받아들이는 오감관의 기능이 멈춰 두뇌의 인식생각작용이 사라져, 고요한 내면가슴에 마음이 머무는 내적주시가 되어 침묵의 실재가 드러나는데, 원광인 실재에 마음과 원습이 흡수 절멸될 때까지는 끊임없는 주시자각의 노력이 계속되어야 합니다. 이면내적주시로 마음과 원습마저 절멸되면 더 이상의 노력은 필요 없고, 비로소 나는 빛나는 원광(元光) 속에 실재로서 영생(靈生)합니다.

본래의 '나'는 실재의 원초적 이름으로, 드러나지 않는 지고의 존재가 스스로 빛나는 빛을 통해 실재의 '나'로 표출된 것으로, 이 원광이 일자로서 스스로의 앎인 자각의식이라 '나'라고 한 것입니다. 이 '나'는 모든 누구에게나 사물이든 무엇이든지 간에 존재로서는 모두 같은 '나'로 하나입니다. 그래서 '나'는 지고한 실재로서 스스로 빛나는 순수의식인 자각의 빛으로, 생명의 불성성령으로 '나의 나타냄'이라, 우리 모두들 누구나의 '나'는 세상의 중심이고, 만물의 토대이며, 현상계인 세계의 바탕입니다. 이 몸 혼자만이 나가 아니고, 세상 모든 것과 인간 누구나가 같은 하나의 '나'입니다.

나의 이면이 바다와 같은 근원실재라면 이 몸과 앞에 펼쳐진 세상은 근원인 바다에 일어나는 파도의 물결, 물보라, 물방울과 같습니다. 파도의 물결, 물방울 등 모두가 근원인 바다와 똑같은 성분인 바닷물로 되어있듯이, 나의 생각하는 마음인 에고자아만 없다면 나와 세상은 서로 구별할 것이 없이 근원으로부터 온 똑같은 빛이라 하나의 생명으로, 또한 근원과 똑같은 자각품성을 가진 순수의식의 실재라서, 모든 것이 하나뿐인 일자입니다.

전면허공은 이면실재인 의식허공의 침묵이 세상에 드러남이다

　침묵은 근원이 스스로 빛나는 빛인 원광으로 자신을 드러내는 원초적 실재로서, 순수의식의 자각상태입니다. 그런데 생시에 이 몸이 깨어나 침묵이 깨지면, 자각의 빛은 창조적인 빛과 소리인 '옴(WORD)'으로 나타나고, 그것들의 파동과 진동으로 신 우주 개아의 우리 사는 세상이 펼쳐집니다. 이 과정은 몸이 깨어남과 동시에 가슴심장인 근원원점의 빛에 의한 진동의 파장이 퍼져나가면, 그 안에 원광의 자체산란된 빛(마야, 환)으로 세상과 내가 등장하여 그 사이에 거리가 생기면 공간과 시간이 흐르고, 이 몸에 상습으로 생각과 행위로 이어지면 세상은 반사산란으로 다양성의 세계가 펼쳐져, 에고–개아로서 나의 인생은 그런 세상의 흐름 속에 같이 따라 흘러갑니다.

근원 ➡	실재 빛 ➡	원초적 빛과 소리 ➡	신, 우주, 개아
자각	침묵, 원광	WORD, 옴	세상, 허공

그래서 세상에 드러난 허공의 침묵은 근원실재침묵에 의한 자각의 드러남이라 에고인 이 몸이 받을 수 있는 최선의 가르침으로 최고의 은총이며, 나의 내적주시의 묵언기도는 소리 없는 우렁찬 침묵기도로 근원의 원초적 실재인 본래침묵을 이 몸으로 세상에 직접 드러내는 길입니다. 또한, 근원의 일차적 드러냄이 바로 원초적인 본래 '나'인데, 이런 실재 '나'에 에고-나를 합일하여 진아 안주시키는 스승의 침묵전수는 이 몸으로 받을 수 있는 최고의 은총입니다. 이 침묵은 이 몸과 마음으로 가려져 드러나지 않는 나의 이면에 근원의 빛인 실재로 순수존재의식인 본래자각입니다.

그런데 이 몸이 뒤돌아서면 이면에 실재침묵은 깨지면서 바로 이 세상의 바탕이 되는 허공으로 드러나 펼쳐지고, 이 허공은 실재침묵의 자각품성을 그대로 가지고 있어 세상을 밝히며 바탕이 되는 불성성령으로 빛나며, 그 빛의 자체산란으로 원소를 규합하여 형상을 나타내 현상계의 세계를 나타냅니다. 침묵의 실재를 바탕으로 나타난 허공은 대상 인식의 에고마음으로는 인식되지 않아 알 수 없고, 내면에 머무는 미세한 마음이며 이면실재인 주시자로서 본래의 '나'만이 자각으로 허공을 아는 것입니다. 그래서 이 몸이 허공을 인식함은 실재깨달음으로 가는 시작이 되고, 그 대상 없는 허공인식은 본래의 자아인식인 자각이라 바로 이면에 침묵으로 이어지는 것입니다. 이처럼 생각하는 마음인 에고자아가 어느 순간 공간을 허공으로 처음 인식하게 될 때, 침묵의 허공이 현상계 존재하는 모든 것의 바탕이라는 앎으로 대상 인식의 공간개념은 사라지므로, 이 전면허공을 통해 최초로 나의 내면인 본래의 마음허공으로 접근할 수 있는 문이 열리고, 내면 마음허공은 이면에 의식허공으로 열려 비로소 세 허공은 본래대로 하나 됩니다.

> 근원 – 실재(WORD) – 자각 – 침묵 – 허공 – 침묵 – 자각 – 실재
> (영계) 이면 / 내면마음 / 전면 (현상계)

우리가 허공을 보려 하면 빈 공간이라 대상 인식 할 게 없어 보려는 생각이 사라져 마음은 들숨 따라 자연 흡인되어 내면에 머무는 마음이 되고 이 머무는 청정심은 자각이라 흡인력은 더욱더 강해지므로, 설사 허공 안에 대상을 보더라도 흡인하여 자아인식의 자각으로 나를 보듯 보므로 생각할 게 없어 그냥 볼뿐입니다. 또한, 대상 없이 비어 있는 고요한 나의 내면은 입체 아닌 단면적인 허공으로 드러나고, 그 내면의 마음허공은 자각하는 침묵의 단일한 허공의 실재라서, 그 실재의 자각하는 빛으로 온 누리를 비추므로 세상 모든 것도 하나인 실재로서 드러납니다. 그래서 지속적인 바른 자세의 삼킴과 미소의 호흡내면주시로 마음을 흡인하는 내적주시과정을 이 몸에 고착시켜 근원실재에 합일하고 이면원습까지 절멸하는 것입니다. 그럼 더 이상의 노력은 필요 없고 그냥 본래 그대로의 평온 안에, 나는 늘 청명함과 충만감으로 중도의 지복 안에 있게 됩니다.

모든 허공 자체는 근원의 생명 빛인 순수의식이 실재로서 확장이라 같은 품성을 가지며, 주체나 대상 없이 홀로라서 생각할 게 없으므로 항상 고요히 침묵하고 있습니다. 그래서 본래대로 빛나는 의식허공(실재), 몸에 의한 마음허공(청정심), 현상계를 이루는 원소허공(세상)은

모두 근원이 같은 하나의 허공이라, 본래 성품대로 침묵인 자각의식의 빛으로 존재 자체나 모든 상태의 바탕이 되므로, 세상은 근원 안에 침묵의 허공으로 모두 하나입니다. 지고자(空)의 첫 표출인 빛이 바로 실재 '나'이고, 그 빛나는 원광으로 세 허공이 하나로 드러나 바탕으로 존재하며, 그래서 지금 이 순간에 존재하는 일체의 모든 것은 지고자 안에 단일품성인 자각의 불성성령 빛으로 존재하므로, 모든 게 있는 그대로 실재이고 본래 '나'로 하나입니다.

본래의 '나'는 원광으로 실재, 에고-나는 반사광으로 무지의 환상

우리가 제일 궁금해하는 내 마음의 정체는, 실재의 빛이며 자각의식인 원광이 비춤 과정에 자체 산란되어 내재된 원습에 반사하여 나타난 '나라는 생각'의 에고(자아)의식인데, 몸과 마음이 나라는 생각으로 실재인 본래의 '나'를 장막처럼 가리는 덧씌움의 은폐를 일으키고, 오히려 가리고 있는 몸과 마음의 에고-내가 실재의 '나'라고 생각하는 그릇된 동일시의 무지(無知)로 전도망상의 착각을 일으킵니다. 그러면서 원광 빛의 자체산란으로 나타난 본래세상 위에 상습의 업으로 나의 생각대로 세계를 투사하여 덧씌우면 세상은 무지개 같은 환상세계로 변질됩니다. 그런 에고마음의 나는 이 몸이 실재존재로 나이고 세계는 그런 나의 마음이 인식함으로 같은 실재라는 자각 아닌 착각을 일으켜 그 관념으로 나와 대상물을 별개로 구별하는 무지를 일으켜 이 몸의 나를 먼저 생각하는 아만(我慢)이 일어납니다. 이런 아만의 마음으로 나는 대상에 대한 '수상행식'의 생각들로 욕망, 집착, 분노 등의 감정들을 일으키면서, 그런 감정의지로 갖고자 하는 욕구욕망으로 행위하므로, 이루지 못함에 대해서 마음은 몸을 통해 대상에 대한 두려움과 고통을 느끼며, 그런 생각들로 일어나는 감정 등에 빠져 나는 다시 세상을 향한 반복된 행위들을 되풀이하며 에고인생을 살게 됩니다.

실재의 '나' ➡ 에고마음의 나 ➡ 구별하는 무지 ➡ 아만의 생각(수상행식) ➡ 욕망 등의 감정 ➡ 행위 ➡ 인과 ➡ 고통 등의 감정 ➡ 행위의 반복

실재의 '나'는 스스로 빛나는 원광으로 자각의식인데, 이 빛이 습에 반사되어 업이 표출되어 세계로 투사되면서 반사와 산란으로 많은 변형이 일어나면서 이 몸의 행위까지 일으키는데, 이 각 과정 중에는 잠재된 상습들이 업으로 표출되어 항상 관여하므로 에고의식은 오염 왜곡되어 결국 첫 의도와 달리 엉뚱한 생각으로 변질된 행위를 일으키게 됩니다. 또한, 근원의 순수의식인 빛이 실재 안에 내재된 거울 같은 원습에 반사되어 업으로 나타난 '나라는 생각'의 마음은 반사광이라 항상 호흡 따라 바깥세상을 향하면, 상습에 의한 나의 업으로 세상에는 너라는 대상이 생기면서 나의 것 너의 것 이것저것 등 수많은 대상들로 분화되어, 세상은 같은 것 하나 없는 다양성의 현상세계로 변질되어 나타나게 됩니다.

이 몸이 깨어나면 이면실재의 빛으로 나타나는 세상과 함께, 전면세상과 이면실재 사이에 경계면으로 나타나는 대지성은 근본무지로 투명한 유리와 같아 근원의 실재인 원광이 투과반사 중 자체산란으로

세상을 창조하는 최초의 우주의식을 이루고, 투사된 빛이 거울 같은 원습에 반사되어 '나라는 생각'의 최초에고가 나오는데 바로 청정심인 나의 내적정신입니다. 이처럼 세상과 나는 근원의 빛인 실재여서 본래대로 영적입니다. 또한, 나의 정신이란 내면가슴에 머무는 청정심 빛으로, 두뇌를 비추어 활성화시킬 뿐이라 머리에서 청정심정신을 찾으려 하는 오류를 범해서는 안 되고, 얼굴에 위치한 각 감각기관 안으로 주의집중을 통한 흡인의 주시로 숨길 음식 길 따라 들어가 내면가슴에서 청정심의 빛인 나의 본정신을 찾아야 합니다.

주시는 자각이고, 자각은 침묵이다

사람들은 세상이 있음으로 우리 인간들이 존재하고 있다고 일반적으로 생각하는데, 사실은 각기 개인들이 자신의 습과 업으로 각자세계를 현상계 안에 표출한 게 모여 하나의 세상으로 나타나므로, 각자의 시공 안에 에고-나의 수많은 생각들이 다양하게 표현되며 서로의 생각들이 겹쳐져 우리가 보고 겪는 현실세계가 나타납니다. 또한, 몸과 마음이 나라는 생각의 에고 무지에 의한 덧씌움으로 세상 안에 내가 있다고 착각하여 나와 세계를 별개로 인식하여, 세계대상물들에 대한 소유하려는 욕망과 집착 등으로 이 몸은 단지 세상의 일부가 되므로, 세상 안에 영화 같은 각자의 인생드라마를 펼쳐나가게 됩니다. 그런데 이런 세계는 바로 내 안에서 업으로 표출되어 나타난 나라는 생각의 에고로 덧씌워진 환상임을 안다면, 그 앎으로 무지는 사라지고 그럼 세계에 대한 환상은 거치고 소유 욕망 등의 생각도 사라져 비로소 있는 그대로의 본래세상인 영적실재가 드러나므로 모든 것을 동질성의 자각으로 봅니다. 그럼 '나'는 항상 존재하는 실재로서 드러나고 세상과 내가 같은 하나임을 아는 자각의식(진지, 眞知)으로, 본래 있는 그대로 세상 모든 게 하나인 영적실재로 드러납니다.

　모든 존재는 우리가 하찮다고 보는 돌멩이나 모래알 하나하나에도 불성성령이라 불리는 생명인 자각의식이 똑같이 내재해, 자각의 빛으로 외형의 모습을 만들고 오감으로 스스로의 존재를 나타내는 영적존재입니다. 그래서 우리 사는 세상 안에 형상 있는 모든 존재는 오감으로 각자의 겉모습은 다르지만, 이런 단일한 생명인 자각의식으로 동등하게 존재합니다. 그래서 인간들도 누구든지 존재로서는 똑같은 빛의 동일한 생명인 자각으로 영적존재인데, 몸을 나라고 생각하는 에고마음 때문에 주체인 내가 보이는 사람들을 자각 대신 타자-대상 인식을 하게 됩니다. 이 에고는 몸과 마음이 나라는 인식의 생각으로 자각으로 빛나는 본연존재인 '나'를 가로막고, 이 몸의 나 이외 것은 모두 나와 다른 대상으로 인식하므로 너란 존재가 생기면서, 단일성의 실재인 본래세상이 이것저것 다양성의 대상 인식세계로 변질됩니다. 이처럼 에고-내가 인식으로 생각하는 세계는 항상 지속되는 본래바탕인 실재가 아니고, 영화장면처럼 수많은 다양성의 사건현상으로 바탕을 덧씌우고 그 위를 스쳐 지나가므로 환상이라고 합니다.

　내가 이런 세상을 살면서 겪는 불행의 원인은 세상의 대상물들에 대한 소유하고 싶은 욕망, 욕구, 집착 등의 생각하는 마음에 의해 일어납니다. 대상물이란 원습의 업인 에고-나가 상습의 업인 생각들을 세상에 투사한 것인데, 나의 마음이 그걸 다시 인식함으로 나타나는 것이라서 이런 업을 투사하는 습과 인식하여 생각하는 마음인 에고를 모두 없앤다면 세상대상물도 나의 마음도 동시에 없어져 이 몸의 불행은 끝납니다. 이 대상-인식하는 나의 마음을 없애기 위해 두뇌의 모든 생각을 심안의 내적주시로 코, 입안으로 주의 집중하면, 얼굴에 집중된 오감관의 기능은 하나로 보여 의식이 목안상방-시상하부의 상단전에 집중되므로 빨아 삼킴으로 숨길 따라 호흡내면주시가 되고, 이 주시와 흡인으로 날숨은 멈추고 들숨만 이어져 자연스레 음식 길(식도) 따라 하단전의 내적주시로 이어집니다. 그럼 생각하는 마음은 가슴심장의 본래 빛인 원광에 흡수합일로 사라져 고요하므로 마음으로 가려진 내면허공의 침묵이 본래대로 드러나는데, 그 침묵 자체는 자각의 빛이고 실재로서 원광이라 빛나는 본연(本然)인 본래 '나'가 드러나게 됩니다.

본래 내면은 인식할 대상 없는 허공과 같아 마음이 움직이지 않아 침묵뿐이고, 주시자각으로 이면이 완전 열리면 주시자가 드러나 모든 걸 하나로 자각하는데, 그것이 바로 근원의 실재인 진정한 '나'입니다. 이런 주시로 생각이 멈추어도 존재란 스스로 존재하는 것을 아는 순수의식이라 생각과는 상관없이 존재하므로, 에고마음이 사라지면 드러난 실재 '나'가 스스로 빛을 발하고 그 자각의 빛으로 나와 세계도 실재합니다.

실재의 '나'는 근원의 스스로 빛나는 자각의식으로 원광의 시작점인 중심이어서 시작과 끝이 없어 시공은 본래 없고 영원무한한데, 이 몸의 내가 지성의 일념주시로 모든 생각들을 물리치면 에고마음은 자연 사라져 본래의 '나'만 주시되므로 원광의 나는 본래대로 드러납니다. 이런 나의 내적주시는 행위가 아닌 주시자에 대한 의지를 드러낸 것이라 바로 견성성불을 이루는 길인데, 업보 없이 인간의 자유의지로 이룰 수 있는 것은 이것만이 유일한 것입니다. 이처럼 환상세계나 윤회환생은 몸을 나라고 착각하는 에고마음에 인한 습과 업으로 일어나는 것인데, 단지 '나'만을 주시자각하면 에고가 사라져 따라서 환상(업)도 환생(습)도 생각이라 같이 사라지므로, 보이는 모든 것이 나와 같은 생명의 동질성임을 자각함으로 세계도 같은 '나'인 실재로서 드러난 세상은 본래대로 영적이라 있는 그대로 고요와 침묵입니다. 그럼 본래대로 순간의 세상은 영적실재로 영속되고, 현상계의 세계는 순간순간의 변화란 흐름 속에 변상(變相)으로 흘러갑니다.

내 안에 가슴심장은 원광이 빛나는 시작점으로 본래대로 원점인 공(空)이라, 나의 생각이나 마음 등 아무것도 없는 무(無)입니다. 나의 생각인식은 머리의 두뇌작용이라, 마음을 내면가슴에서 찾아보시면 사실 아무것도 없이 고요한 침묵입니다. 나와 세상 모든 것의 시작점인 내면가슴심장의 빛나는 실재 빛이 비추어 원습의 반사광으로 '나라는 생각'의 빛을 내는 게 최초의 나의 청정심마음이고, 두뇌는 그 빛을 받아 상습을 활성화시켜 업으로 생각을 작동하여 나는 주체로서 외부대상을 인식하여 행위합니다. 이처럼 본래 실지로 존재하는 것은 내면에 실재인 빛뿐이고, 그 빛이 반사되어 생긴 에고마음이 본래의 빛을 가린 것이므로 이 몸의 내적주시로 반사광인 에고 빛을 되돌려 원광인 실재에 흡수시키면, 가려졌던 원초적 빛이 본래대로 드러나는데 그 원광이 바로 본래의 '나'입니다. 그래서 원초적 상태인 원광의 '나'는 본래부터 있는 단일성의 일자라 불생불멸이고, 실재로서 생명의 진리인 "I AM THAT I AM(나는 내가 있다는 것이다, '있음'으로 존재함).”이며, 드러내는 방법은 “Be still and know that I am GOD(고요히 있으라. 그리고 내가 신임을 알라).”입니다.

이처럼 불성인 깨달음과 하늘나라인 성령은 멀리 있는 게 아니고, 바로 여기인 이 몸 내면과 이면에 주시자로서 '참나'인 자각의 침묵으로, 그리고 지금 이 순간에 이 몸의 지복으로 항상 드러나 있습니다. 단지 그것을 가로막고 있는 에고—나의 생각하는 마음만 걷어내면 됩니다. 그러려면 외적정신의 지성과 마음의 눈인 청정심의 내적정신으로 에고마음을 내면으로 돌리고, 세계대신 내면에 본래의 '나'를 내적주시로 자각하면 됩니다. 순복이란 나라는 생각의 개아인 에고자아를 포기하면 몸과 마음까지 포기됨으로 나를 절대자에게 통째로 내맡기는 것입니다. 그럼 에고마음소멸로 가려졌던 본래실재인 침묵이 있는 그대로 드러남으로, 이 몸의 나는 주시자각으로 본래대로 실재와 하나되어 영적부활로 영생합니다.

주의집중 ➡ 주시 ➡ 내관 ➡ 자각 ➡ 침묵 ➡ 실재 ➡ 근원

평온한 잠 속에서는 이 몸과 마음 세상 등 아무것도 없는 무욕상태인데, 생시에는 세계와 나의 몸과 마음이 등장해 무한의 '나'를 대상인식으로 단지 몸으로만 제한하므로, 세속적 욕망 가진 에고마음이 되어 세상에 대한 이룰 수 없는 한계를 느끼므로, 에고—나는 본래 '나'와 같은 실재의 충만감인 지복을 가질 수가 없습니다. 하지만 이런 내가 지성으로 인간이 가지는 제한과 한계를 넘어서 나의 내면으로 향한

다면 이면에 본래의 생시—잠이 드러나는데, 바로 잠 속과 같은 무욕 상태로 자각의 침묵인 실재라서 그럼 지금 이 순간의 전면세계도 같은 실재로서 하나로 드러나, 나와 세상은 영적자각의 침묵으로 지복인 평온 안에 있습니다.

이런 침묵과 지복인 실재는 '나'를 일념집중으로 내관하는 내적주시로 드러나고, 그 내적주시는 나라는 생각의 에고마음을 내면가슴 근원 빛에 흡수합일로 소멸시키므로, 이면은 본래의 빛으로만 빛나 자각으로 침묵하고 있습니다. 이것이 바로 근원의 실재인 본래의 '나'로, 이처럼 나의 내면에는 에고마음이 아닌 본래의 '나'로서 실재가 원광으로 스스로 빛나 단지 자각하고 있습니다. 이 빛은 의식으로 비추는 성질을 가지지만 밝은 빛과는 달리 어둠까지 모든 것을 동시에 존재께 하는 자각의식의 빛인데, 그 빛이 비치도록 스스로를 밀어내며 확장투사 중에 자체산란으로 나타난 인간 세상은 에고—나의 생각으로 다시 많은 반사와 산란이 일어나므로, 빛은 더욱 약해지면서 은폐가 일어나 신과 몸 마음을 가진 개아와 우주의 현상세계가 나타나, 온갖 것이 등장하는 무지개 세상이 됩니다. 태양광은 이 실재품성을 닮아서 어둠을 몰아내는 밝음의 빛과 만물이 활동할 수 있는 에너지를 공급하는데, 반면 실재의 빛은 불성성령인 생명의식의 빛으로 밝음과 어둠 및 모든 것을 같이 비추어 태양과 우주 및 세상 만물이 존재할 수 있는 물질적, 심적 생명력을 동시에 같이 줍니다.

생명력의 나타남은 빛 의식에 의한 것이라 빛남, 확장, 반사와 산란은 빛의 빛남과 동시에 순간적으로 같이 일어나게 됩니다. 그래서 에고—나란 존재는 순간에만 존재할 뿐인데, 생명체로서 지속된다는 생각은 두뇌의 기억장치에 의한 잔류인상으로 계속된다고 인식하는 것이라 찰나인 우리 인생과 세상도 마치 계속되는 것처럼 보이는 착각입니다. 그러나 영적 빛으로 원광인 불성성령은 항상 실재로서 빛나고 있는데, 나와 보이는 모든 존재는 반사광이라서 영속되는 실재의 빛에 의해 찰나에 순간적으로만 존재합니다. 이런 반사광인 존재 모두는 매 순간 이전의 상태가 소멸되고, 소멸순간에 새로운 상태로 재탄생하는 과정을 계속하여 되풀이합니다. 그런데 모든 존재는 본래 여기 지금의 순간에 '있음'으로 존재하므로 지금순간의 존재는 모두 다 실재여서, 비록 우리가 개아이지만 내적주시로 마음의 생각이나 인식이 사라지면 바로 자각의 '있음'이라, 순간의 세상도 침묵실재로서 영적으로 드러납니다. 세상은 순간순간 지나가 사라지는 시공의 세계라서 지금의 순간에는 머물 수 없으니, 본래원점인 '여기' 가슴심장을 주시하면 원점중심은 시공이 본래 없어 지금에 머물 수 있습니다.

　지속적인 들숨의 흡인으로 내적주시하면, 그 들숨이 내면가슴에 맞다 머무르고 날숨으로 전환되는 곳인 호흡의 교차점에, 스스로 빛을 내는 근원인 가슴심장이 있어 그 빛의 반사광으로 에고가 탄생하는데, 지속된 들숨으로 날숨이 멈추게 되면 날숨 따라 밖으로 나가지 못한 에고마음은 다시 그 심장 빛에 흡수합일로 소멸되어 두뇌작용이 쉬므로 생각은 사라져, 고요의 침묵 속에 자각하는 본래의 주시자가 실재로서 그대로 드러나게 됩니다. 그럼 고요한 내면에는 근원의 원광만이 빛나 침묵하고, 그 침묵은 근원이 자각하는 빛의 진공으로 드러나는 것인데, 이 몸의 인식으로 나타나는 현상계에서는 침묵 대신 허공으로 드러나 세계의 바탕이 되어 지금 이 순간의 '나'를 현존케 합니다. 이렇게 호흡내면주시로 몸–의식인 마음이 흡인되도록 들숨에만 집중하는 것이 몸과 마음의 나–에고를 포기하는 헌신이고, 완전포기로 주시자인 실재의 '나'를 본래의 있는 그대로의 완전함으로 드러내는 게 이 몸으로 할 수 있는 최고의 순복입니다.

주시란 에고마음인 이 몸의 의식으로 주의 집중하여 대상을 지켜보는 것인데, 그래서 보는 주체인 내가 보이는 객체인 내 몸에 주의집중하면 그 주객 사이엔 인식의 앎이 있습니다. 즉, 에고인 내가 보는 주체로서 대상인 나의 몸을 지켜보며 느끼면, 그 주시는 생각 없이도 몸이 나라는 것을 아는 '자아인식'으로 내면으로 향하고, 내면에 청정심의 정신은 에고를 몸 안으로 더욱 끌어들여 근원인 여기 가슴심장으로 인도하므로, 반사광인 에고마음의 빛은 스스로 빛나는 원광에 자연 흡수되어 합체됩니다. 이렇게 나의 마음이 몸을 생각 없이 그냥 느낀다면 스스로를 보는 주시라서, 자아인식인 직접지각으로 고유품성인 자각이 되어 내면을 향하므로, 마음소멸로 내면은 고요해져 자각의 주시자인 실재침묵이 드러납니다. 몸의 오관이 아닌 마음의 눈인 단안의 내적주시로, 주객 없이 단지 자각으로만 존재하는 진정한 '나'가 드러나면 일체가 하나라 타자인식 없이 자각의 침묵만 있습니다. 이런 자각침묵으로 애씀 없이 항상 깨어있는 것이 깨달음으로, 평온의 지복이 자연스레 드러납니다. 그래서 에고–내가 단순히 생각 없이만 존재한다면 그것은 마음 없는 원초적 본래 '나'로 존재하는 것이라, 침묵의 자각인 근원의 실재입니다. 일상에서 나의 생각하는 마음으로 무언가 조작하려 하지 말고, 내적주시로 생각 없이 지금 있는 그대로의 나로 현존하는 것이 바로 영적실재로서 본래대로 사는 길입니다.

나의 근원은 어디에 있는가?

우리는 누구나 바쁜 일상생활 중에도 바른 자세와 삼킴의 미소로 호흡내면주시하면 마음은 내향하여 실재자각을 이룰 수 있는데, 이런 내향 심으로 생각이 사라지면 내면은 고요하므로 이면에 침묵하는 근원의 실재가 본래대로 드러나게 됩니다. 그 실재인 침묵의 자각이 무상무념의 무심으로 무아이고 영원한 무염송인 자각이며, 성경에서 태초의 말씀인 진동이며 하나님과 함께하는 'WORD'로, 그 근원은 세상의 시작인 원점으로 나의 내면가슴심장입니다. 이 실재는 공의 '있음'이고 무이면서 스스로를 자각하는 의식의 빛으로 침묵의 '나'인데, 지고함을 표출하는 근원인 하나님(공)에 의한 것입니다. 이 침묵이 현상계에 드러난 게 허공인데, 허공 또한 근원의 비춤이며 실재의 성품을 가진 표출로서 현상계의 바탕이 됩니다.

실재   - 침묵 - 무염송 - 옴 - 자각 - 주시자 - 여기 - 생시-잠 - 이면
현상계 - 허공 - 염송 - 나 - 주시 - 바탕 - 지금 - 생시.지복 - 전면

이 몸이 내향심으로 내면가슴심장인 '여기'를 내적주시하면 본래자각으로 이면에 자각의 침묵인 무염송이 드러납니다. 그래서 생시에도 이 몸의 내가 주시와 자각으로 이면에 지복의 잠을 경험할 수 있는 생시-잠을 드러낼 수 있는데, 순수의식인 실재로서 본래의 '나'가 무상삼매상태로 드러납니다. 이처럼 내면에 침묵을 넘어서면 이면에 주시

주관자인 절대침묵이 드러나므로, '나'는 늘 지복의 평안인 본연삼매 안에 있습니다.

이 몸에 펼쳐지는 수많은 생각들이란 게 전생에 쌓였던 상습들이 몸을 통해 활성화되어 수많은 발현 업으로 표출된 것이라, 나의 일념 집중의 내적주시로 마음 소멸하여 생각들이 없어지면 그런 업들도 같이 소멸됩니다. 이런 지속적이고 강렬한 주의집중의 노력으로 이면주시는 원습까지 완전 소멸시킬 수 있어서, 나는 비로소 습과 업으로부터 벗어나 몸과 마음 없는 무상무념의 완전한 무심으로 본래대로 원초적이고 영원한 '무아'를 드러내 자각의 침묵인 이면실재로써 주시주관자로 영생합니다.

현상계의 바탕이 허공이듯, 나라는 생각의 마음이 사라지면 세상의 바탕은 자각으로 깨어 있는 침묵의 '나'인 실재입니다. 이런 실재의 원광인 자각의 빛으로 잠겨 있는 상태가 잠과 같은 상태인데, 잠 속이 어둠 속에 있다는 표현은 생시에 우리는 자각을 모르기 때문에 꿈과 같이 어렴풋한 기억으로 밝음이 없어 어둡다고 하는 것입니다. 그런데 원습이 절멸되면 잠 속도 항상 깨어 있는 실재의 본래 '나'뿐이라, 꿈도 없이 깊고 맑은 청명한 잠을 자게 됩니다. 이런 상태를 삼매라 하는데, 생시에 삼매란 몸의 오관이 작동되기는 하지만, 근원의 빛인 실재에 잠겨서 마음의 기능이 상실된 고요한 상태라서 두뇌의식계가 인식을 할 수 없어 모든 생각이 멈춘 상태입니다. 나의 잠도 역시 삼매와 같이 에고의 인식함이 없이 본래대로 근원의 빛에 잠겨 있는 원초적인 본래의 자각상태인데, 에고-나의 잠 속에서는 에고가 소멸되지 않고 잠재되어 있어서 삼매처럼 자각이 본래대로 완전하게는 드러나지는 않습니다. 궁극적인 본연삼매에서는 나-에고마저 완전소멸로 몸과 마음 등에 의한 세 존재상태가 모두 소멸되므로, 항상 깨어있는-잠의 자각 상태라서 세계도 본래대로 실재세상으로 드러나고, 이 몸 또한 에고가 아닌 단지 이면에 근원 빛에 의한 자각으로만 깨어있으므로, 여기 지금 이 순간의 '나'는 본래내로 사각의 빛 원광으로 현존합니다.

   내 인생에 불행을 없애고 평안의 행복 안에 살려면 근원의 실재로서 원초적인 진정한 '나'를 드러내야 하는데, 생각하는 나의 마음이 '참나'를 가리고 있어 그 마음소멸이 먼저이므로, 우리는 내면가슴심장을 주시해야 합니다. 그럼 내면가슴을 향한 에고마음은 태양이 뜨면 아무 존재가치가 없는 대낮의 달과 같이 흔적으로 남아 이 몸을 유지시킬 뿐이고, 스스로 빛나는 실재의 본래 '나'가 드러나 나는 본래대로 지복 안에 있게 됩니다. 세월이 흐르면 몸이 변하면서 세상 따라 마음도 변하지만, 내 안에는 이처럼 항상 변치 않는 실재인 '참나'가 있습니다. 이 본래의 '나'는 에고인 몸과 마음으로 가려져 평소에는 알지 못하지만, 내적주시의 자각으로 몸과 마음이 나라는 에고자아의 생각만 포기한다면 세상과 나에 대한 생각이 자연스레 사라지므로, 에고마음으로 가려진 실재의 '나'는 언제 어디에서나 본래 있는 그대로 자각의 침묵으로 드러나 현존합니다.

   지금까지 나라고 생각한 이 몸과 마음이 내가 아니라면 이 에고-나는 무엇이며, 그런데 내면에 보이지 않고 인식조차 되지도 않는 본래의 '나'란 존재는 도대체 정체가 무엇인가요? 대답은 반사광인 나라는 생각의 에고마음이 내면가슴으로 향하고 심장근원 빛에 흡수합일로 사라지면 에고-나로 가려진 진정한 본래 '나'인 원광이 드러나는데, 무념무상의 무심인 '무아'로서 또한 '있음'의 존재로서 '자각'의 빛–의식으로 영생(靈生=永生)하는 실재의 '나'입니다. 그것은 더 이상의 말로는 표현이 어렵고, 에고지만 이 몸의 내적주시의 노력으로 직각의 자각을 직접 체험하면 알게 됩니다.

나는 왜 사는가? 존재이유는?

내가 인생을 사는 궁극적인 목적은, 지고자인 근원의 스스로 빛나는 빛에 의한 생명의 실재가 온 누리에 드러나 비치도록 연결하는 '길'로서의 역할에 있습니다. 그런데 이 몸의 에고자아는 본분을 망각하고 근원의 생명 빛을 몸까지만 연결하여 몸이 나라는 생각의 마음으로 매듭지음으로 몸을 이끌고 험난한 세상을 살아가게 됩니다. 그래서 고유본분을 수행하도록, 세상을 향한 나의 에고마음이 먼저 세상을 향한 인식의 생각을 포기하고, 내적주시로 뒤돌아서 내면으로 들어가 에고–나로 가려진 본래생명이며 침묵의 자각으로 스스로 빛나는 빛인 '참나'를 드러내야만 합니다. 그럼 에고매듭이 풀리고 나의 본래 역할대로 생명의 진리인 근원 빛이 세상을 비춰 실재로써 드러나게 연결하는 길로, 또한 실재의 빛이 세상에서 반사산란으로 흐려져 조화롭지 못한 빛을 내적주시로 다시 내면으로 흡인함으로써, 에고–나로 덧씌워진 세계가 본래대로 진리의 생명인 실재의 세상으로 드러나게 하는 숭고한 사명입니다. 그래서 세상에 대한 이런 산란된 빛을 흡인하고, 생명 빛을 비추어 실재로 드러내는 게, 이 몸의 본래임무이고 고유의무입니다.

세상을 보려 하는 것은 지각과 인식하는 에고마음이지만, 그런 마음이 뒤돌아서 내면을 향한다면 에고도 인식 대신 본래성품인 자각하는 순수한 마음으로 돌아갑니다. 그래서 내적주시로 내면으로 향하는 마음이, 시작은 에고자아지만 내면에서는 자아소멸로 본래의 고요하고 순수한 청정심의 정신이 되어 머무르는 마음은 본래대로 자각하므로, 그 주시자각으로 이면에 침묵의 실재인 '참나'가 드러나 자각의식의 불성성령인 '나'의 빛으로 빛나 이 몸과 세상 모든 것은 본래대로 동질의 단일성으로 하나 되어, 세상은 본래 있는 그대로 근원의 실재로서 드러나 영적세상이 됩니다.

　사실 우리 사는 현상계는 나의 지각과 인식으로 존재할 뿐이어서, 생시지만 내가 생각하지 않으면 대상 인식되지 않아서 세계란 존재성은 나에게는 전혀 없는 것입니다. 더욱이 잠 속에서는 세상도 전혀 존재하지 않고 나라고 생각하는 이 몸과 마음조차도 존재하지 않는데, 나의 존재함을 알며 본래지복인 고요와 평안 속에 잠기게 됩니다. 생시에도 이런 본래행복을 위해서는, 나의 생각으로 세상을 구분구별 짓지 말고 단지 생각 없이 있는 그대로를 침묵주시하면 대상 인식 대신 자각의식이 되므로, 나 아닌 것으로 분별할 게 없어 생각할 것도 없고, 설사 세상을 살기 위한 행위도 별 생각 없이 하므로 거칠게 없이 쉽게 이루어집니다. 나의 시야와 생각이 세상을 향하면 내면실재인 '참나'를 떠나게 되어, 에고마음인 나의 생각은 고삐 풀린 망아지처럼 밖으로만 향하면서 대상으로 현상계를 봄으로 이분법적인 사고로 구별을 일으켜, 본래실재인 세상을 마음의 무지로 덧씌워 가리어 환상으로 만들므로 희로애락이란 인생드라마를 펼치게 됩니다. 그러나 나의 에고마음이 사라져 아무 생각 없이 이면에 본래 '나'를 주시하여 고요히 침묵자각하면, 그게 깨어 있음이고 성불입니다. 그럼 있는 그대로 실재이고 모든 게 다 '나'여서, 단일성의 하나인 세상으로 주시자각합니다. 항상 삼킴의 미소를 머금고 가슴심장과 이면을 주시하고 침묵하십시오. 불성성령 충만으로 부처와 하나님의 세상을 드러내는 길입니다.

우리 살고 있는 현상계에서 생물이든 무생물이든 형상 있는 모든 존재의 외적모습은, 그 모습 자체로 인해 가려져 숨겨진 내적의식, 즉 불성성령인 생명의 빛으로 존재로서 외적형상을 취해 자신을 나타내고, 형상은 오감의 빛과 소리를 발하는 특성으로 자신을 존재로서 나타내고 표현합니다. 그래서 형상 있는 것은 목숨이 있든 없든 무생물도 절대로 하찮게 보아서는 안 됩니다. 왜냐하면 세상에 존재하는 모든 것은 똑같은 동질성의 생명인 자각의 빛으로 존재하기 때문에, 모습이 다르고 비록 목숨이 없더라도 실재의 생명으로서는 서로 분별이나 비교할 게 아무것도 없이 모두가 하나입니다. 이처럼 형상 있는 모든 존재는 근원이 같은 자각의식의 빛인 불성성령의 표출이라, 겉모습은 반사와 산란으로 다를지라도 존재의 내면은 같은 생명 빛으로 같은 순수의식이며 같은 자각으로 모두가 하나라는 게 생명의 진리입니다. 인간이 인식하고 생각한다고 더 월등한 존재는 결코 아닙니다. 이 몸 역시 현상계의 사물들과 똑같이 세상의 하나일 뿐입니다. 외적모습을 나타내며 자신을 존재로서 자각하는 그 의식의 빛이 본래생명으로 순수의식인지라 순수자각의식 안에는 삶과 죽음은 본래 없어 영원한 것이고, 그래서 현상계에 존재하는 모든 것은 돌멩이 하나까지도 그 안에 동일한 생명 빛으로 영원합니다. 물론 이것을 알려면 먼저 나의 내면가슴에서 같은 생명 빛의 실재인 본래의 '나'를 자각해야 합니다.

그런데 우리는 유한성인 몸과 마음을 가진 에고자아로서 세상을 살므로 시작의 탄생과 끝남의 죽음을 겪어야 하는데, 주시의 자각으로 근원으로 돌아가지 않는 한 모든 생명의 고유품성인 영원성 때문에 우리는 생각하는 마음인 에고의 혼과 습으로 윤회를 되풀이합니다. 세상을 살고 있는 이 몸의 생명이란 것은 물질로서 호흡과 순환의 운동성을 가진 유한한 목숨을 의미합니다. 그런데 실재로서 생명이란 비물질로 스스로 빛나는 자각의식인 빛으로 영원한 생명이고, 그것의 표현인 생명력에 의해 제한된 몸으로서 에고-자아(나)가 등장하여, 몸을 가진 한정된 에고마음이 몸의 한시적인 목숨을 본성대로 본래의 생명인 양 오인하고 착각하는 것입니다.

그러나 실재 빛에 의한 순수의식인 영원한 생명은, 보이는 모든 것의 이면에 내재되어 존재를 나타내고 저변에는 바탕으로 세상을 나타내는 자각의식의 빛입니다. 그 생명인 실재 빛이 자체산란된 원습에 반사되는 순간순간에만 세상이 형상으로 나타나는데, 그 나타나는 순간만은 순수한 생명으로 있는 그대로가 근원의 실재입니다. 그래서 모든 게 비록 나와 다른 형상으로 보이지만, 몸이나 사물로서 형상을 벗어난다면 누구나의 이면과 저변에는 본래의 같은 동질성의 생명을 가진 하나의 단일한 의식이므로, 모두가 같은 일자인 근원의 실재입니다. 단 나라고 생각하고 구별하는 에고의 마음이 작동하지 않을 때, 즉 개인성의 소멸인 에고마음이 소멸될 때 자각으로 모든 게 본래 하나인 생명으로 드러나므로 단일성의 실재로서 드러나게 됩니다. 이때는 자타구별이 없고, 이룰 것도 없고, 모든 게 하나여서 분리감도 없고, 기원이나 기도할 것조차 없는 있는 그대로 실재여서 여기 지금에 '나'는 지복의 현존으로 침묵 속에 영원합니다.

실재로서 본래의 '나'란 존재는 이 몸과 마음이 나라고 생각하며 인생을 겪는 당사자인 에고자아가 아닙니다. '참나'로서 나는 근원인 하나님(공)에 의한 스스로 빛을 발하는 자체발광이라 자각의식으로 드러나는 침묵이어서, 세상 모든 것의 근원이고 바탕이 되는 'WORD'입니다. 그 자각의식의 빛에 의한 나-비춤으로 몸과 마음 가진 개아라는 영혼과 우주인 세상이 투사되어 나타나는데, 비춤의 빛이 우주로 확장되는 과정에 반사와 산란이 일어나면서 나타난 에고자아와 세계는, 실재의 '나'와 본래의 세상을 가리고 은폐(덧씌움)시킴으로, 나라고 생각하는 이 몸과 앞에 나타나는 세계는 모두 혼란 속에 지나가는 환상입니다. 그래서 본래의 세상이란, 근원의 빛을 비추어 세상을 이루는 신과 그 빛에 의한 우주와 개아들로 이루어집니다. 실재로서 본래 '나'는 끊임없는 자체발광의 자각으로 지속적인 빛을 발하는 주시주관자입니다. 수억 겁 동안 본래의 '나'를 가리면서 주인 행세한 에고자아인 몸과 마음이 '나'라는 착각의 무지에 절대 속지 말고 이제는 깨어나야 합니다. 내가 인간으로서 사는 진정한 이유는 실재의 '나'를 가리고 착각하는 그런 에고-나의 소멸에 있으며, 그럼으로 자연스레 가려진 근원실재로서 진정한 영적 '나'인 주시주관자를 본래대로 드러내는 데 있습니다. 그렇지 못하면 될 때까지 인생의 윤회는 계속됩니다.

인생은 드라마 같은 환상이다

실재의 '나'는 근원(空空)의 자체발광인 원초적인 빛(원광)으로, 무념무상의 순수의식(자각)입니다. 그런데 반사와 산란을 일으키는 나라는 생각의 에고의식이 은폐의 착각과 투사의 착시로 실재인 무아의 '나'를 가리면서 본래세상도 같이 가리고 덧씌운 것이라, 몸과 마음의 에고자아로서 이런 세계를 사는 나의 인생은 착각과 착시로 인해 나타난 일시적 환영이고, 실체 아닌 그림자라 지나가면 사라지므로 환상이라고도 합니다. 뜨거운 여름날 태양 빛 투사로 인한 산란의 착시로 나타나는 아스팔트의 신기루 현상은, 내가 거짓이란 걸 알게 되어도 바로 사라지지 않고 계속됩니다. 그렇듯 나의 인생이 실재의 반사광인 에고의 투사에 의한 산란과 착시로 나타나는 환상이란 걸 알아도 세계는 곧바로 사라지진 않지만, 그 앎인 깨달음의 진지(眞智)로 몸이 겪는 드라마 같은 인생은 끝나고 나와 세상은 실재로서 드러나므로, 세상은 본래의 지복 안에 있는 그대로 실재로서 지속됩니다. 이것은 실재인 '나'-비춤으로 나타난 세상은 본래 있는 그대로의 실재인데 에고의 은폐로 인한 덧씌움으로 세계와 인생의 드라마가 됐지만, 내가 그런 세계가 환상임을 아는 깨달음(진지)으로 착각은 깨져, 어둠 안에 밧줄이 뱀 같이 보이는 착각의 은폐는 바로 사라지므로, 에고-나로 가려진 본래실재인 세상과 '나'가 있는 그대로 본래대로 다시 드러납니다.

몸과 마음으로 사는 에고자아의 '나라는 생각'인 반사광은 이면근원의 실재에서 오는 원광 빛의 비춤으로 나타나는 것이지, 이 몸으로 인해 일어나는 것은 절대 아닙니다. 성령불성인 자각의식의 빛은 원초적이라 본래대로 항상 있을 뿐인데, 이 몸과 세상을 대상 인식하는 에고 자아의 생각하는 마음이 그 빛을 가리고 대신합니다. 생각은 일시적이라 지나가면 사라지는 특성이 있지만, 습의 업인 생각들이 행위를 일으키고 다시 꼬리에 꼬리를 이어 딴생각들로 계속되는 특징을 가지고 있어, 우리의 인생을 피곤하고 불행하게 만듭니다. 그러나 자각은 자체발광의 본래 '있음'이라 생기거나 사라지지 않는 일자인 '나'이며, 영원한 실재로서 스스로 빛나 비추는 원광으로 순수의식입니다. 이 몸과 마음은 실재인 나-비춤의 빛으로 나타나는 세상과 함께 '나'의 일부일 뿐이며, 본래의 '나'는 이면에 스스로 빛나 모든 것을 비추는 원광-실재입니다. 그 빛으로 이 몸을 이루고 몸을 통해 빛을 세상에 비추므로, 이 몸이 깨어나는 생시에 생명의 빛이 지나가는 길로서, 진리의 근원과 세상을 연결해주어 진리의 생명인 불성성령으로 가득 찬 세상을 드러내도록 다리 역할이 나의 고귀한 사명입니다. 그래서 우리 모두 누구나 본래 그대로 진리의 생명인 실재인데, 반사광인 몸과 마음의 에고-나 때문에 실재 '나'는 은폐되고 세상도 같이 가려져 망각되어 에고생각대로 환상으로 변한 세계를 대신 실재라고 속아 살게 되는 것입니다.

생각하는 사고 작용은 에고마음에 의한 것으로, 몸이 깨어나는 순간에 순수의식인 자각의 빛이 원습에 반사되어 업으로 나타난 최초의 식이 '나라는 생각'으로 내 마음의 시작입니다. 몸이 깨어나면 반사광인 에고자아는 처음 지각된 이 몸이 먼저 '나라는 생각'의 자아인식이 생기고, 그런 나는 '몸이 나라는 생각'으로 외부에 보이는 것들을 타자-대상 인식하게 됩니다. 그래서 생각하는 에고-내가 탄생하면 상대적인 대상으로 '너'가 등장하고 그럼 이것저것이 생겨 이것은 나의 것,

저것은 너의 것 등 나로 인한 대상들이 순차적으로 또한 순간적으로 생겨 자각 대신 인식하게 되므로 나의 인생이 다양성의 혼란된 세계와 함께 이 몸 앞에 펼쳐지게 됩니다.

우리가 세상을 살며 하는 많은 말과 행위를 위한 생각들은 실재의 침묵을 바탕으로 하여 오는데, 이 '침묵'은 항상 스스로 빛나는 빛으로 이면실재로부터 오는 순수자각의식입니다. 그런데 생시에 밝은 빛으로 세상이 깨어나면 침묵이 깨지면서, 이 침묵의 빛으로부터 에고자아가 탄생하고 침묵은 현상계의 바탕이 되는 허공으로 드러나는데, 세상을 향한 에고마음이 침묵 대신 생각으로 언어와 행위를 표출하여 우리의 일상으로 이어지면, 본래의 빛나는 실재의 세상이 가려지면서 환상의 세계로 됩니다.

그러나 이 몸이 비록 에고지만 지성으로 현상세계를 향한 생각만 멈춘다면, 인식 대신 자각으로 본래의 침묵이 허공으로 드러나 모든 게 실재로서 드러납니다. 이런 실재 나의 비춤과 침묵이 깨진다면, 바로 에고마음이 출현하고 같이 세계도 등장한다는 것을 아는 것도 깨달음이고 '진지'입니다. 그래서 내적주시로 마음 소멸되면 본래대로 고요히 스스로 빛나는 빛은 자각의 침묵인 근원의 실재로서 드러나, 여기에는 봄도 앎도 없이 단지 자각과 침묵뿐인 본래의 '나'인데 물론 나라는 생각조차 없습니다. 방법은 강렬한 주시로 나의 내적주시는 오관기능과 의식계의 모든 주의집중을 내면가슴심장으로 향하는 것이라 마음소멸과 생각 없음이 이루어져 고요와 부족함 없는 충만감과 맑은 청명함의 실재지복이 드러납니다.

실재의 '나'는 일자인 진리이다

단 하나만이 존재할 때는 두 번째 것은 아예 없으므로 하나라는 생각을 할 수도 없고 할 필요도 없습니다. 그래서 대상세계를 인식하고 생각하는 나의 마음이 내적주시로 사라진다면 생각할 게 없어, 나에게는 구별할 대상도 인식할 세계도 아무것도 없습니다. 그럼 단일성이라 모두가 하나로서 단지 '있음'으로 존재하므로, 세상과 이 몸은 원초적인 고요와 자각의 침묵으로 일자이고 본래실재인 진리의 '나'로 드러납니다.

꿈이란 꿀 때만 잠시 나타났다가 꿈에서 깨어나면 꿈 자체가 모두 사라지는 환상이듯이, 생시의 세계도 보는 순간 나타났다가 보지 않고 생각이 없으면 모든 게 사라지는 순간 창조되는 빛의 환상인데, 단지 나의 생각하는 마음속에 잔류인상의 기억으로 세상이 지속되는 것처럼 보일 뿐입니다. 생시에 깨어난 이 몸의 오감관이 작동되면 세상을 대상으로 오감을 받아들이고 두뇌의 사고판단 기억 인식 등의 생각작용으로 인생드라마를 엮어 나가면서, 에고-나는 그걸 몸으로 직접 겪는 당사자가 됩니다. 그러나 나의 마음이 내적주시로 소멸되면 오관이 작동해도 마음의 빛이 없어 두뇌의 인식은 작동되지 않아 육의식계가 멈추어 생각 없는 상태이므로, 나는 고요 속에 주시자각으로 본래의 주시자로서 실재의 주관자가 됩니다.

그래서 내 인생에 일어나는 모든 문제인 생로병사나 희로애락은 본래 없던 것인데, 목숨의 몸과 생각하는 마음의 에고자아가 세상을 대상으로 보므로, 마음과 함께 세계가 일어나고 지나가면 사라지는 일시적인 것들이어서 환상입니다. 우리 인생에서 계속되는 일은 전혀 없고, 세상 모든 일들이 주시자의 주관 아래 이 몸 앞을 순간순간에 스쳐 지나가는 흐름현상이라는 것을 우리는 꼭 알아야 합니다. 그래서 이 몸 앞에 벌어지는 세상의 행복이나 불행이란, 생각하는 마음 안에서 일어났다 사라지는 일들일 뿐 실재는 절대 아닙니다. 실재란 항상 변함없이 고정되어 영속되는 것이고, 세상과 에고-나는 영화의 영상이 바탕인 화면을 가리듯 바탕으로 고정 존재하는 실재 '나'를 가리며 지나가는 일시적인 것입니다. 그래서 몸과 마음이 나라는 생각의 에고자아를 포기하라는 것입니다. 그럼 생각에 의한 세계도 같이 포기되어, 환상 같은 영상으로 가려진 '나'는 물론 세상도 같이 본래 있는 그대로 실재로서 드러납니다.

이 몸의 강렬한 내적주시는 에고마음을 가슴심장에 합일시켜 생각이 그치고 사라지게 하므로 바로 깨어있음과 같으며, 이런 주시는 생각소멸로 본래 '나'인 자각의 침묵을 드러내는 것이라, 그 깨어있음이 지속되도록 끊임없는 내적주시를 해야 합니다. 침묵은 주시로 새롭게 만들어지는 것은 아니고 단지 마음인 에고소멸로 본래부터 있는 초월적이고 원초적 상태인 자각의 빛이 드러난 것으로 그것이 바로 스스로 빛나는 근원의 실재이며, 이 몸에는 아무 생각 없이 자각으로 깨어있는 여기 지금 이 순간입니다. 그럼 이면에 생명의 근원인 진리와 전면에 현상계의 생명이, 길인 이 몸을 통하여 세상 모든 게 하나의 실재로서 드러나는데, 이것이 예수께서 말씀하신 "나는 길 진리 생명으로 하나이니, 나를 통하지 않고는 하늘나라에 갈 수 없다."는 귀한 말씀이고 '성부 성자 성신'이 하나 되는 삼위일체로 합일입니다. 그래서 그 길을 위해 우리 모두가 각자의 고유사명인 내적주시로 깨어있으면 누구나 진정한 '나'를 깨달아 실재를 드러내 회복하므로, 진리인 근원의 실재 빛에 의해 세상 모든 게 하나의 생명으로 펼쳐져, 바로 하늘나라가 이 땅 온 누리에 임하여 참 평화와 행복이 본래대로 드러난다는 귀중한 깨달음의 가르치심입니다. 그래서 우리의 최종주시처인 내면가슴 심장인 원점이, 이면에 근원실재로 열리면 모든 경계가 사라지므로 세상 모든 게 진리의 빛인 생명으로 가득 차, 형상 있는 모든 것은 실재의 생명 빛으로 본래대로 하나 되는 부활로 영생합니다.

주의집중 ➡	주시 ➡	자각 ➡	실재
내향 내관	고요	깨어있음	침묵
* 성부	－ 성령. 성신 －	성자	
진리	－ 길 －	생명	
실재	－ 몸. 마음 －	세상	
이면(나)	－ 내면(나) －	전면(나)	

　세상의 대상물들이 자신의 특성으로 내뿜는 자극인 오감의 빛을, 받아들이는 이 몸의 감각기관인 눈, 코, 귀, 혀는 각기 두 개씩으로 얼굴에 좌우대칭 쌍을 이루어 세상을 향해있는데, 우리는 대상을 보고 듣고 냄새 맡음 맛봄의 지각과 인식함으로 먼저 대상에 대한 거리감을 느껴 주체인 나와 대상 사이에 공간이 생기고, 그 공간은 시작과 끝이 있는 거리감으로 시간이 흐르게 됩니다. 또한, 내가 본다는 것은 대상물의 한 단면만을 볼뿐인데, 두뇌작용에 의한 이런 시공감과 개

념 등에 기억과 상상 등을 더한 생각으로 대상을 입체적인 형상으로 이미지화함으로, 나의 생각 안에 대상물들을 완성시키게 됩니다. 그래서 내가 본다는 자체는 있는 그대로의 실재가 아니고, 이렇게 지각 인식 생각 기억이나 상상에 의지 등을 조합하여 입체화된 이미지로 구성하여 합성한 사진을 보는 것과 같아서, 우리 사는 대상세계는 생각으로 이루어진 환상(Fantasy)이라고 합니다. 이처럼 우리 인생은 실재 아닌 에고마음의 인식과 생각의 시공 속에 나와 세상이 일어나고 지나가면 사라지는 현상인데, 이런 시공현상은 창조의 시작인 중심점(center)에서 WORD가 진동으로 파동을 일으키며 끝없이 이어나가면 각 파장 간의 거리가 생겨 시간과 공간이 흐르게 되는 것과 같은 이치입니다. 그래서 이 몸의 중심인 가슴심장이 바로 세상의 원점이자 중심점인 진동시작이며, 세상은 그 진동의 끝없는 파동에 의해 나타나 펼쳐지는 것입니다. 그 원초음인 진동(옴, WORD)은 빛과 소리로 이루어져, 빛은 의식으로 생명을 주고 소리는 존재로 입자의 형상을 이룹니다. 이런 세상은 내가 잠을 깸과 동시에 시작되므로, 생시에 나는 항상 세상의 중심이며 시작인 '원점'이란 것을 잊지 말아야, 나는 내 인생의 진정한 주인이 됩니다. 세상은 여기 지금의 나로 인해 이 순간에 열리고 닫침을 찰나에 끝없이 반복합니다.

이처럼 대상을 인식하는 감각기관은 쌍으로 이루어지는데, 나의 내면주시자인 심안은 입체감이나 시공은 본래 없으므로 쌍이 아닌 단안(single eye)이어서 일체를 한 점이나 단면으로만 보므로, 일상적인 생각이나 인식이 아닌 단지 자각만 합니다. 물론 점이나 단면 단안이란 표현도 에고-나의 경험에 의한 것입니다. 이 몸이 생각 없이 눈을 감거나 내적주시하면 내면은 본래부터 비어 있는 침묵의 허공이라서, 주체도 대상도 아무것도 없어 인식 생각할 게 없으므로 마음은 사라지고, 빈 내면허공은 단일성의 하나여서 시공 없는 본래의 고요함이 무한으로 드러나면, 본래대로 자각의 빛이 빛나는 침묵으로 일자인 근원의 실재로서 영원합니다.

방법은 바른 자세로 날숨까지 흡인하도록 코, 입, 목 안에 주의 집중하여 강한 빨아들임의 삼킴을 머금으면 목 안이 느껴지고 아랫배가 단단해지는 내적주시가 이루어지며, 그럼 마음은 가슴심장에 흡수합일로 침묵의 자각이 드러나므로 이면경계마저 사라져 본래대로 일자만이 존재하는 실재 '나'가 드러나, 진리인 근원과 세상이 하나로 연결되어 세상은 생명으로 가득 찬 실재로서 모든 것이 있는 그대로 드러납니다. 그래서 몸과 마음이 나라는 생각을 포기하면 내가 세상을 살고 있다는 인식의 생각은 사라집니다. 그러면 세계와 나는 본래 있는 그대로의 실재로서 드러나므로, 세상의 중심인 이 몸은 침묵의 실재인 '나' 안에 지복의 평온으로 있습니다.

'나'에 대한 명상탐구

명상이란 내 마음이 여러 생각으로 밖을 헤매지 않고 하나의 생각에만 집중하여 내 안에 머무르도록 하는 것인데, 이때 생각대상을 가장 가까이 있는 '나'로 정하여 주의집중하면 호흡내면주시가 이루어져 마음은 내면으로 향하게 됩니다. 그럼 반사광인 '나라는 생각'의 에고마음은 가슴심장 빛인 실재원광에 자연 흡수합일로 사라지므로, 이 몸과 마음으로 장막처럼 가려진 내면에 실재인 본래 '나'가 드러나고 세상도 같은 실재로서 있는 그대로 드러나면, 나와 세상 모든 것이 본래대로 고요의 평안 속에 실재의 침묵으로 빛납니다.

먼저 바른 자세가 필요한데, 배는 깊숙이 집어넣고, 가슴은 들숨으로 팽창시키고 목과 머리는 위로 솟듯 밀면서, 어깨는 자연스레 떨어뜨리며 약간 뒤로 젖힙니다. 이때 눈은 눈 안을 주시하며 느끼고 코안을 느끼면, 입과 목 안이 빨아들이듯 빨아 삼킴을 머금게 되어 가득함이 느껴지고, 들숨만이 지속적으로 흡인되어 횡격막이 하강 고정되고 가슴은 최대한 팽창되어 내면가슴은 음압이 형성되므로, 자연스레 들숨만 흡인되고 날숨은 사라진 호흡 멈춤의 바른 자세가 됩니다. 이 자세는 서 있든, 앉아 있든, 걸어가든, 누워 있든 어떤 상태에서나 유지하도록 노력해야 합니다. 이 자세가 흐트러지면 바로 에고인 인간의 몸으로 돌아가 나태해집니다.

이 바른 자세로 밖으로 나가는 날숨은 멈추고, 지속적으로 코와 입안을 주시하며 빨아 삼키듯 머금으면 목 안이 느껴지면서 가슴까지 연결되어 느껴지면서 가슴엔 뭉클한 게 느껴지면서 지속적인 들숨이 이어지는데, 그럼 호흡 따라 나가려는 마음도 같이 흡인되어 내면가슴에 머물러 사라지므로 생각이 없어져 내면은 고요해지며, 지속적인 강렬한 삼킴의 마음흡인으로 아랫배가 단단해짐이 느껴지면 호흡은 미세하거나 중단됩니다. 그럼 충만감의 미소가 떠오르거나 머금으면, 가슴 심장인 '여기'가 느껴지며 주시자각됩니다. 이곳이 호흡이 교차되는 곳으로 나와 세상의 근원인 원점이고 중심점이며 주시처이니, 놓치지 말고 늘 주시하십시오. 방하착을 이루더라도 여기 심장의 주시자각이 없으면 단순한 고요의 진무(眞無)에 빠지므로, 항상 세상의 중심인 나의 심장원점을 내적주시 자각해야 합니다.

방하착과 함께 가슴심장인 '여기'에 대한 내적주시가 이어지면 상중하 단전이 본래대로 하나로 드러나고 자각의 침묵이 계속되어 내면가슴은 충만감이 가득한데, 그럼 몸 의식의 소멸로 모든 경계가 사라지고 무한의 이면이 열리면 단지 하나로 자각하는 주시자가 '있음'으로 드러나는데, 이것이 이면에 침묵으로 본래의 진정한 '나'입니다. 이 나는 에고시야를 넘어선 실재의 시야로 볼 때 '여기 이것'으로 표현되며, 거기 그것은 나의 생각하는 에고시야로 실재를 표현한 것으로 보면 됩니다. 이 자각의 주시자인 '여기, 있음'이 바로 실재의 '나'인데, 그 '나'는 항상 본래대로 자각의 '있음'으로 존재하므로, 에고-나의 주시가 이면주시자에 고착되면 그것이 바로 침묵의 자각하는 빛에 잠긴 영원한 본연삼매입니다. 그래서 내적주시, 자각, 침묵, 실재, 삼매는 같은 의미로 하나입니다.

내 인생은 내 것이라는 에고생각으로 일상을 내 맘대로 의도하려 하지 말고, 그런 두뇌의 생각하는 마음을 내면가슴의 내적주시로 포기하고, 지금 이 몸에게 주어지는 모든 상황에 대해 분별하여 생각하거나 판단하여 거부하지 말고, 어떤 어려운 상황이더라도 주어진 있는 그대로를 그냥 겸허히 받아들이십시오. 그럼 생각으로 의도하는 바가 없어, 내적주시로 본래대로 드러나는 여기 심장의 자각으로 지금 이 순간을 현존으로 머물게 됩니다. 그럼 실재의 현존으로 평온의 지복 속에 일상을 유지하며, 이 몸으로는 맡은 배역을 연기하는 배우처럼 주어진 외적인생은 생각 없이 열심히 수행합니다. 그렇다고 세상에 대한 나의 역할과 행위에 빠져들지 말고, 바른 자세로 본래의 '나'인 이면실재와 전면세상 사이의 경계에 이 몸과 마음인 에고자아로서 내가 있다는 것을 항상 명심하여 주시하고, 삼킴의 미소로 마음을 흡인하여 자각하는 내적주시를 놓치지 않으면, 설사 행위를 하더라도 단지 생각 없는 주시의 자각으로 마음의 의도함이 없는 행위인 무위를 하므로 업도 습도 쌓일 게 없이 평안으로 인생을 삽니다. 세상에 대한 나의 역할에 동화되지 말고 일상에서도 내면가슴심장의 본래실재를 주시하여 내가 세상의 중심이자 시작의 원점이라 걸 자각하므로, 세상 모든 것이 나와 동일하다는 단일성의 진지인 평등성지로 자연스레 참사랑, 참자비를 실천하게 됩니다. 세상사에 빠지거나 이 몸을 위하려고 생각하면, 바른 자세와 내면주시를 놓치고 바로 인간의 생각하는 나태한 자세가 됩니다. 그래서 세상에 대한 이 몸의 역할이 끝나면 연극배우처럼 배역의 행위와 역할에 대한 모든 생각과 기억은 잊고, 항상 여기 지금 이 순간의 내적주시로 침묵의 내면을 자각하면 이면에 실재이며 주시자인 '나'가 본래대로 드러나고 세상 모든 것도 '나'와 단일성으로 하나 되므로, 나라는 생각조차 없이 본래대로 하나인 일자만의 실재로서 '있음'입니다.

근원　　 = 자각 = 의식 = 진리 = 나 -　 　잠　 - 이면 - 자각 = 실재
실재　　 = 침묵 = 있음 = 길 = 나 - 잠.생시.꿈 - 내면 - 자각 = 실재
현상계 = 허공 = 존재 = 생명 = 나 - 생시.꿈　 - 전면 - 자각 = 실재

* 삼킴 ➡ 내면주시 ➡ 여기 나 ➡ 실재 자각 침묵
**　미소 ➡ 대지성소멸 ➡ 지금 나 ➡ 실재 지복 평온**

I

인생(人生), 예고

- 삶에 대하여 -

에고(자아)로서 나의 정체

에고(Ego)란 몸과 마음으로 세상을 살아가는 각기 인간들이 개아로서 가지고 있는 '나라는 생각'인 '자아(自我)'를 말하며, 이것이 바로 몸으로 세상을 사는 나의 마음입니다. 에고는 자각의식인 실재원광의 반사광이라 빛의 의식으로 비추는 성품을 가져, 주체로서 에고마음이 세상의 향하여 비추면 외부사물을 두뇌작용으로 대상 인식하여 생각과 감정 등을 일으키고, 그 마음으로 몸이 활동하여 나의 인생을 살아갑니다. 이런 '나라는 생각'의 에고의식은, 나의 내면에 근원의 실재이며 원초적 본래의 '나'인 스스로 빛나는 원광이 가슴심장에 내재된 원습에 반사되어 업으로 나타난 반사광인 의식입니다. 나라는 생각은 빛과 같은 의식으로 생시에 깨어나는 이 몸을 비추면, 의식의 빛은 고유품성인 자각으로 처음 보이는 이 몸을 나라고 생각하는 착각의 오류를 범하고, 그 생각의 빛을 밖으로 비추면 이 몸이 주체가 되어 보이는 외부 세상을 대상 인식하게 됩니다. 에고의 어원은 고대 그리스어에서 왔으며 '나'를 뜻한다고 합니다. 그런데 보편적인 우리 생각은 인간으로 태어나 몸이 있어서 '나라는 생각'의 마음이 생겼다고 보는데, 몸에서 생각이 왔다면 몸이 생각이나 마음을 지배해야 하는데 오히려 마음이 몸을 지배하고 조절하고 있습니다. 그래서 몸과 마음으로 인생을 사는 우리는 내 마음의 정체와 이 몸의 의미가 무언지, 진정 '나'가 누구인지를 알아야 합니다.

에고-나는 본래 원초적인 근원의 실재로부터 생명의 빛을 이 몸을 통해 현상계인 세상으로 연결시켜주는 길인데, 이 몸만이 나라는 인식의 한정된 생각으로 '매듭'을 짓게 되므로 몸까지만 진리의 생명을 주어, 몸에게는 목숨이란 생명력을 마음에게는 생각을 일으키는 의식을 줍니다. 이렇게 매듭으로서 에고-나는 몸이 나라는 생각으로 본래 실재인 세상을 대상으로 보고 지각과 인식을 하는데, 몸과 마음이 나라는 제한된 생각의 마음으로 이성 지성 감성 등의 두뇌사고영역 모든 것을 관장하고 판단하여 생각의지로 몸-행위를 일으키며 나의 인생을 살아가게 됩니다. 이런 시작이 잘못된 에고의 타자-대상 인식의 오류는 다양성의 세계로서 우리 인생을 불행하게 만듭니다.

이렇게 보이는 사물(事物)에 의한 현상계의 세계와는 달리 영적세계는 보이지 않는 의식세계로, 이 의식은 본래자각인 순수의식 자체라 바탕없이 스스로 홀로 존재하는데, 비춤의 품성을 가져 의식의 빛이라고도 합니다. 근원심장의 스스로 빛나는 원광인 자각의식의 빛이 잠재된 원습에 반사되어 '나라는 생각'의 반사광인 에고마음으로 변하고, 이 마음도 의식의 빛이라 비추어 몸을 나타내면 두뇌는 활성화되어 스스로 몸을 인식하여 '몸이 나'라는 생각으로 에고-나가 탄생하게 됩니다. 에고-나는 물질적인 몸과 인식의 생각하는 마음으로, 근원과 스스로 빛나는 원광으로 실재인 본래 '나'를 장막처럼 가리므로 자신의 근원과 본래 '나'를 망각하여, 가로막고 있는 에고 자신은 본래 품성인 자각으로 자신만을 실재 '나'로 착각하게 됩니다.

그러나 이렇게 가려져 보이지 않는 영적세계인 본래실재가, 바로 이 몸의 나와 우리 사는 물질세계의 본래근원이고 바탕입니다. 이렇게 탄생한 몸과 마음인 에고-나는 세상을 비추는 근원의 생명 빛을 가리고 차단하는 매듭이 되고, 세상을 향한 생각과 행위로 인하여 진정한 '나'인 근원의 실재를 가리는 장막으로 변하게 됩니다. 그래서 자각의 빛인 실재의 '참나'를 잊고, 인식되는 몸과 마음의 에고만을 나로 아는 그릇된 동일시의 덧씌움으로, 이 몸과 마음의 에고-나는 무지를 제공하는 원죄를 저지르게 됩니다. 이런 '나라는 생각'의 에고의 본래기원은 근원(공, 절대자, 하나님, 지고자)에 의해 스스로 빛나 자각하는 순수의식의 빛인 원광(참나)으로 실재라서, 반사광이지만 이 몸 내면에 머무는 순수에고는 움직인 바 없어 외부로부터 오염되지 않은 본래대로 순수한 머무는 마음으로, 움직이는 생각마음이 아닌 자각하는 본래의 '나-의식'인 청정심의 정신입니다.

　이 순수에고가 깨어난 이 몸의 두뇌에 반사광인 빛을 비추면 두뇌가 활성화되어 '나라는 생각'의 에고자아는 처음 인식된 이 몸을 '나'라고 착각하는 절대적인 오류를 범하게 되어, 우리는 순수에고인 청정심의 정신(精神)이 내면가슴 아닌 머리에 있다고 착각하게 하는 오류도 같이 일으킵니다. 그럼 이 몸이 나라는 생각으로, 잠재되었던 상습이 수많은 생각과 상황들의 업들로 활성화되어 몸의 감각기관을 통해 바깥세계로 투사되어 비춰지면 세상은 영화 같이 펼쳐지는데, 세계(현상계)와 함께 수많은 대상물들이 화면 같은 허공에 투사되어 자연과 인공물들이 혼재된 입체적인 영상으로 이 몸 앞에 펼쳐지게 됩니다. 그런 세계와 대상물들은 각기 자신의 특성으로 오감을 표출하여 자신을 나타내는데, 우리 몸도 대상물들같이 똑같은 오감을 나타내어 나를 표현하기도 하지만, 감관을 통해 대상을 받아들여 인식함으로 나 역시 세계와 함께 주체이지만 상대에게는 대상으로도 동시에 작용하여 나타나게 됩니다. 이런 현상계의 나타남은 근원의 실재인 빛 의식에 의한 반사광이라 매순간 생멸하여 찰나적인데, 에고마음의 기억과 연결된 생각으로 지속되는 것처럼 착각하는 것입니다. 그러나 근원의 실재인 '나'의 빛은 항상 스스로 빛나는 원광이라 영원 무한으로 빛나고, 세상은 찰나에 '나'의 빛으로 열립니다.

원초(元初)의식인 실재의 빛에서 온 순수에고는 내면에서는 본래 가진 품성대로 자각을 하지만, 이 에고의 빛이 세상의 대상물을 향하면 반사산란으로 흐려져 인식의식이 됩니다. 그래서 현상계의 대상물들이 나타내는 오감을 이 몸의 감각기관과 두뇌의 의식계로 받아들여 자각 대신 지각과 인식의 생각의식이 되어, 에고마음으로 세상을 향한 몸의 생존이 펼쳐지게 됩니다. 그럼 나 이외 것은 모두 대상으로 인식하므로, 나의 것이 나타나고 너의 것과 이것저것 등의 구분구별로 본래실재인 단일한 세상이 에고-나의 분별 차별하는 인식으로 상대적인 다양성의 세계가 됩니다. 그래서 나의 마음이 움직여 이성과 지성 등의 생각이 작동되어 갖고자 하는 욕구욕망이 생기고, 그걸 이루면 만족으로 잠시 행복감도 있지만 이루지 못하면 부족감과 상대적인 박탈감이 생겨 마음은 갈등과 고통을 가질 수밖에 없습니다. 이렇게 나의 외부 대상물에 대해서 지각인식으로 이루어지는 생각인 이성, 지성, 감성 등의 사고로 인한 의지의 모든 행위는 세상을 향한 에고마음에 의해 이루어져, 나의 인생을 살아가게 됩니다. 그래서 에고-나는 '나는 몸이며 실재다'라는 '몸 의식'의 관념을 낳고, 세계를 나와 분리하면서 '세계도 실재한다'는 무지를 낳게 됩니다. 그런데 나의 내적주시수행으로 이 몸 안에서 그런 생각들을 찾아보면, 정작 내면에는 대상이 전혀 없어서 마음이 움직일 게 없어 사고개념 등의 인식이나 생각들은 일어나지 않으므로, 무지의 고통은 사라져 내면은 본래의 고요함으로 드러납니다.

영적		심적		물질적
근원 ➡ 빛 ➡ 원습반사 ➡	순수에고 ➡	두뇌에 반사 ➡	세계를 투사	
지고자 자각침묵 거울	나-의식	습의 활성화	업보 세계	
절대자 주시자 반사광	나라는 생각	몸-의식	대상물	
하나님 WORD 세상	머무는 마음	업	현상계	
일자 실재 원광 투사광	청정심 정신	에고마음	산란광	
➡ 주체와 대상 ➡	지각과 인식 ➡	감정 ➡	행위 ➡	업, 습
에고와 오감	생각, 앎	몸	언어, 행동	인과, 기억
감각기관	비교, 분석	욕망, 집착	인격	생각, 마음
의식계	이분법, 판단	갈등, 불행		혼, 윤회

몸 의식의 무지한 나지만 본래 품성인 일자만이 홀로 존재하는 '천상천하유아독존'의 불성 빛이 혼재돼 나만 있다는 아만(我慢)이 일어나니, 에고-나는 본래의 완전함을 채우고자 모든 것을 소유하려는 마음 생각으로 욕망 욕정 등의 감정이 일어나 행위로 이어지고, 행위결과로 이루지 못한 것들에서는 무지한 마음으로 갈등이 일어나니 인과의 고통을 받을 수밖에 없습니다. 이처럼 근원의 스스로 빛나는 빛이 원습

에 반사되어 에고-나가 나타나고 또한 세상을 비추고 현상계가 나타나 다양성의 세계가 등장하여 개아인 나와 세계 사이에 주체와 대상의 주객관계를 만들어, 대상물의 오감을 이 몸의 감각기관이 받아들여 두뇌가 '수상행식'의 사고과정으로 몸이 감정을 느끼면 생각으로 의도된 행위를 일으켜 인과가 나타나, 생각하는 마음에 기억으로 새로운 업을 쌓고 습으로 잠재되어 윤회됩니다. 이처럼 일련 과정을 보면 반사광으로 산란된 의식인 에고로서 나란 존재는, 지고자의 주관 안에 신의 한 도구로 이용될 뿐이지, 에고-나의 의지대로 세상이 돌아가는 것은 절대 아니라는 것입니다. 세상에 대한 이 몸의 의지를 행동으로 옮기면 바로 인과가 작용해 업을 쌓게 되고, 그럼 우리는 마음의 혼으로 다시 생사의 인생을 되풀이하는 고통의 윤회를 겪게 됩니다. 이렇게 몸 의식의 에고자아로서 우리가 겪는 고통을 피하려면, 에고 마음이 생기지 않도록 하거나 마음이 나왔던 근원으로 되돌리면 되는데, 이런 방법은 몸과 마음의 나에게는 처음이고 낯설기만 합니다. 그래서 에고가 무엇인지 어디서 왔는지를 마음공부의 청문과 탐구의 성찰을 통해, 에고-나와 본래의 '나'라는 존재의 정체와 기원을 추적하는 것입니다.

근원의 스스로 빛나는 빛인 원광이 유리 같은 근본무지의 대지성을 최초로 투과반사하면, 투사광이라서 본래의 빛은 약간 감소되나 근원실재로 순수의식인 자각의 빛으로 빛나는데, 이것이 창조시작 전인 태초의 원초적 우주의식입니다. 이런 빛남으로 일어나는 자체산란의 환적요소를 포함한 빛이 확산되어 비추는 중 세상을 나타내는데, 대지성을 통과한 빛이 실재에 잠재된 원습에 반사될 때는 거울반사와 같이 재반사와 산란이 동시에 일어나 반사광으로 '나라는 생각' 의식이 최초로 생기는데, 이것이 바로 나의 에고마음이고, 자체 산란된 빛은 몸의 형상과 세상을 이루게 됩니다. 이 재반사된 에고 빛인 자아에, 반사되지 않은 본래의 스스로 빛나는 빛인 원광(성령불성)이 같이 혼재되어 나라는 '개아'가 탄생됩니다. 그래서 이 몸이나 현상계 모든 대상물에는 똑같이 원광이 혼재돼 있어서, 반사광인 인식하는 나-에고만 없다면 모든 것이 본래원광으로 똑같은 단일성의 실재입니다. 개아란 내면에 머무는 청정심의 순수한 '나'의식인데, 개아가 산란된 빛에 의해 나타난 에고-몸을 취하면 비로소 세상을 살아가는 '몸'의식이 탄생하여, 에고마음의 생각은 호흡 따라 밖을 헤매며 이 몸으로 에고-나의 인생을 살게 됩니다. 본래대로 순수한 빛인 원광의 실재 세상에, 수많은 인간에고들의 빛이 같이 혼재되어 있는 것이 바로 우리 사는 생로병사의 현상세계입니다. 이처럼 나라는 생각의 에고인 반사광이 있으면 현상계이고, 반사광 없이 본래의 원광만 있으면 실재라서 이 세상도 지금 이순간은 본래대로 원광의 실재인데, 개아로서 에고마음의 빛이 섞이면서 오염되어 본래세상인 실재가 가려지는 것입니다. 그래서 반사와 산란으로 혼탁해진 에고의 빛만 제거되면 우리 사는 세계도 있는 그대로의 세상이라 본래대로 원광에 의한 근본의 실재입니다. 그래서 내 안에 '나'인 불성성령의 원광을 주시하는 삶이 본래 '나'를 드러내는 평온한 삶입니다.

에고(자아)로서 나의 인생

　　　　　우리는 '나'란 존재가 이 몸과 마음으로 나의 인생을
살고 있다고 굳게 믿고 있는데, 실지 인생을 체험하는 것은 진정한 '나'
를 가리고 있는 무지의 생각하는 마음인 나-에고인데, 에고는 자신을
마치 본래의 '나'인 양 착각합니다. 본래의 진정한 '나'는 근원의 실재인
스스로 빛나는 원광인데, 그 빛으로 실재세상을 밝히는 자각의식입니
다. 이 빛이 몸으로 인한 근본무지(원죄)의 대지성을 투사한 후 다시
원습에 반사된 재-반사광이 바로 나-에고로, 이 에고마음이 몸을 이
끌고 세상을 살아갑니다. 그래서 이 마음 빛이 본래실재인 세상을 비
추면 나의 많은 산란된 생각들로 행위까지 일으키므로, 본래세상은 덧
씌워 가려지고 새롭게 변질된 다양성의 세계가 나타납니다. 이렇게 나
라는 생각인 에고로 실재세상이 가려지면서 새롭게 나타난 세계는 반
사광의 산란에 의한 것이라서, 내가 그걸 보는 순간에만 나타나고 사
라지므로 이 세계는 환상이라고 합니다. 그래서 지나가면 사라지는 세
계의 자연재해나 대재앙은 영상에 불과해, 지금의 실재에서는 어떤 의
미도 없고 대변화도 아닙니다. 그저 스쳐 지나가는 일과성현상인데,
몸으로 사는 에고마음이 생각하면 펼쳐지는 사건들에 부딪쳐 겪는 현
실적 고통과, 또한 그런 기억들이 남아 두고두고 생각하며 나 스스로

를 괴롭힙니다. 이런 현상들은 인공이나 자연재해가 아니더라도, 우리 일상에서도 매일 똑같이 되풀이되며 인생의 희로애락으로 영상처럼 펼쳐져 흘러 지나갑니다.

그런데 실재인 본래 '나'는 그런 에고가 아니고 세상에 대한 화면 같은 바탕이어서, 존재하는 모든 것과 현상들의 세계가 바탕인 내 위를 영화장면처럼 스쳐 지나가는데, 바탕으로 '나'란 존재는 그런 지나가는 찰나의 장면인 세계를 생각 없이 자각으로 주관하는 주시자입니다. 또한, 그런 현상세계가 지나가면 허공 같은 본래바탕으로서 침묵이 드러나는데, 그게 바로 실재인 '나'입니다. 영상처럼 내 안에서 지나가는 세상만사는 일시적 현상이라 주시자인 '나'에게 어떤 의미도 없지만, 몸으로 사는 에고-나의 생각 속에는 보이는 모든 것을 인생으로 받아들입니다. 이같이 근원의 실재인 본래 '나'는 인생을 직접 겪는 체험자가 아닌, 세상의 바탕이며 스스로 빛나는 의식으로 자각하는 침묵의 주시자이면서 지고의 주관자입니다. 그래서 인생을 사는 이 몸만이 나라는 생각을 포기하면 에고마음이 사라져, 가려진 바탕인 주시주관자로서 실재인 '나'가 본래대로 드러납니다.

세계와 이 몸의 인생이란 게 그런 '참나'인 순수의식 안에서 실재를 바탕으로 잠시 스쳐 지나가는 영상으로 일시적인 그림자 같은 환상임을 내적주시로 안다면, 나는 세상사에 마음을 빼앗기지 않고 생각할 게 없는 본래의 '참나'로서 침묵으로 평안을 누리게 됩니다. 마음이란 생각의 덩어리라서, 지속적인 들숨을 위한 삼킴의 미소로 내적 주시하여 마음을 본래의 원점인 근원의 심장으로 되돌려 소멸하면, 생각도 없어지므로 본래의 평온이 침묵으로 드러납니다.

죽음을 앞둔 한 사형수는 자신의 목숨이 끝나는 시간을 알게 되니, 얼마 남지 않은 인생이 정말 소중하다는 것을 알게 되었습니다. 그래서 자신이 살아 숨 쉬는 지금 이 순간이 얼마나 중요한지 깨닫게 되어, 에고자아인 인간으로서 과거나 미래는 생각할 겨를도 없고 또한 어떤 의미도 없다는 것을 알고, 생각하는 마음 등 세상에 대한 모든 것을 포기하였습니다. 그리고 남아있는 삶의 시간이 너무 짧아 다른 생각을 할 수가 없어 과거미래시간 등 모든 세상 생각은 잊고, 단지 현재 이 순간만의 존재로서 지금에 머물려는 노력으로 집중주시가 이루어져, 마음이 내면을 향하게 되어 에고마음은 자연스레 근원의 심장 빛에 흡수합일 소멸되니 생각이 없어져 죽음에 대한 공포도 사라졌습니다. 그래서 드러난 본래의 고요와 평안 안에 잠겨 시공을 떠나 생각 없이 남은 목숨의 생을 보내고, 누구보다도 평화롭게 목숨을 마감했다고 합니다. 그의 목숨은 끝났지만 에고소멸로 드러난 여기 지금 이 순간의 '참나'로 원광의 영원한 생명 빛을 드러내 본래대로 영생하게 되었습니다.

매일 되풀이되는 일상의 하루 중 생시의 깨어남은 탄생이고 잠은 몸의 죽음이라 인생의 하루하루가 윤회와 같다는 걸 깨달으면, 과거미래란 게 별 의미가 없어지고 세계의 현상과 대상물에 대한 비교분석 기억 등의 생각할 틈도 없어, 나의 중심인 원점에 집중주시가 이루어져 자연 시공이 멈추게 되므로 세상을 인식하는 나의 생각이 사라진 고요 속에 가려진 본래의 '참나'가 자각으로 드러나, 여기 지금만이 지속되는 이 순간에 영원한 평온으로 머물게 됩니다.

이 몸으로 나의 인생을 산다고 생각하는 에고마음이 이 몸을 차지

하고 지배하고 있는 한, 인식의 생각으로 나는 지금 이 순간의 참 존재로서 머물 수 없고, 꼬리에 꼬리를 무는 생각들이 멈출 줄 모르는 일종의 광기인 에고로 이 몸이 점령되어, 실재의 '나'는 가려지고 망각될 뿐입니다. 세상사 모든 과정은 주시자의 주관 아래 그냥 일어날 뿐인데, 원습상습으로 두뇌의 분석, 판단, 의지 등의 생각들인 나-에고의 마음작용이 일어나 변질된 사건상황으로 만듭니다. 그런데 에고생각이란 이미 일어났고 펼쳐진 과거 현상에 대한 회상이라 나를 현존할 수 없게 만듭니다. 그래서 이 몸에게 주어진 모든 상황에 대해서 피하려거나 왜곡시키려 하지 말고, 지금 이 순간에 일어나고 주어진 있는 그대로를 생각 없이 그냥 겸허히 받아들이라는 것입니다. 살면서 우리 앞에 닥친 모든 상황에 대해 분석, 추리, 판단 등 생각하는 것은 에고 마음의 역할이라, 그런 에고가 일어나지 않도록 내적주시로 두뇌 생각을 포기하고, 내 앞에 지나가는 상황들을 바른 자세와 삼킴의 미소로 있는 그대로를 주시만 하십시오. 그럼 어떤 어려운 상황이더라도 이 몸 앞에 잠시 스쳐 지나가는 영화 같은 장면이라는 것을 알게 되어 나는 마음 쓸 게 없고, 일어나는 모든 일과 현상들에 대한 체험자가 아닌 주시주관자로서 침묵의 자각으로 바라볼 뿐입니다.

나의 깊은 잠 속에는 생시의 이 몸과 마음의 나는 존재하지 않았는데도, '나'는 그 잠 속에서 계속 있었다는 것을 깨어난 생시에 느낄 수 있습니다. 그래서 잠 속에서는 존재로서 사라져 없는 이 몸과 마음은 진정한 '나'는 아니라는 결론입니다. 그런데 잠에서 깨어난 생시에는 원습으로 인한 업으로 몸과 마음의 에고-내가 등장하여 항상 존재하는 실재 '나'를 장막처럼 가로막고, '참나'를 대신하여 마치 자신이 실재인 양 상습의 업인 두뇌생각들의 행위로, 업보인 인과의 인생을 살게 됩니다. 그래서 몸과 마음으로 인생을 주도하는 에고-나는 결코 '참나'가 아니라는 것을 깨닫는 것이, 나의 포기이며 깨달음입니다.

원광의 반사광인 에고는 본래 품성인 스스로 존재함을 아는 자각을 처음 보이는 이 몸에게 먼저 하므로, 몸이 나라는 생각의 자각의식은 대상을 향하면 인식하는 생각으로 바뀌어, 몸으로 사는 에고-나의 인생에서는 더할 나이 없이 중요한 생활수단과 도구로 사용되지만, 실재의 '나'는 행복 자체인데 에고자아에 의해 가려지고 망각되어 인생은 행복 대신 불행으로 에고-나에게 나타납니다. 항상 존재하는 나인데도 에고-나에 의해 가려져 인식되지 않아 드러나지 않는 실존의 '나'를 본래대로 드러내려면, 지성 가진 에고마음이 활동하는 생시에만 가능합니다. 그래서 내가 외적정신인 지성(知性)을 발전시켜 전면세상 대신 뒤돌아서 내면가슴에 내적정신인 청정심을 주시한다면, 마음은 청정심에 흡수되어 원광에 소멸되고 이면실재인 원광만이 본래대로 드러나, 바로 '나'가 침묵의 주시자임을 알게 됩니다. 그럼 이 몸이 움직이더라도 본래의 '나'는 움직인 바 없고, 카메라 렌즈 같은 이 몸의 눈을 통해 생시의 장면들은 이면과 저변에 주시자인 '나'의 앞을 그저 스쳐 지나갈 뿐입니다. 즉 바탕인 화면은 움직인 바 없고 장면들만 지나가는 영화와 같이, 세계와 에고의 인생드라마는 화면 같은 바탕으로 실재인 '내' 앞에 펼쳐져 영상같이 지나갈 뿐입니다. 그래서 바탕인 '나'는 지나가는 세상을 생각함이 없이 단지 주시할 뿐이어서, 마음 쓸 게 없이 평안합니다. 이런 평온은 본래적이고 있는 그대로인 실재의 성품이라 기쁨도 즐거움도 아닌 흔들림 없는 중도인데, 에고의 느낌으로는 이전에 경험해본 적 없고 처음이기 때문에 경이로움 또는 황홀경이라 표현하기도 합니다.

내 앞에 인식되어 보이는 세계 모든 것들은 내 안에 잠재된 상습이 업들로 나타난 업보인데, 원습의 에고-나는 처음으로 몸과 마음으로 겪게 되어 새로운 것인 양 착각하여 좌충우돌로 부딪히며 사는 게 우리의 인생입니다. 나의 인생이 불행한 것은 실재인 '나'의 품성인 행복이 에고-나로 가려졌기 때문이라, 이렇게 생각 속에 사는 고달픈 나라는 에고만 없다면 실재 안에 본래 있는 평온이 드러나므로, 나는 생각함 없는 침묵의 자각 속에 순간순간으로 지속되는 세상을 주시하며, 본래의 고요와 평안의 지복 속에 잠겨있습니다.

3
시간과 공간

이 몸을 포함하여 세상에 존재하는 모든 것들의 내면에는 자각으로 빛나는 불성성령인 실재의 빛으로 가득하며, 그 빛으로 형상의 겉모습을 나타내면서 외부에는 자신의 특성으로 '색성향미촉'의 오감의 빛을 발산하여 외부에 자극을 주므로 주체로서 자신의 존재를 알리는데, 나의 몸은 그 오감을 대상으로 받아들이는 '안 이 비 설 신(눈, 귀, 코, 혀, 피부)'의 오 감각기관(오관)이 있습니다. 이 오관은 전신에 퍼져있는 촉감을 위한 기관인 피부와 주로 얼굴에 좌우대칭의 쌍으로 분포하고 있는 눈, 귀, 코, 혀의 감각기관들인데, 몸이 깨어나는 생시에 이 오관이 작동하여 외부로부터 들어오는 오감인 외부자극들을 받아들임으로 나의 몸은 대상 인식을 시작합니다. 이렇게 전달된 오감의 감각들은 두뇌의 각 육의식계에 전달되면, 나는 무언가를 본다, 듣는다, 냄새 맡는다, 맛을 본다, 감촉을 느낀다는 등의 지각과 분별 비교 판단 등의 인식작용을 거쳐 나의 생각으로 정리되어 세계와 대상물에 대한 나의 감정 의지 등으로 행위들을 일으키므로 나의 인생이란 일상생활이 세상 안에 전개됩니다.

또한, 주체인 내가 보고 들음 등의 인식으로 인해 우리는 대상물에 대하여 먼저 위치와 거리감을 갖게 되어 나와 대상물 사이에는 공간이 생기게 되고, 그 공간 안에는 시작과 끝이 있고 밝음의 명암이 있어 지각과 인식의 생각이 작동되면 시간이 흐르고 시공(시간과 공간)이 형성되어, 세계는 나의 인생과 함께 그 시공 안에 흘러가게 됩니다. 이처럼 쌍으로 이루어진 감각기관들과 두뇌생각들로 시공과 함께 대상에 대한 입체감까지 생기는데, 우리가 어떤 대상물을 볼 때는 전체를 보는 것이 아닌 단지 단면적인 앞부분만 볼 뿐인데, 마치 대상물 전체를 다 보는 것처럼 착각하는 것은 바로 불교에서 말씀하시는 '수상행식'의 생각 과정으로 생긴 입체감에 의해서입니다. 이것은 대상에 대한 거리와 위치, 지각과 인식에, 기억의 회상과 예상 등의 상상을 덧붙여 합성된 사진을 완성시키는 것과 같습니다. 여기서 수 상행식이란, 이 몸의 감각기관을 통해 오감을 받아들이는 지각과(수, 受), 받아들인 것을 두뇌의 의식계로 인식하여 형상인식이 이루어지면(상, 想), 대상에 대한 이분법적인 구분별로 비교 분석 판단의 생각으로 의지를 드러내 감정을 일으키면서 의도함으로 행위로 이끌고(행, 行), 이런 일련의 과정들에 과거의 기억들이 작용하고 정리되어 대상에 대한 새로운 형태의 생각을 이끌어, 다시 기억으로 저장하게 됩니다(식, 識). 그래서 이런 생각이 원인이 되어 행위로 이어지면 행위결과에 대한 대가를 치르는 인과관계가 형성되어, 그 결과들에 대한 새로운 기억과 업을 쌓고 다시 상습으로 잠재되어 윤회하게 됩니다.

불교에서 말하길, '색성향미촉 법'과 이런 '수상행식'을 합친 '색 수상행식'을 '오온(五蘊)'이라 하는데, 우리 사는 인생이란 이런 18계(육경계, 육감관계, 육의식계)에 두뇌의 사고인식작용이 어우러져 행위까지 나타나는 것으로, 에고인 몸과 마음의 나로 인해 대상으로 일어나는 세상사의 모든 과정 즉 에고자아로서 인생살이를 '오온'이란 한마디로 요약 표현합니다. 개아의 삶이란 각기 서로 다른 마음의 오온들이 겹쳐진 이 18계의 세계 안에 각자의 인생들로 펼쳐집니다. 이렇듯 우리가 보고 있는 세계란 게 단지 겉모습인 표면만 볼뿐인데, 시공 안에 존재하는 대상물을 입체감으로 보는 것은 기억과 상상의 생각들로 유추하고 조합하여 마치 전체를 아는 것인 양 착각하므로, 하나의 대상을 놓고도 각자가 서로 다른 많은 생각 속에 대상의 형상을 완성시키게 되므로, 백이면 백 사람 모두 서로 각기 다른 생각을 의견으로 내놓게 되는 것입니다. 그래서 본래 없던 시공이 생기고, 그 시공 속에 각자의 서로 다른 생각으로 공간은 변형되면서 각자의 공간 속에 각자의 시간이 흘러가므로, 같은 세상 안에서도 생각 하나로 제각기의 서로 다른 시공에 의한 인생이 지나가는 것입니다. 결국, 나의 인생이란 세상에 대한 두뇌의 생각인 사고 작용과 사지인 수행기관의 행위 작용이 어우러져 이 몸 앞에 펼쳐져 지나갑니다. 몸의 사지는 두뇌의 생각에 의한 명령을 받아 수행하고, 두뇌는 반사광인 순수에고의 빛을 받아 상습을 활성화하여 업으로 세상에 투사하여 나타난 대상물을 다시 지각과 인식의 사고 작용을 하는데, 에고는 실재인 원광이 원습에 반사된 '나라는 생각'의 반사광으로 산란되어, 바탕이며 혼재된 본래 원광을 가리고 있습니다.

그런데 우리가 눈을 감으면 보이는 대상은 없어지듯이, 에고의 정신 작용인 지성으로 내적주시하면 내면에는 대상물이 없어 보이는 게 없고 생각할 것도 없어 생각은 멈추게 되고, 그럼 마음도 내면에 머물러 움직인 바 없어 함께 시공도 사라져 모든 게 고요해집니다. 이때 밝은 생시인데도 보이는 대상이 없으므로 에고의 마음으로서는 처음이라 불안해하지만, 내면주시가 익숙해지면 인식대상 없는 단면성의 내면은 본래대로 고요하고 본래의식인 근원 빛이 자각의 침묵으로 드러납니다. 이렇게 내면에 침묵인 실재는 자체발광이라 일체자각으로 드러나는 데 반해, 세상의 대상물에 대한 거리와 입체감에 의해 나타나는 시공은 신기루의 환상임에도 에고—나에게는 이미 두뇌의 지각과 인식으로 받아들이고, 수상행식까지 더해진 생각이라 당연한 실재로 여기고, 여기에 행위로 이어지는 인생을 살게 됩니다. 이와 같이 나—에고의 인생이란 두뇌의 생각작용과 사지의 행위 작용으로 이루어지는데, 반사광인 순간의 빛이라 지나가면 사라집니다. 그러나 단면성인 무한의 이면에 침묵하는 주시자인 '나'는 생각함 없이 단지 '있음'의 자각이라, 본래 있는 그대로의 실재인 세상을 주시주관만 하는 자각의식인 원광으로 영원한 실재입니다.

실재인 본래 '나'가 단일성의 순수의식인 원광 빛을 비추어 세상도 같은 실재로 나타난 것인데, 몸이 깨어나는 생시에는 반사와 산란으로 조화를 부리면서 무지개 색깔의 다양성의 세계로 나타나 이 몸으로 나의 인생이란 게 나타나고, 그런 세계는 생각하는 나의 마음을 현혹하여 유혹에 빠지게 합니다. 또한, 깨어난 생시에 이 몸은 항상 세상을 향해 있어서, 몸이 나라고 생각하는 에고마음은 호흡 따라 밖으로 나가 세계를 헤맬 수밖에 없습니다. 내가 쏟아내는 말 또한 마음의 생각으로 몸을 통해 나오기 때문에 항상 밖인 세상을 향해 있는데, 이런 몸과 세계는 실재의 빛이 반사산란으로 변형된 조화(造化) 속이라 세상은 다양성의 세계로 나타납니다. 이렇게 생각과 말을 만드는 마음은 근원 빛이 원습에 반사되어 나타난 에고로, 비춤의 형상 가진 의식으로 근원의 생명력을 가지지만 반사산란으로 오염된 빛의 표현이라서, 나를 많은 생각에 의한 수많은 말과 행위를 하게 만듭니다. 그래서 이런 생명력인 에고의 힘이 나의 인생을 만들게 되는데, 그렇다고 에고에 이끌려 휘둘려서 세상을 헤매지 말고, 이면에 본래 '나'는 순수 존재의 원광으로 이 몸에 항상 내재하고 있다는 것을 안다면, 다양성의 세상을 떠나 자각의 참 존재로서 단일성의 하나인 실재의 '나'를 드러내므로 본래대로의 실재인 세상을 살게 됩니다. 이것이 몸으로 사는 우리에게 주어진 진정한 삶의 의미입니다. 선각자들처럼 고고한 삶은 아니더라도, 일상에서 자신을 지키는 주시자각의 인생을 사는 게 참으로 사는 게 아니겠습니까? 실재를 가로막고 이 몸과 세상을 따로 분리시키는 에고의 삶을 포기하고, 단일한 본래의 빛으로 있는 그대로의 평온의 실재로 사는 게 바로 진정한 행복이고 이 몸이 세상에 나타난 존재이유라서, 내면가슴에 항상 빛나는 실재의 원광을 주시자각해야 됩니다.

잠이 들면 이 몸과 마음은 물론 세상조차도 존재하지 않는 무의식인데, 잠 속에서는 마음이 가라앉아 잠재되어 몸을 인식하지 않기 때문에 몸과 마음의 존재가 없고 따라서 세상도 사라지게 되므로, 잠 속은 시공이 없어 본래의 단일성인 실재의 자각으로만 존재하는 순수의식이므로 고요하게 됩니다. 이런 하나의 단일성의식이 생시에도 존재하는데, 보이지 않는 바로 이 몸의 내면과 후면인 이면에 항상 존재하는 원광의 실재인 깨어있는 생시-잠입니다. 그래서 내가 이 몸의 가슴심장중심을 내적주시하는 목적은, 이런 깨어있는 이면에 생시-잠을 본래대로 드러내어 생각 없는 고요함과 침묵의 잠과 같은 평안의 지복만이 존재하는 근원의 실재 안에 머물고자 함입니다. 이렇게 '나'에 대한 탐구의 목적은, 세상을 향한 에고인 나의 마음을 내향 심으로 소멸하여, 본래 있는 그대로인 실재의 '나'를 드러내는 데 있습니다. 그래서 망상의 착각인 에고-나는 사라지고 진짜인 실재 '나'가 드러나면 세상도 본래실재여서 이 몸도 실재로 살게 됩니다.

내 앞에 펼쳐져 보이는 전면세계에는 의식빛의 반사와 산란으로 인한 다양성으로 평안대신 불행과 고통으로 가득 차 있고, 보이지 않는 이 몸의 이면실재에는 본래의 스스로 빛나는 빛인 단일성의 원광으로 우리가 그렇게 찾고자 하는 지복으로 가득 차 있으며 시공은 본래 없습니다. 실재는 직관적인 내적주시로, 느낌과 비슷한 직감에 의한 앎으로 가슴심장중심을 직접 체험하는 직접지각인 자각입니다. 이처럼 우리가 내적주시로 이면에 실재인 '참나'를 자각한다면 반사로 흐려진 전면세계의 산란된 빛은 흡인되어, 세상은 본래대로 순수자각인 단일성 원광으로 빛나는 원초적 상태입니다.

4
가려진 실재

우리는 내 앞에 펼쳐진 세계를 마음의 인식과 몸의 체험으로 실재라고 굳게 믿고 있지만, 사실 보이는 세상은 과거에 쌓여 잠재되었던 습이 에고마음으로 표출되어, 두뇌의 생각을 통해 업으로 투사하여 현상계세계로 나타난 것으로 과거의 잔재입니다. 또한, 그 세계를 투사한 에고-내가 다시 대상으로 지각 인식한 것이라서, 결국 세계란 나의 생각의식의 빛이 비쳐 나타난 그림자라서 환영입니다. 그런데 생각이란 지금 이 순간이 아닌 과거나 미래에 대한 일들을 회상이나 예상 등의 상상으로 내가 마음대로 취사선택하고 조합한 것으로, 우리가 무엇을 보고 듣고 안다는 지각인식작용은 보이는 대상의 있는 그대로인 본래실재상태를 나의 많은 생각들의 조합으로 장막처럼 가리게 되어, 밖에 있는 대상세계는 결국 나의 에고마음의 지각인식 상상의 생각들로 재창조되므로 환상입니다.

이렇게 표출된 세상의 바탕이면서도 나타난 세계와 나로 가려지게 된 실재의 실체는 무엇일까요? 그것은 언표불가의 공인 근원이 항상 스스로 빛나는 빛을 발하고 비춤으로 드러나는 원광인 빛인데, 본래는 그 빛 하나뿐이라 단일성의 일자이며 무형상이고 원초적 자각의식이라 단지 '있음의 침묵'으로 드러납니다. 그것은 현상계에 겉모습 가진 모든 사물(事物)들의 내면에 있는 원초적 빛의 의식인 생명이며, 현상계와 모든 것의 근원이며 바탕으로 저변에 존재하는 본래적이고 원초적인 순수의식으로 원광이며, 우리는 그것을 '불성성령'이라고 합니다. 또한 '본래의 나', '참나', '진아'로도 표현되는 순수자각의식입니다. 그래서 현상계에 형상 가진 모든 물질들이 시간과 함께 겉모습은 소멸해도, 내재된 성령불성인 본래의 생명으로 영원히 실재하게 됩니다. 이 몸의 나 또한 생각하는 마음이 몸 안에서 소멸되면 즉각 본래대로 원초적 생명의 빛인 원광으로 영원한 실재입니다. 이처럼 생각만 사라지면 누구나의 '나'라는 존재는 본래대로 스스로를 자각하는 주체로서 있는 그대로이므로 항상 실재로 영원히 존재합니다.

우리가 착각하는 것 중 하나는 이 몸의 목숨을 실재인 생명처럼 여기는데, 목숨은 생명의 표현인 생명력으로 몸의 생존유지를 위해 호흡으로서 일시적으로 나타난 것입니다. 또한, 생명의 표현 중 하나인 마음의 생각으로 내가 세계를 보면 자각 아닌 대상 인식이고, 인식 자체는 에고마음—생각의 덧씌움에 의한 것이라 실재가 가려져 감추어지므로, 본래세상은 마음생각의 환상세계로 변하여 나타납니다. 그래서 그런 무지의 에고마음을 내적주시로 소멸시키면, 생각이 사라져 보는 대상세계도 사라지므로 환상도 같이 사라져, 가려졌던 주체로서 실재인 '나'가 본래생명인 자각의 빛으로 드러나게 됩니다. 그래서 실재인 '나'는 주시자로서 모든 것을 나로 자각하는 '참나'이며 항상 지속되는 실재인데, 단지 자각으로 '나' 하나만이 오롯이 존재하는 '홀로 있음'의 빛나는 순수의식입니다. 그래서 부처께서는 본래대로 하나뿐인 실재의 나는 '천상천하유아독존'이라는 가르치심을 주셨습니다. 바다는 아무리 거센 태풍 속이라도 바람이나 파도를 따로 의식하지 않고 하나로 알듯이, 생각 없는 나는 일체를 나와 같은 동질성으로 보며 본래대로 자각하므로, 세상 모든 것이 내 안에 하나입니다. 평소에 에고인 이 몸이 실재를 알 수 있는 것은 내적주시의 직관으로 이면 '주시자'를 자각하여 근원실재인 '나'를 침묵으로 드러내는 것으로, 이런 '주시자각침묵'이 바로 깨달음입니다.

몸으로 세상을 사는 우리의 하루는 세 가지 존재 상태 안에 있게 되는데 잠, 꿈, 생시로 나누어 표현됩니다. 잠 속에서는 에고-나인 이 몸과 마음이 인식으로 존재할 수 없는 무의식의 상태여서, 실재의 '나'가 드러나 본래 있는 대로의 자각상태입니다. 그런데 꿈속에서 나는 잠시 나타났다 깨어나면 바로 사라지는 환상이고, 생시가 되면 에고-내가 다시 마음과 몸으로 등장하는데, 이 나 또한 잠이 오면 사라지므로 환상입니다. 잠 속의 에고는 몸과 마음이 깨어나지 않아서 원습상태로 잠재되어 활성화되지 않은 무의식상태입니다. 이렇게 하루에 세 존재 상태마다 각기 다른 내가 등장하여 나타나고 사라지므로, 그런 나는 실재 아닌 환상일 수밖에 없습니다. 그런데 잠 속에서는 이 몸과 마음이 없어 아무것도 인식할 수 없어 고요한데도, 깨어난 생시에는 분명 잠 속에 내가 있었다는 것을 느낄 수 있으며, 또한 생시에도 이 몸이 노력하면 내적주시의 직관(直觀)에 의한 직각(直覺)으로 잠 속에 있던 항상 같은 본래의 '나'가 지금 이 순간에도 있다는 것을 느낄 수가 있습니다. 내 안에는 나 아닌 다른 누구는 있을 수 없는데 무언가 있다고 느껴지는 그것이 있는 걸로 보아, 정체는 모르지만 에고마음이 아닌 그 어떤 '나'가 있다는 것을 알 수가 있지 않겠습니까? 그런데 내 안에 나 말고 다른 누가 있을 수 있겠습니까? 그럼 내 안에 에고 아닌 그 어떤 나의 정체는 무엇이겠습니까? 에고는 반사광이라 내면에서는 원광에 흡수되어 사라져 존재할 수가 없는데 말입니다. 그렇다면 아무 것도 없어 보이지도 인식되지도 않는 나의 내면에는 하나뿐인 원광만 이 존재한다는 결론입니다. 그래서 본래의 '나'는 스스로 빛을 발하는 본래일자인 원광이고, 그 빛으로 가득 찬 단일성으로 하나뿐인 실재입 니다.

우리가 생시에 집중주시로 내면으로 들어가거나, 평소처럼 잠 속에 들어가면 '참나'를 가리는 에고-나의 정체는 사라지므로 가려진 '나'는 다시 본래대로 드러나는데, 항상 존재하는 본래의 '나'가 드러나 있는 이 상태가 바로 실재로 평온의 지복(至福) 상태입니다. 그래서 우리는 그렇게 편안한 잠을 자려고 좋은 집에 좋은 침구를 찾는 것은, 에고로 서 도저히 인식되지 않는 근원의 실재인 '참나'가 본래대로 드러나므로 지복인 평온의 잠을 잘 수 있기 때문입니다. 그런데 생시에 이 몸과 마 음을 넘어서면 잠 속에서와 같은 지복의 '나'인 깨어있는 생시-잠이 있 어, 그런 '나'를 찾아가는 길이 수행이고 바로 구도입니다. 그러려면 에 고마음이 '나'를 지켜보는 직관적인 내적주시의 자각(직각)으로, 실재 인 '나'를 가리고 있는 이 몸과 마음을 벗어나고 넘어서야만 에고-나 는 근원 빛에 소멸되어, 가려져 은폐된 에고장막 뒤의 실재인 침묵하 는 '나'가 본래대로 드러납니다.

지켜봄 ➡ 내면주시 ➡ 자각 ➡ 침묵 ➡ 실재 ➡ 근원

　그래서 실재란 이 몸 이면과 저변에 근원의 스스로 빛나는 빛으로 자각하는 침묵 상태인 원초적 본래의 '나'입니다. 원광인 이 빛이 잠에서 깨어날 때는 몸에 의한 근본무지인 대지성을 통과하는데, 대지성은 유리와 같아 빛이 투사하면서 약간의 반사와 산란으로 흐려지지만, 원광처럼 거의 본래 그대로의 순수한 빛으로 존재하여 우주적 의식(옴)이라 하는데, 원초적 무념무상의 무형상인 바로 무심의 무아입니다. 이 빛이 세상을 비추면 생명으로 현상계인 세계를 이루고, 이 몸도 같이 비추어 잠재된 원습에 반사되면 거울같이 작용하는 원습이라 반사광으로 최초의 '나라는 생각'인 에고마음을 반사합니다. 그럼 반사광에고는 그 마음으로 보이는 육신이 내 몸이라고 먼저 지각 인식하고 세상을 향하면, 몸의 감각기관들을 통해 보이는 세계의 대상물들을 마음으로 인식하게 되므로, 현상세계가 다양성의 대상물로서 나타나 에고-자아로서 나의 인생을 살게 됩니다. 내면에 머무는 순수에고마음은 본래 있는 그대로 오염되지 않은 '나' 의식인 청정심이나, 몸의 호흡 따라 세상을 향하면 에고마음이 움직여 생각이 작동되어 대상물에 대한 비교 분석 판단이 뒤따르고, 좋고 나쁨 등의 이분법적인 구분 구별로 탐욕 등의 소유욕이 생기면서 오염되어 욕구 갈등 불만 등의 감정이 생깁니다. 그럼 이루고자 함이 몸을 통해 나타나 행위로 연결되면, 그런 생각과 행위로 침묵이 깨지므로 실재는 가려지고 나와 세상은 혼탁해지는데, 그러나 그런 나의 생각하는 마음만 없으면 본래대

로 모든 게 다시 고요해집니다.

나는 원하지도 않았는데 어느 날 갑자기 세상에 한 점 같이 등장했다가 다시 갑자기 세상으로부터 사라지게 된다는 과정은 저로서는 도저히 이해할 수가 없었습니다. 도대체 나는 왜 세상에 태어나야 되었는지, 무엇 하나 내 맘대로 되는 것도 없이 항상 규제와 억압으로 나를 구속하는 주위환경에서 무엇이 되고자 나왔는지, 부모님의 뜻에 의한 것이라고 하기에는 너무 일방적인 생각이고, 무슨 뜻이나 목적이 있어서인지는 알 수 없었고 의미 없이 그냥 나타난다는 것도 납득하기 곤란한 문제였습니다. 그런데 그런 나의 삶의 의미나 목적은 내가 사는 세상에 있는 것이 아니고, 실재의 '나'를 가리고 있는 세계와 무지의 원죄인 이 몸을 넘어 본래의 나인 근원의 실재를 드러냄에 있다는 것을 청문으로 알게 되었습니다. 그래서 우리는 누구나 구도의 길을 걸어야 되고, 어렵지만 탐구의 노력으로 마음이 희로애락의 세계를 떠나 내면의 본래 나왔던 곳으로 되돌아가도록 한다면, 본래대로 실재의 '나'가 드러나 평온해지고 그럼 몸의 생로병사마저 넘어선다는 것을 알게 되었습니다. 이 과정은 바른 자세와 삼킴의 미소로 호흡내면주시하면 자각으로 이 몸의 침묵이 이루어지므로, 마음은 사라져 생각할 것 없는 내면의 고요 속에 이면에는 본래대로 자각의 침묵인 원광이 드러나게 되는데, 그게 바로 내가 찾는 깨달음인 근원의 실재로 본래의 '나'라는 것입니다.

석가모니부처님께서 침묵 속에 꽃을 하나 들어 보이신 것은, 이 꽃이 하나이듯이 바로 모든 게 근본으로 하나라 단지 하나만이 존재한다는 것을 말씀(천상천하유아독존)하신 것이고, 가섭존자의 침묵의 미소는 부처님에 의한 근원 빛의 빛남인 자각하는 침묵의 실재를 삼킴의 미소로 드러내 모든 게 하나 됨을 보여주는 것입니다. 이런 침묵은 끊임없는 자각이고, 자각은 내가 있다는 것을 스스로 아는 것이므로, 이 몸도 생각의 마음 없는 나는 순수존재로서 바로 자각이고 침묵으로 '있음'인 무염송(WORD)으로 본래대로 드러나는 것입니다.

이 몸을 통해 단면성의 실재인 침묵이 세상에 허공으로 드러나면 현상계의 바탕인 화면으로 존재하여, 허공 안에는 원소결합으로 모든 대상물과 현상들이 찰나에 나타나, 흐름 따라 지나가는 상황으로 영상같이 펼쳐집니다. 바탕인 '나'는 자각하는 단면성의 무한이라 세상의 바탕인 화면으로 어느 곳이나 도처에 존재하고 빛을 발하여 '나' 아닌 것은 없으므로 모든 것이 이 몸과 같은 동질성으로 하나이고, 세계와 함께 모든 게 '나'의 반사광으로서 일부라 '나'의 순간적인 빛으로 지나갈 뿐입니다. 그래서 이 몸의 실체는 바로 빛이고 그 불성성령 빛에 의한 오감으로 에고-나를 존재로서 나타낼 뿐인데, 마치 나의 몸이 실체인 양 착각하는 전도망상에서 어렵지만 깨어나야 합니다. 사라지는 존재로서 형상 있는 모든 것은 원광인 성령불성의 빛이 원습에 반사되어 나타나 반사되는 그 순간순간에만 존재합니다.

세상을 사는 인간으로서 각자의 길은 개아의 발현 업에 의한 것입니다. 그래서 업 따라 이런 길, 저런 길, 수많은 길이 나타나 각자의 길을 따라 에고-나의 인생을 몸과 마음으로 살아갑니다. 이런 길들이 결코 새로운 것이 아니고 내 안에 있던 것들이 세상에 업으로 투사되어 나타난 것인데, 새롭게 느껴지는 것은 에고인 이 몸과 마음이 처음으로 겪기 때문입니다. 그래서 모든 게 내 안에 있던 것이 나온 것이니, 어떤 길이나 상황이든 이 몸 앞에 주어진 있는 그대로를 겸허히 받아들여 수용하면 생각할 게 없어 마음도 없으므로, 나는 본래의 평온 안에 있게 되는 것입니다. 생각 없는 본래존재로서 주어진 여기 지금 이 순간에 있는 그대로가 바로 '나'의 실재입니다.

5

깨달음의 전도서

환상적인 세상을 실재에서 바라본 상황으로 묘사된 구약성경의 전도서를 어느 날 읽게 되었는데, 모든 부귀영화를 누렸고 최고의 지혜를 지녔다는 고대 예루살렘의 성명 미상의 어느 왕께서 깨달음에 대한 말씀을 너무 적나라하게 묘사한 것이라 너무 놀라웠고, 첫 구절에 나오는 말씀이 이전에 제가 수시로 내심 염송했던 구절이라 더욱 놀라웠습니다. 그 시작의 말씀이 "헛되고 헛되며, 헛되고 헛되니, 모든 게 헛되도다."라는 말씀이었습니다. 그래서 전도서의 진지(眞智)의 말씀을 요약 정리하였는데, 내용인즉 다음과 같습니다.

* 밝은 해의 비춤 아래 있는 모든 것들이 일시적으로 지나가는 것인데, 행하는 모든 것들의 행위가 누구에겐들 무슨 의미가 있겠고, 설사 내가 많은 재물을 취한들 무슨 의미가 있겠는가? 모든 게 헛되도다. 세상의 모든 지혜도 헛되고, 즐거움도 헛되도다.
* 세상 모든 것은 되풀이되면서 변하여도 결국은 하나인 원점으로 돌아가게 되는데, 생시에 두뇌의 생각으로 행하는 모든 행위는 바람을 잡으려는 것과 같이 의미 없이 헛되도다.
* 지혜나 어리석음이 모두 머릿속의 것이라 서로 아무 차이가 없고, 지

혜로움이 당하는 것이나 어리석음으로 당하는 것이나 모두 똑같으니, 모든 게 헛되다.

* 수고하지 마라. 그 또한 헛되도다. 모든 지혜 지식과 재주를 다하여 수고해 얻게 된 것도 결국은 수고하지 않은 자에게 넘겨주게 되어 이것 또한 헛되고 큰 악으로 남게 되리니, 갖고자 수고하지 마라.

* 우리 인생이 괴로운 것은 하나님이 주신 수고에 의한 것이니 받아들이지만, 인간의 욕망과 탐욕에 의해 행하는 행위는 노력의 수고 아닌 고통의 노고가 되므로, 인생의 부귀영화는 바람을 잡는 것과 같아 헛되고 아무 의미가 없이 무익한 것이다.

* 먹고 마시며 즐기는 수고는 가장 큰 기쁨이고 하나님이 주신 것이니 즐기지만, 이것 또한 헛되이 바람을 잡는 것이니 빠지지 마라.

* 해 아래 새로운 것은 아무것도 없다. 지금 있는 것이 옛적에도 있었고 앞날에도 있을 것이니, 모든 것이 항상 영원히 있을 뿐이다. 모든 것이 항상 되풀이되는데 우리는 단지 기억하지 못할 뿐이고, 이것이 바로 원점이며 근원인 하나님의 역사하심이다. (윤회)

* 세상사 모든 일은 때가 있으니 서두르거나 수고하지 말고 주어질 때를 기다리고, 의인도 악인도 모두 결국은 같이 하나님의 심판을 받는다. 선악이란 어디에나 항상 같이 있으니 분별하여 생각지 마라.

* 우리가 곡식을 얻고자 밭을 일구면서 걸리는 돌들을 추려내 버리는데, 그러나 집을 짓기 위해서는 다시 그 돌들을 주어다 쓰게 된다. 돌도 쓰임에 따라 때가 있듯이 모든 일이 찾을 때가 있고 지킬 때가 있고 버릴 때가 있으니, 이런 모든 것들이 되풀이되며 단지 노고께 할 뿐이다. (조작하지 말고 내 앞에 주어진 대로 살아라)

* 모든 물질이나, 인간의 인생이나, 짐승의 생이나 호흡하며 자연으로부터 당하는 것은 모두 똑같고 죽음도 같아, 흙으로 말미암아 나서 때가 다하면 본래의 흙으로 돌아간다. 그래서 인간의 혼은 위로 올라가고, 짐승의 혼은 아래 땅으로 내려간다. 그러나 주신 자가 그 혼들은 다시 불러 뒤에 일어날 일들을 보게 하시니라.

* 지혜로운 젊은이처럼 항상 깨어있는 자는, 감옥과도 같은 세상을 떠나서 나의 이면에 하나님과 항상 같이하는 자이다.
* 죽자 살자 두 손으로 노고를 아끼지 않고 하는 것보다는, 한 손만이 수고하는 여유로움으로 평온을 유지하는 게 낫다. 노는 자나 수고자나 모두 몸만 축내고 불행한 노고가 되니, 헛되고 헛되도다. 단지 자기 일에 즐거워함이 제일이다. (인생무상, 행복-최고선)
* 하나보다는 둘이 낫고, 세 겹의 줄은 한 줄보다 쉽게 끊어지지 않는다. (인간의 세상만사는 결혼하여 가족과 사는 것)
* 함부로 입을 열지 말고 항상 말을 적게 하라. (본래대로 침묵하라)
* 아무리 많은 재물을 지녀도 만족하지 못하고 수고만 하므로 행복은 없고 불행만 있다. 인간의 삶 자체는 고뇌와 고통이다. (행복이란 불행이 없는 상태로 인간 세상엔 없고, 본래의 실재에만 있다)
* 인간사회의 관계는 지배와 종속의 관계라, 권력으로 서로 학대할 뿐이다. 악을 보거나 정의가 짓밟히는 것을 보아도 동요하지 마라. 각기를 감찰하는 더 높은 분이 계시니, 네가 감당할 필요 없고 관여해도 해결되지 않으니 상관하지 마라. (그런가, 지나가리라)

* 풍요와 부유함이 좋은 것은 아니다. 그것으로 만족감은 없고 잠도 못 자니 헛된 것이로다. 아무리 많은 재물도 재난이 닥치면 사라지니, 본래 벌거벗고 나왔는즉 나온 대로 벌거벗고 돌아가니, 손에 가진 것 없이 모든 게 헛되도다. (주어진 대로 살아라)
* 자신을 위한 수고는 하지 말고, 지혜와 우매함을 구분하지 말라. 역시 헛된 것이다.
* 지나친 의인이나, 지혜자나, 악인이나, 우매자가 되지 말라. 모두가 조금씩은 의인이나 악인이지 결코 인간으로 완전하게 의인이나 악인은 없다. (사람들을 에고생각으로 분별하지 마라)
* 우매하지 말고 단지 하나님(근원)을 망각하여 욕되게 하는 죄인의 길에서 벗어나라. 이는 모든 것을 무너뜨릴 수 있다. (주시 자각하라)

* 지혜자의 마음은 우측에 있고, 우매자의 마음은 왼쪽에 있다. (우심장은 영적심장. 좌심장은 육신의 심장. 두 심장의 합이 깨달음)
* 적든 많든 탐욕과 뇌물은 사람의 명철을 망치게 한다. (욕심을 경계)
* 하나님(근원)을 경외하지 아니한 자는 의인이든, 악인이든, 지혜 자든, 우매자든 장수하지 못하고 벌을 받으리라. (항상 내적주시)
* 죽는 날과 초상집이 출생일이나 혼인집보다 낫다. 슬픔이 웃음(즐거움)보다 나은 것은 얼굴에 근심(고통)이 마음에 유익하기 때문이다.
* 사람이 하는 말에 절대 마음을 두지 말라. 누구나 나도 역시 타인을 향한 저주를 한다. (에고마음을 조심)
* 먹고 마시고 즐거워함이 하나님을 기쁘게 함이다. 노고가 되도록 수고하지 말고, 선악을 구분하지 말고, 주어진 대로 받아들이고 살라. 이곳의 선이 저곳에서는 악이니 분별하지 말고 있는 그대로를 받아들

여라. (지금 주어진 있는 그대로의 삶을 즐겨라)

* 항상 몸과 외향을 반듯하게 관리하고 정리하라.

* 인간사는 어느 날 서로의 상태가 바뀔 수 있으니, 지금 나를 위해 선을 베풀라. (항상 있을 때 잘하라)

* 말을 많이 하지 말고 공손함으로 모든 이들을 떠받들어라.

* 인간사의 미래는 하나님만이 아시고 주관한다.

* 너는 수고하고 때를 기다리고 항상 즐거워하라.

* 내가 한 행위는 (업으로) 쌓여 (습으로) 후손들에게 물려줄 것이니, 모든 수고가 악순환이다. (윤회)

* 네가 하는 일에는 항상 하나님의 심판이 뒤따르니 하나님(근원)을 기억하라. 그러면 어떤 어려운 일에도 헤쳐 나갈 수 있으나 하나님을 망각하는 자는 모든 것을 잃게 되리라. 하나님을 경외하고 너에게 주어진 그분의 명령을 듣고 실행하라. (인과와 무위)

* 흙(몸, 혼)은 땅으로 돌아가고 영은 그것을 주신 하나님께 돌아가니, 헛되고 헛되니 모든 것이 헛되도다. (혼은 땅에서 윤회하고, 영은 본래대로 있음이다. 인간임을 포기하고 실재로서 영생하라)

구구절절 모든 말씀들이 인생을 어떻게 살 것인가에 꼭 필요한 가르치심입니다. "인간의 삶에는 의미가 없다. 에고자아로서 인간이기를 포기하라. 그게 바로 본래 나왔던 곳인 근원의 하나님에게 돌아가 평온의 행복을 찾는 길이다."라는 말씀이었습니다. 몸 안 성전인 내면가슴에 십자가를 안고, 십자가의 심장중심점이 근원인 하나님이며 세상의 원점으로 빛난다는 것을 명심하고 모시고 사십시오.

6
절대자, 지고자, 일자, 근원

　　세상을 살면서 지식수준이나 권력이 높다고 영적 의식 수준이 같이 높은 것은 결코 아닙니다. 권력이나 학식 높은 사람이 영적 의식 수준이 같이 따라 주지 못한다면, 세속적인 그 힘들이(권력, 학력, 위치, 부 등) 자신과 주위 사람에게 재난이나 불행을 안겨주게 됩니다. 왜냐하면 그의 행위가 주시자의 뜻이 아닌 에고마음의 산란된 생각인 오만과 편견의 행위라 잘못된 인과 결과가 따르기 때문입니다.

　지고함이자 절대적이며 일자뿐인 하나님이 바로 모든 것의 근원으로 진리입니다. 그래서 세상의 합리적이고 보편타당성인 진리와는 달리, 근원의 진리는 절대적이고 지고함 그 자체이며 표현 불가의 점 하나이기도 하지만, 그 안에는 무한 그 자체이므로 모든 게 단 하나인 그 안에 있어, 하나가 전체이고 전체가 하나인 일자뿐입니다. 이 근원인 하나님께서는 항상 스스로 빛나는 원광을 발하고, 그 빛(WORD)은 빛남과 비춤으로 스스로 존재함을 아는 자각(Self Awareness)의식으로 드러나는데, 바로 본래 '나'인 '참나'로 항상 존재하는 초월적이고 원초적 '실재'입니다. 그래서 일시적인 몸과 마음이 나라는 생각을 포기하면 가려졌던 본래의 실재 '나'가 있는 그대로 드러납니다.

　이 '나'는 무형상이고 생각 없는 무념이라 '무아'라고 하는 태초의 나로 '진아'라고도 표현되기도 하는데, 바로 빛과 소리로서 침묵의 무염송인 '옴'입니다. 이 '빛'은 절대의식인 진리의 생명으로 성령불성이라고도 하는데, '나라는 생각'의 마음의식으로 나타나고 '소리'는 물질로서 형상을 취하여 보이는 대상인 이 몸과 현상계로 나타납니다. 그래서 나라고 생각하는 이 몸은 본래 없던 순간의 반사광인 허상이고, 실재인 본래 '나'는 자각의 '있음'으로 존재하며 항상 스스로 빛나는 원광으로, 침묵하는 자각의식이며 하나님과 함께하는 'WORD'입니다.

WORD, 옴, 빛남, 있음, 실재, 무염송, 침묵, 자각, 무아, 진아, 원광, 본래면목, '나' 등으로 다양하게 표현되지만, 하나님인 근원 빛의 비춤인 순수의식에 대한 같은 표현입니다. 이처럼 본래 '나'는 근원의 실재로서 스스로 빛나며 자각하는 빛인 순수의식이라, 단지 자각의 침묵으로 드러나는 평안의 지복 자체입니다. 두 번째 것이 없을 때는 첫 번째인 하나란 표현마저 없듯이, 단지 본래 '있음'으로 존재하는 일자가 바로 '나'입니다. 그래서 '나'는 단지 하나로 빛나는 자각의식일 뿐이지 이 몸과 마음은 아닙니다. 이 몸과 마음은, 전체이고 하나인 '나'의 표현으로 세상과 함께 나타난 '나'의 일부일 뿐입니다. 이 몸에게 마음을 주어 세상을 대상으로 인식만 하는 반사광인 에고마음에 휘둘려 본래 자각을 망각하여 실재인 '나'를 잃지 말고, 그런 에고-나의 생각하는 마음을 근원인 가슴심장으로 회수하여 자각으로 빛나는 진정한 '나'로 다시 드러나도록 내적주시해야 합니다.

몸이 깨어나는 생시에, 원광인 실재 빛이 몸에 의한 근본무지인 '대지성'을 투과 반사하여 자체산란 된 원습에 재반사되는데, 이 재반사광인 의식의 빛이 최초의 '나라는 생각'이 최초의 에고마음으로, 대지성과 원습에 반사와 재반사를 거치면서 산란되어 본래의 빛이 옅어지고 흐려져 나타난 '나' 의식입니다. 그런데 에고자아로서 우리 마음이나 생각은 원광보다는 흐려지긴 하지만, 본래 자각하는 근원의 빛에 의한 의식의 빛이라 내면에 있을 때는 자각하는 품성을 가지게 됩니다. 그 의식의 빛은 자각이 약해진 반사광이라서 에고-나의 생각으로 외부를 향하면, 현상계의 대상물이 내는 오감을 자각 대신 지각과 인식하는 '몸 의식'이 되어, 이 마음의식으로 대상 인식하여 몸을 통한 나의 일상의 삶을 유지해줍니다. 그런데 에고마음이지만 내 안에 내재된 정신으로 지성을 발전시켜 일념집중의 내적주시하면, 마음은 세상 대신 내면을 향하므로 청정심으로 실재의 '나'를 자각하게 되고, 세상 모든 것도 인식 대신 본래대로 자각하게 되어, 세계는 본래의 실재세상으로 회복됩니다. 문제는 에고-나의 마음이 세상을 지각과 인식하는 사고 작용 때문이고, 세계란 나의 업이 두뇌에서 활성화되어 밖으로 투사 표출된 나-비춤에 의한 것이라, 생각하는 에고지만 이 몸이 구도의 노력으로 호흡내면주시하여 실재인 '나' 의식을 드러내 인식 대신 자각하면, 나-비춤인 세계도 자각의 빛으로 본래대로 같은 실재세상으로 드러나게 됩니다.

그런데 이 몸 밖에 있는 세상이란, 현상계의 대상물들이 실재의 빛을 받아 각기 물질로 특성인 빛을 내어 자신을 표현하는데, 그런 대상물의 표현된 오감을 받아들이는 것은 주체로서 밖을 향한 에고-나로서, 세계대상물들에 대해 생각의식으로 수상행식(지각, 인식, 의지, 기억 등)의 사고 작용을 하게 됩니다. 그럼 에고는 생각에 의한 의지로 몸의 행위를 이끌게 되며, 행위의 결과로 인과가 형성되어 다시 새로운 업을 쌓게 되고 습으로 잠재되어, 생각하는 마음은 다시 윤회하게 됩니다. 이렇게 에고-나의 인생살이는 일자인 근원의 원초적인 실재 빛이 빛남 중에 자체산란으로 세상과 내가 투사되어, 또한 재반사와 산란이 일어나 오염 변형된 거친 의식의 에고-나로서 이 몸의 행위가 현상세계 안에서 일어납니다.

근원 ➡ 빛(참나. 실재) ➡ 원습반사 ➡ 에고 ➡ 두뇌반사 ➡ 업 ➡
세상투사 ➡ 오감반사(대상물) ➡ 수상행식(마음. 인식생각) ➡
행위(몸) ➡ 인과, 기억, 인격 ➡ 업, 습(생각하는 마음) ➡ 윤회

근원의 원광은 빛남과 비춤이 항상 영원무한한데, 순간의 반사광인 에고-나는 생각하는 마음에 의해 이런 긴 과정을 거쳐 행위의 인과로 업과 습을 쌓게 되므로, 나라는 생각의 에고는 고향인 본래 '나'로 돌아가지 못하고 스스로 빛나는 실재 빛의 본래성품인 영원성으로 인해 에고는 윤회할 수밖에 없어 인생여정은 계속됩니다.

그런데 이런 과정을 역으로 거슬러 내면으로 향해 들어가면, 내면실재에는 몸과 마음이 나라는 전도망상의 생각인 반사광으로서 에고를 일으키는 잠재된 원습이 있습니다. 이 원습은 원광의 자체산란으로 원광의 실재 안에 자연 내포된 것이라, 내가 진지의 내적주시로 이 몸의 이면에 원습을 제거한다면 나는 자각하는 본래의 주시자의식으로 근원 빛에 머물러 실재로서 평온 안에 있게 됩니다. 그래서 이 에고마음의 제거와 원습의 절멸이 나의 목표인데, 거울 같은 원습이 소멸되면

반사광인 나라는 생각의 에고도 생기지 않아 원초적 상태인 근원의 실재만이 원광으로 빛납니다. 그것은 무한-영원한 순수상태로, 영원한 명상인 자각하는 무염송의 실재가 침묵의 평온함으로 본래대로 드러나는 것이지 새로운 것은 절대 아닙니다.

이면 = 근원 = 나 = 진리 = 침묵 = 존재 = 있음 = 잠
내면 = 개아 = 나 = 길 = 자각 = 의식 = 여기 = 잠, 생시
전면 = 세계 = 나 = 생명 = 허공 = 지복 = 지금 = 생시, 꿈

우리가 흔히 말하는 빛이란 어둠을 몰아내는 밝음의 햇빛 등을 가리킵니다. 영적세계에서 원광 빛은 밝음이나 어둠이 아닌 자각의식이라서, 밝음과 어둠 모두를 동시에 비추어 각기 명암대로 드러내 본래 있는 그대로의 존재를 밝히는 순수의식의 빛입니다. 이처럼 근원의 실재를 밝히는 빛은 자각의 빛이어서 우리가 내면에 들어가면 밝음의 빛이 없어 어둠만이 있다고 에고-나는 생각할 수 있는데, 그런 생각마저 없어질 때 비로소 밝음(지)도 어둠(무지)도 아닌 빛이 스스로 비추인다는 것을 아는데, 그것이 스스로 앎(Self awareness)인 자각의식입니다. 단지 '있음'인 자각의 그 빛을 우리들 에고마음의 생각과 언어로 어떻게 설명할 수 있겠습니까? 설명할 수도 없고, 그것이 바로 본래의 실재인 '나'인데 설명할 필요도 없습니다. 그래서 우리가 할 수 있는 것은 밖을 향한 마음을 근원인 내면심장을 향해 본래대로 되돌리는 것까지이고, 그럼 반사광인 에고는 원광인 실재에 흡수 소멸되어 가려진 실재의 '나'가 본래대로 드러납니다. 그 드러난 본래의 '나'가 자각의 빛

으로 침묵주시하고 있을 뿐입니다.

내적주시를 계속하면 실재가 드러남으로 원습이 활성화되지 않아 에고는 일어나지 않습니다. 또한, 원습은 몸을 통해 활성화되는데, 에고자아가 없으면 몸이 인식되지 않아 존재로서 나타나지 않으므로 또한 원습은 활성화되지 않습니다. 원습절멸로 지속적 실재를 드러내고자, 주의집중의 삼킴-미소로 흡인하여 내적주시하면 대지성의 소멸로 원광의 자체산란은 사라지고 원광만 빛납니다. 이렇게 원습절멸로 에고가 다시 일어나지 않을 때까지는, 이 몸의 정신에 의한 나의 지성과 내면의 청정심으로 쉼 없는 노력이 계속되어야 합니다. 시작은 몸과 마음의 에고-나에 의한 명상이지만, 개아 안에 혼재된 원광인 '내가 있다'는 실재의식(불성성령)으로 나의 근원을 찾아 이면으로 들어가면 끝은 실재의 '나'가 드러난 자각의 침묵인 영원한 명상으로 지속됩니다. 이것이 나도 모르게 세상에 태어나서 몸과 마음인 에고로 내가 인생을 사는 목적이고, 절대자가 이 몸에게 주신 소중한 사명입니다. 이승(현생)에서 이 임무를 직무유기하면 이룰 때까지, 우리는 이 고달픈 인생을 윤회할 수밖에 없습니다.

몸과 마음이 나라는 생각의 착각으로, 몸이 진정한 '나'라는 주객이 전도된 망상의 에고-나를 포기하십시오. 그럼 생각하는 에고마음으로 가려진 자각의 빛인 원광이 진정한 실재의 '나'로 본래대로 드러납니다. 그 '참나'가 의식-존재-지복입니다. 우리 누구나 찾는 행복은 세상에 대한 인식이나 행위로 얻어지는 것이 아니고, 바로 각자의 자신 안에 본래대로 있는 내면실재인 '참나'에 대한 주시자각으로 중도인 지복이 드러나는 것으로 진정 영원한 행복입니다.

7

자각이란 원초적 초월적인 순수의식

우리 인간들은 자신의 본래 성품인 영원함으로 평소에는 죽음에 대한 인식을 못 하다가, 성장 과정에 주위의 죽음을 보거나 듣고 놀이 삼아 학습함으로 비로소 인생의 삶과 죽음에 대해 생각을 하게 됩니다. 이런 과정들로 인간의 삶이란 한계된 것이란 걸 알고 죽음을 생각하는 우리는 생사를 고민하고 걱정할 수밖에 없는데, 인간 몸으로 사는 나의 인생은 '생로병사'의 고통이 따르고, 이런 삶에 대해 생각하는 마음이 나를 '희로애락'이란 감정과 행위로 이끌게 됩니다.

이렇게 몸으로 사는 인간임에도 죽기 전까지는 자신이 영원하다고 믿는 것은 '나'라는 실재가 가지는 본성에 의한 것인데, 에고-나지만 몸 안에 내재된 영원한 실재인 '나'에 의한 자각의 빛인 불성성령으로 이 몸이 존재하기 때문입니다. 그래서 우리 누구나 자각이란 본래 신성을 가지지만, 생각하는 에고-나로 가려져 망각되므로 인간으로 인생을 살게 되는 것입니다. 그래서 이런 인간의 마음으로 '나'의 진정한 본질을 찾는 길은, 자아인식인 자각이라는 에고-나의 본래적인 자아실현으로 이루어지게 됩니다. 이처럼 나의 본래 품성은 외적인식이 아닌 내적자각이라, 생각 없는 '옴', '나' 등의 내심염송으로도 나의 마음은 내면을 향하고, 자각으로 침묵하는 실재이며 있음의 본래 '나'인 원초적 상태로 돌아갈 수 있습니다. 나라는 생각의 에고의식은 평소 세상을 향하므로, 내적주시로 외부대상을 향한 인식을 포기차단하면 생각의 에고마음은 사라져 가려진 내면실재의 빛나는 자각이 본래대로 드러나게 되므로 '원래적'이라 말하며, 마음이 세상에서 뒤돌아설 때 자각이 드러나므로 '초월적'이라 합니다. 에고의 지성 안에는 우리가 있지만, 실재의 '나'는 항상 홀로 자각으로 존재하므로, 세상을 향한 마음의 대상 인식으로는 알 수 없습니다.

 '주시자각'이란 얼굴 오관의 내면을 통한 집중주시의 직관으로 느껴지는 직감인데, 이면에 근원실재를 직접지각으로 자각하여 '나'를 깨닫는 것으로, 전도 망상된 아만의 에고가 본래적인 자신의 신성을 되찾아 침묵의 근원실재와 하나 되므로 본래대로 초월적 경지가 드러나는데, 그것이 바로 자각의 빛으로 빛나는 실재 '나'로 나의 본래면목입니다. 이 경지는 우리의 일상적인 지각과 인식을 위한 몸의 감각과 마음의 이성으로는 접근할 수가 없는데, 그 감각과 이성을 관장하는 나-에고가 실재 '나'를 가리고 있는 장막이기 때문입니다. 그래서 일상적인 감각과 이성인 생각을 버리고 벗어날 때 비로소 생각으로 가려진 본래의 '나'인 실재가 드러나 자각으로 빛납니다. 그러려면 몸과 마음이 나라는 생각을 포기해야만 대상 인식할 게 없으므로 내면주시로 가려진 실재가 본래대로 드러납니다.
 이 몸의 표현인 오감과 대상들의 오감을 받아들이는 오관은 생각하는 사고 작용인 이성과 함께 항상 외부세상을 향해 열려있어 나를 나타내며, 또한 대상들에 대한 지각작용을 하므로 이 몸으로는 실재를 자각할 수 없고 또한 실재를 가려버림으로 몸이 나라는 생각의 전도망상의 절대적인 오류를 범하게 됩니다. 그래서 '나'를 가리는 몸의 감각과 생각하는 의식인 에고마음을 본래의 고향인 내면의 가슴심장으로 되돌리기 위해, 바른 자세로 주의집중하고 흡인하는 삼킴의 미소로 호흡내면주시(직관)하여 드러난 본래의 '나'를 직감으로 아는 게 직각이라고 합니다. 직접지각의 체험은 자각으로 단지 앎의 느낌이지 몸을 통한 인식이나 생각은 아닙니다. 그래서 직관에 의해 에고-나는 가슴심장으로 사라지고, 드러나는 침묵인 근원의 실재인 '나'를 아는 것이 스스로의 앎인 직각에 의한 자각입니다.

에고의 나　　직관 ➡ 직감 ➡ 직각
　　　　　　집중주시　　느낌　　자각　　　본래의 '나'

"너 자신을 알라."는 고대 그리스 신전에 새겨진 말씀은, 본래의 '나'는 인생을 사는 나-에고가 아닌 내면의 '참나'임을 알고 스스로를 주시 자각하라는 말씀입니다. 에고-나는 평소 밖인 세상만을 바라보며 대상 인식의 생각으로 살지, 내면에 '나' 자신에 대해선 알려거나 바라본 적이 없습니다. 나의 겉모습인 몸도 단지 세상을 향하여 일부로서 살고자 치장하고 행위하며 살지, 내면의 자신을 향하거나 기억하지는 못합니다. 그래서 이 몸과 마음으로 가려져 잊고 있는 진정한 '나'를 알고 깨달으라는 말씀이고, 그러려면 나의 내면과 모든 것의 저변에 있는 실재의 '나'를 알라는 자각의 말씀입니다.

소크라테스께서 하신 "나는 나 자신을 모른다는 것을 안다."는 말씀도, 에고-나는 내면의 진정한 본래의 '나'를 가리기 때문에 '참나'인 자신의 정체를 모른다는 것입니다. 그래서 에고-나로 인해 가려진 진정한 나 자신의 정체인 내면의 '참나'가 있다는 것을 알고 내면으로 들어가 나의 본래정체를 찾으라는 가르치심입니다. 본래의 '나'를 알 수 있는 것은 인식 아닌 자각뿐입니다. 그래서 세상을 향해 인식만 하는 에고-나로서는 본래의 '나'를 모른다는 것을 먼저 깨달아 알고, 세상을 향한 에고마음을 내면으로 돌려 '본래의 나'가 무엇인지 깨닫도록 내 안으로 들어가라는 말씀입니다. '나'를 아는 깨달음이란, 나의 원래 모습인 스스로 빛나는 '자각의 침묵'을 본래대로 있는 그대로 드러내는 길입니다. 침묵 안에 자각하는 자는 시공을 떠나 여기 지금 실존-현존하는 '나'지 과거미래에 대한 기억과 생각의 마음으로 이 몸의 인생을 사는 에고-나는 아닙니다. 그래서 내가 현존하려면 본래 시공 없는 원점인, 나와 세상의 중심점이며 내면가슴의 심장인 본래의 '나'를 주시 자각해야 하므로 밖으로 헤매는 에고마음을 안으로 되돌려 내면에 머무르는 마음이 되도록 해야 합니다. 그럼 마음이 활동하며 생각하는 장소인 두뇌는 자연 쉬게 되므로 머리와 가슴내면은 본래대로 고요해지고, 이면은 스스로 빛나는 자각의식이며 침묵인 원광이 본래대로 드러나게 됩니다. 이것이 나의 원초적 본래모습으로 실재인데, 세상을 사는 에고자아의 몸과 마음으로는 이런 본래면목을 모르므로, "에고-나로서는 본래의 진정한 '나'를 모르지만, 실재의 '나'는 자각으로 스스로를 안다."는 말씀으로, 그래서 실재의 '나'란 존재는 '참나'를 모르는 이 몸의 에고가 아니고 자각으로 빛나는 원초적 순수의식의 '나'

라는 것을 극명하게 나타내신 것입니다. 그래서 우리는 몸과 마음이 나라는 생각을 버리고, 이 몸 이면에 나의 본래모습인 스스로 빛나는 원광으로 무상무념의 자각의 침묵인 '나'를 내적주시해야 합니다.

예수나 부처의 제자들께서는 영적인 그분들의 가르침을 영이 아닌 인간적인 에고마음과 몸으로 그분들을 보고 따랐기 때문에, 현세에도 종교적 영적구원이 부족한 것입니다. 또한, 종교적인 편견과 학문적인 오만으로 자신들을 나타내려는 욕구들이 영적으로 현존하는 지금을 가리므로, 기적이나 신비 현상 또는 어려운 학문이나 문자적인 내용 등 물질적인 것으로 영적인 것을 대신하게 된 것입니다. 근본적인 것(진리)은 본래적이고 원초적인 것이라, 이 몸의 생각만 떠난다면 본래 있는 그대로라 가장 쉬운 것입니다. 단지 세상에 대한 에고마음의 인식과 생각에 의한 학문, 종교, 철학 등이 그것을 가로막고 있어 우리는 접근이나 생각조차 할 수가 없다는 것입니다.

물론 기적이나 신비의 현상도 생각하는 에고를 떠났을 때 비로소 본래의 영적인 실재의 '나'로 인해 의도함이나 행함이 없는 무위로서 자연스레 스스로 드러나는 것들입니다. 그러나 그런 현상들 또한 지나가는 일시적인 것이지 지속되는 진리는 아닙니다. 단지 생각하는 에고에 의한 잔류인상으로 저장되고 기억될 뿐입니다. 진리는 본래 하나라서 가장 간단하고 단순하고 원초적인 것으로, 바로 '나'를 스스로 아는 것(자각)인데, 여기에 무슨 학문이 필요하고 신비하고 기적적인 현상들이 왜 필요합니까? 그분들의 가르침은 "내 안에 있는 진정한 '나 자신'을 알고 보라."는 것인데, 우리는 세상 속에서 나를 찾는 우매한 인간으로서 현상계 안으로 '나'를 타락시킨 것입니다. 세상의 대상만을 향해 사는 몸과 마음의 나를 포기하고 진정한 나가 누구인지 찾으면, 자각하는 영적인 본래 '나'는 실재로서 자연스레 드러납니다. 그런다고 이 몸과 세상이 사라지는 것이 아니고, 세상과 이 몸의 나도 같이 본래자각으로 있는 그대로 실재인 본래 '나'로 드러납니다. 내 안은 물론 세상 모든 것의 안에서도 하나뿐인 그 '나'는 불성성령으로 스스로 빛나는 자각의 원광입니다.

8
생각하는 존재

우리가 잠에서 깨어나는 생시에 눈을 뜨고 정신(의식)이 드는 순간의 마음은 청정심이라 생각 없는 고요한 상태인데, 나라고 생각하는 에고마음이 몸을 인식하면 세상이 나타나고 그럼 너도 생기면서 모든 것들이 순간에 나타나는 세계가 등장하여, 에고-나는 전도(顚倒)된 망상(妄想)의 아만(我慢)으로 세상을 헤매며 욕망과 집착에 얽매이고, 그런 나는 고통과 번민에 빠져 불행하게 됩니다. 그런데 우리는 오히려 세상과 타인을 탓하며 그것들이 나를 불행에 빠뜨렸다고 한탄하며 원망과 저주를 퍼붓는데, 실상은 바로 에고-내가 내 안에 있는 습을 세상에 업으로 투사하여, 변형된 세계를 실제처럼 다시 받아들여 에고마음으로 인식하여 생각한 것입니다. 이처럼 세상만사가 모두 에고자아인 나의 마음 안에서 일어나는 일이라, 만일 이 마음이 없다면 나라는 생각이 없어서 인식할 세계나 너에 대한 대상-타자인식이 사라지고, 세상이란 시공도 본래대로 없어서 모든 대상 인식도 사라져 단지 하나뿐인 '나'만이 본래 있는 그대로 드러나므로 홀로 오롯이 존재하는 실재입니다. 이것이 본래의 원광으로 빛나는 삼매이고, '내 안에 본래 있는 원초적 고독'인 '자각의 침묵'입니다.

이렇게 실재인 본래 있는 그대로의 세상에 에고-나의 업과 마음생각들로 덧씌우고 변형되어 우리 사는 현상세계가 나타나는 것이지, 결코 세상과 이 몸으로 일어나는 것은 아닙니다. 그래서 우리는 몸으로 하는 것은 내가 직접 했다고 생각하지 않는 경우가 일반적인데, 나의 몸이 실수로 상대 몸을 접촉했을 때는 바로 마음이 나서서 상대에게 사과하고 용서를 구합니다. 그러나 내가 의도하는 마음으로 상대 몸에 접촉했을 때는 상대가 항의하면 그때서야 "그래, 내가 했다 어쩔래?" 하고 자신을 드러내 과시하는 걸로 보아, 내가 사는 세계를 만드는 모든 행위는 에고마음에 의한 것이지, 이 몸과 세상에 의한 것은 절대 아니라는 것입니다. 몸의 사지는 우리 마음에 의한 생각의 의지를 행위로 수행하는 기관일 뿐입니다. 그래서 마음을 먼저 제어해야 몸의 행위가 제어됩니다. 내 안에서 그 마음을 찾아보십시오.

이런 마음을 제어하려면 생각의식을 먼저 이 몸의 나에게 주의집중으로 주시를 해야 하는데, 이때 주시는 생각하는 마음을 '나' 하나에만 집중이라 명상과도 같아 생각이 분산되지 않고 하나로 향하므로, '나' 이외는 생각할 게 없는 마음은 본래의 고향인 내면가슴으로 향하여 근원심장인 실재의 빛에 자연 합류됩니다. 이렇게 마음이 내면에 머무르면 인식할 대상이 없어 움직임이 없고 생각이 작동되지 않는 고요한 상태라서, 이 상태의 몸의 행위로 일상을 살면 생각으로 의도함이 없어, 하면 할 뿐인 행함 없는 행위이므로 무위라 합니다. 이처럼 두뇌활동 없이 에고마음의 생각이 배제된 행위는 무심의 행위라서 본래대로 인과가 없고, 인간마음으로는 시비를 가릴 수 없는 절대자의 행위라서 설사 우리가 가린다 해도 행위결과에는 어떤 영향도 미칠 수 없습니다.

이 몸의 바른 자세 안에 흡인하는 삼킴의 미소를 머금고 호흡내면 주시하면 마음은 안을 향하므로 두뇌의 생각은 멈추고 내면은 고요해져, 세상을 향하여 인식하던 나의 생각의식은 자연스레 사라지게 됩니다. 그럼 마음이 움직이지 않고 호흡은 날숨이 멈추고 단지 지속적인 들숨으로만 흡인하는데, 들숨마저 미세해지거나 멈추면 고요 속에 침묵이 드러나고, 그 침묵은 본래의 자각의식이라 지금 순간에 무한영원으로 빛을 발해 지속되는데, 바로 근원의 실재이고 하나님의 드러남인 빛의 'WORD'이며 본래 '나'입니다. 그럼 다양성의 세계는 사라지고 단일성의 '나'인 실재세상이 드러납니다.

흡인, 삼킴 ➡ 호흡주시 ➡ 들숨만 지속 ➡ 고요 ➡ 내면주시 ➡
미소 ➡ 호흡 멈춤 ➡ 침묵, 자각 ➡ 실재(나) ➡ 평안, 지복

에고마음이 사라지면 실재 '나'인 자각의 침묵이 항상 빛나는데, 간혹 자각 없는 공백 상태가 올 수도 있습니다. 즉, 에고마음의 생각도 없지만, 나의 자각도 없는 무의식인 진짜 무의 상태인 공백은 가장 조심해야 하고 피해야 하는 상태라고 합니다. 본래의 아무것도 없다는 것은 공간이나 대상 없는 상태라 단지 허공같이 비어 있는 침묵 상태인데, 고요 안에 단일성으로 공의 충만함인 '있음'이란 자각이 드러나야만 비로소 빈 공백 상태를 벗어날 수 있습니다. 그것이 근원의 실재인 침묵하는 진정한 '나'를 이 몸의 내가 내적주시의 자각으로 본래대로 드러내는 길입니다.

무한의 점과 같은 단면성인 일자로서 '공'은 바로 지고의 영인 근원으로 스스로 빛나는 의식인 생명을 비추는데, 그 빛이 성령불성이며 진리로서 바로 나의 본래면목입니다. 그래서 이면에 실재의 침묵이 현상계의 바탕으로 드러난 허공도 본래대로 공의 생명인 '성령 불성'으로 충만하여 항상 가득 차 있다는 것을 아는 것이 '진지'이고, 그럼 끊임없는 자각인 무염송의 침묵이 지속됩니다. 그 생명으로 드러난 게 우리 사는 현상계의 세상이라 세상도 본래대로 실재입니다. 그럼 우리 모두 누구나, 또한 세상에 존재하는 모든 것들도 있는 그대로 진리로서 생명입니다. 그래서 나-에고(자아)가 사라지면 지금 이 순간 본래 있는 그대로의 여기인 내면실재의 '나'가 자각의 침묵으로 본래대로 드러나는데, 가려진 세상이 본래대로 드러난 것이라 찾을 것도 깨달을 것도 없이 본래 있는 그대로가 실재의 세상이고 실재세상 모든 것이 '나'의 표현이란 앎이 바로 자각인 '나-깨달음'입니다.

공 = 있음 = 진리 = 불성 = 생명 = WORD = 실재 = 자각
근원　　　　　　성령　　　　　옴　　　　침묵

불교에서 말씀하시는 연기나 오온은 에고-나와 다른 인간 및 현상계 사이에 나의 습과 업에 의한 업보가 어떤 연결 고리로 작용하여 일어나는 인과의 현상을 말하는데, 그런 세계와 나와의 연결 고리를 끊고 벗어날 때 비로소 진정한 '나'가 본래대로 드러나게 됩니다. 이것은 세계와 모든 존재는 실재의 빛에 의해 항상 순간순간 찰나적으로 변

해가는 것이라서 '제행무상(諸行無常)'이고 모든 것이 실체 없는 '제법무아(諸法無我)'인데, 이 몸의 내가 마음의 생각으로 본래근본을 벗어나게 되면 생멸하는 세계와 그런 에고-나로 인해 나타나는 인생의 고통과 불행이 '일체개고(一切皆鼓)'라서, 이런 생멸의 세계와 에고-나를 비롯한 세상 모든 것을 포기할 때 비로소 본래실재인 '나'가 드러난다고 합니다. 이 '나'는 침묵의 자각으로 빛나는 실재라서, 이 몸의 내적 주시로 에고마음이 소멸되면 세상에 대한 인과나 연기는 있을 수 없습니다.

　말을 통한 구전이나 문자를 통한 경전으로 전해진 것은 적든 많든 거기에는 지성인 에고의 생각과 의도함이 관여할 수밖에 없어 본래의 근본을 벗어나게 됩니다. 언어란 추상적 인지를 에고의 한 방편인 지성으로 사고 등의 생각을 통해 말과 글로써 표현된 것입니다. 그래서 이런 언어표현의 한계를 극복하기 위해선 나의 마음이 직접 뒤돌아서 내면근본으로 돌아서 사라질 때, 비로소 생각함 없이 본래의 것인 실재가 드러납니다. 그것이 말 없는 웅변이 지속되는 무염송의 침묵입니다. 경전의 글귀들 하나하나를 학문적으로 분석하여 그것도 어려운 문장과 글귀들로 표현하니, 그렇지 않아도 무지한 중생들에게는 더욱더 어렵게 만들고 단지 일부 승려들만의 소장품처럼 만드는 학문적인 오만과 종교적인 편견을 버려야 됩니다. 부처께서는 미리 걱정하시고 "나는 지금까지 아무 말 한 바 없다."는 극명한 말씀으로, 생각하는 마음 없이 있는 그대로의 불성을 보라는 자각의 무위를 가르치셨습니다. 그래서 몸을 가두는 폐관보다는 나의 마음을 몸 안 가슴에 가두는 것이 더 유용하여, 내 안에 스스로 빛나는 불성인 자각의 빛에 다가가므로 마음은 사라져 타자–대상 인식도 모두 사라져 세상은 모든 것이 본래대로 하나 됩니다.

우리가 흔히 말하는 '근본(根本)'은 순수한 마음인 청정심이 머무는 나의 내면으로 '본연(本然)'과 세상의 밑바탕으로 이면과 저변 어디에나 있지만, 존재라 할 수도 없는 원초적이고 본래적인 실재인 '근원(根源)'이라 세상의 어디나 모든 것이 원점이고 중심점인 근본입니다. 그러나 세상을 헤매는 이 몸의 마음이 먼저 나의 근본인 내면가슴심장인 '여기'로 되돌아가야만 마음으로 가려진 세상도 본래대로 근본으로 드러나므로 먼저 바른 자세와 흡인의 삼킴으로 눈, 코, 입, 목 안을 주의집중하고 미소를 머금으면 내적주시의 흡인으로 내면에 머무는 청정심의 마음이 되므로 내면은 고요해집니다. 이때 '나는 누구인가?'를 물어, 가슴심장인 '여기'에 있는 본래 '나'에 대한 지적 탐구가 병행되면, 생각하는 나의 마음은 내면심장 빛에 흡수되어 사라져 고요해지고, 가려진 본래실재인 '나'가 드러납니다. 그럼 자각의 침묵으로 모든 경계가 사라지고 이면실재가 본래대로 드러나므로 세상도 같이 고요해져 존재하는 모든 것들은 형상의 경계까지도 벗어나 자각으로 본래대로 하나 되는데, 이것은 바로 본래의 것이 있는 그대로 드러난 것이어서 세상도 빛나는 근원의 실재인 '나'의 빛에 잠겨 자각으로 침묵합니다. 이때 이 몸을 통해 내면 '참나'를 향한 끊임없는 주의집중의 내적주시만이 에고–내가 할 수 있는 전부입니다. 잠에서 깨어난 생시를 우리는 실재라고 믿고 있지만, 사실 나의 착각에 의한 전도망상으로 무지입니다. 이런 무지의 생시에서 깨어나려면 이면실재이며 본래의 '나'

로 생시-잠인 깨어있는 잠을, 이 몸의 내가 자아인식의 직각(자각)으로 드러내야 합니다. 그럼 에고-나는 사라지고 드러난 '참나'가 고요와 침묵 속에 본래실재로 평온으로 있습니다. 본래 이 몸은 생사희비의 인생살이를 위한 행위기관이지만, 이처럼 본래의 실재 '나'로 돌아가는 중요한 관문이기도 합니다.

9
세상에 진정한 행복이 있는가?

창조주든 빅뱅의 포인트에 의해서든 우리 인간들이 사는 세계는 창조되고 진화 발전하여 오늘의 내가 있다고 생각하며 진리처럼 믿고 있습니다. 그러나 사실 우리가 생활하는 일상에서 보이며 존재하는 모든 것들은 주체인 인식자로서 내 마음이 생각들인 인식, 사고, 기억, 개념, 관념, 판단 등으로 조합하고 합성하여 나타난 대상물들이라 실재인 본래모습이 나의 생각대로 그림자환상으로 바뀐 것들입니다. 그러나 실재로서 존재하는 것은 그런 인식자의 대상 인식이 아닌 스스로의 자각에 의한 것이라, 생각할 필요도 없이 그냥 홀로 존재합니다. 그래서 천지창조진화는 본래 없었고 단지 나의 생각과 기억하는 마음 안에 있을 뿐입니다. 세상에 존재하는 모든 것은 실재 빛의 반사광이라 지금 순간(찰나)에만 나타나는 순간의 존재인데, 순간순간의 변화가 연속되어 존재처럼 나타난 것입니다. 그런데 과거·미래·현재 라는 시간개념은 에고-나의 두뇌에 의한 회상과 예상의 생각작용이라 지금실재가 아닌 환상이고, 내가 실재로서 존재하는 지금 이 순간은 생각 없는 자아인식의 주시자각인 침묵의 순간들입니다.

내 앞에 나타나는 인생의 모든 상황과 결과는 본래 어떤 특별한 원인 없이 내 안에 잠재된 습과 업의 투사로 나타나 지나가는 것입니다.

그런데 현재의 결과를 과거의 원인에서 온다는 인과론은, 시공 안에 사는 인간으로서 처음 겪게 되는 결과에 어떤 원인이 있을 거라는 무지의 마음이, 두뇌작용인 생각으로 최초 원인을 찾으려 인과를 되풀이하므로 그것 또한 환상입니다. 인과(因果)를 찾으려 생각하는 마음을 포기하고 마음의 근원인 내면가슴심장을 주시자각하십시오. 근원의 공무(空無)로서 '있음'인 본래의 실재에는 마음이 없어 어떤 인과도 없고 본래 있는 그대로이며, 스스로 빛나는 자체발광의 원점으로 자각의 침묵입니다.

성장과 변화하며 존재하는 세상 모든 것은 실재의 빛에 의해 순간에 존재하다 순간에 사라지는데, 그 순간마다 이전 것은 소멸되고 소멸 순간에 새로운 상태로 다시 나타나 존재로서 명색을 유지하게 됩니다. 그래서 우리가 보는 순간순간의 모든 물체는 이미 고유의 상태가 아닌 새로운 상태로 지속적으로 변해 나간다는 것을 알아야 하며, 이것은 양자역학적으로 이미 입증이 된 사실입니다. 의식의 빛으로 생멸하는 이 몸과 세계는 모든 것이 찰나적인 순간의 빛이라는 것을 꼭 알아야 합니다. 그러나 시공을 떠난다면, 즉 생각하는 마음만 없다면 순간은 영원히 정지됩니다. 그곳이 바로 시공 없는 원점, 중심점인 나의 가슴심장입니다.

우리 살고 있는 세계에는 영원한 것은 전혀 없으며, 있다면 실재의 침묵이 드러난 허공뿐인데, 허공도 내가 자각하는 한에서입니다. 실재에는 시공이란 본래 없는 것이고 단지 지금의 존재만이 존재할 뿐인데, 우리 사는 현상계란 내 마음에 의한 업으로 인과가 시공 안에 펼쳐져 나타나는 현상이라 단지 생각하는 나의 마음에게만 나타나는 것입니다. 그래서 우리가 세계를 본다는 것은, 원래는 실재 빛의 세상이지만 나의 에고마음 빛이 대상에 대한 수많은 반사와 산란 때문에 은폐와 투사로 변질되어 나타난 마치 신기루나 무지개와 같아 실상이 아닌 환상을 보게 되는 것입니다. 그것을 내 몸과 마음의 지각과 인식으로 받아들이고 생각하여 에고–나는 실제라고 착각하게 된 것입니다.

그러나 이런 환상 아닌 본래실재의 세상을 보기 위해서는 환상을 일으키는 마음소멸과 그런 마음을 일으키는 원습소멸로 본래실재인 '나'를 드러내면 되므로, 이 몸의 내적주시의 직관으로 직각하면 '나'를 자각하게 됩니다. 이런 직관은 내 안에서 나를 찾기 위한 것으로, 먼저 바른 자세로 얼굴의 눈, 코, 입, 목 안으로 빨아 삼킴의 미소를 머금고 강렬한 주의집중을 하면 지속적인 흡인으로 들숨만이 유지됩니다. 그럼 하단전의 방하착과 함께 마음은 내면에 머물러 심장합일로 사라지므로 고요해집니다.

다른 방법으로는 직접 몸 안 어디에서 생각이 일어나는지 어디에 있는지 내면에서 직접 찾아보면, 찾는 내적주시는 가슴 안으로 향하므로 밖을 향한 생각하는 마음이 반대로 내면가슴으로 향하고 머무르게 됩니다. 그럼 역시 마음이 움직이지 않으므로 내면은 고요해지며 본래의 침묵이 드러납니다. 이때 드러나는 침묵이 바로 실재의 빛인 자각이라는 것을 직감의 느낌으로 알 수 있는데, 이것이 바로 오관을 거치지 않고 실재를 볼 수 있는 직접지각(직각)입니다. 이런 직각의 자각으로 드러난 실재가 이면주시자로, 항상 존재하는 침묵의 자각입니다. 그것이 바로 '있음'인 'I AM THAT I AM'이며, '옴'이고 '나'입니다. 지고함의 친존이 바로 주시자이며, 항상 어디에나 움직인 바 없이 고정되어 존재하며 화면 같은 바탕이고 실재인 '나'인데, 보이는 삼라만상의 세계는 실재로서 바탕인 '나'라는 화면 위에 나타난 현상들로 그냥 스쳐 지나가는 입체영상 같은 장면들입니다. 이 몸으로 보고 듣는 등의 지각과 인식기능으로서는 그것을 알거나 느낄 수는 전혀 없고, 단지 내적주시를 통한 직각의 자각으로만 그것을 느낄 수 있으며, 우리 몸으로는 그 느낌 이상은 기대할 수 없습니다. 그런데 이면주시 중에 무슨 빛을 보았다거나 소리를 들었다는 것은, 몸의 오관(감각기관)을 통해 일어나는 생각과 같은 두뇌의 인식작용이라 환상이고 환청입니다. 물론 지고함의 나타냄으로 일어날 수 있는 것도 있지만 그건 단지 지나가는 일시적이라, 만일 그것을 직관으로 지속적인 직감으로 느낀다면 직각이 되어 결국은 그 느낌은 본래의 빛에 합일되어 고정될 수는 있습니다. 결국, 생각 아닌 심장 중심인 원점의 직각만이 자각의 침묵인 본래 '나'를 주시자인 원광으로 드러냅니다.

인간의 마음은 고통 있는 불행은 원치 않고 늘 행복만을 원합니다. 우리가 원하는 행복이란 본래 품성이라서, 세상에서 얻거나 지나가면 사라지는 일시적인 행복은 아니고, 고통이나 불행 없는 본래의 단순한 상태라서 밖에서 얻어지는 것도 아니고, 단지 초월적 주시자각으로 내 안의 것이 본래대로 드러나는 평온의 지복입니다. 그것은 우리의 마음이 전면세계로부터 뒤돌아서 내면으로 향하여 가슴심장에 합일소멸되면 비로소 드러나는 것으로, 고요와 침묵 속에 빛나는 실재인 '참나'의 드러냄입니다. 그럼 에고인식에 의한 세계, 신, 영혼은 사라지므로 고요한 침묵 속에 세상은 본래의 빛으로 본래대로 빛나고 있습니다. 그 빛이 '있음'의 자각인 스스로 빛나는 원광으로 본래의 지복(至福)이 세상에 드러나는 것이라, 세상은 본래대로 내 안에 있습니다. 그런데 세상 안에 살고 있는 우리가 추구하는 행복은 지속되는 것이 아니고 에고-나에 의해 잠시 스쳐 지나가는 일시적인 것이라서 사라지면 남는 것은 허무함뿐인데, 그래서 다시 새로운 행복을 찾아 세상을 헤매게 됩니다. 그러나 지속되는 진정한 행복은 실재인 '나'의 본래 품성이라 에고마음이 없는 나의 이면과 일체의 저변인 실재 안에는 항상 드러나 있습니다.

세상에 대상물로 등장하는 것 중에 인간의 심성을 자극하는 꽃, 새, 보석들은 행복처럼 우리들이 갖고자 하는 욕망의 집약체들이라 자연에 있던 것들을 옮겨와 인공적으로 우리 몸이나 집에 가까이 두고 관상하거나 소장하길 원하는 것들입니다.

꽃의 화사함과 향은 인간 눈의 시각과 코의 후각에 최대한의 만족감으로 화려함과 황홀감을 주는 감동의 대상입니다. 새는 인간이 오를 수 없는 창공에 날고자 하는 욕망을 새가 대신 나르는 걸 보고 대리 만족할 수 있는 환상적인 대상입니다. 보석은 영롱하게 빛나는 화려함과 독보적인 것으로 인간의 소유욕을 최대한으로 자극하는 돌로 욕구충족으로서 대상입니다. 이것들도 모든 사물과 같이 각기의 특성인 오감을 내는 형상 있는 것들이어서 그것들에 대한 나의 인식과 생각을 떠나야만 비로소 그들 본래의 본질적인 실재의 것으로 드러나는데, 그러나 생각하는 에고-나로서는 그렇지 못하므로 이것들은 단지 인간의 욕망과 소유에 대한 만족과 충족대상이 될 뿐입니다. 그래서 우리 사는 세상에서 특정한 것에 특별한 의미를 부여하면 이미 본질을 떠나게 되므로, 겉모습을 떠나 모든 것의 안에서 같은 생명의 빛으로 하나의 동질성만을 보아야 합니다. 이것들에 마음을 빼앗겨 마음이 사라진다면 좋지만, 사라짐은 잠시고 에고-나에게는 소유대상으로서 마음이 생기는 것이 문제입니다.

역시 많은 말과 글이 진리처럼 보이나 오히려 언어는 진리를 가리는 장애물에 불과합니다. 왜냐하면, 언어는 생각에 의해 표현되어 다시 생각들을 일으키므로 모든 생각들과 언어는 인식으로 진리를 가리는 장막에 불과합니다. 그러나 내적주시의 자각으로 생각함을 그칠 때 비로소 에고-나를 벗어나, 새로운 세상 아닌 본래 있는 그대로의 세상인 침묵의 실재가 드러나는 것입니다.

새로운 것은 절대 진리가 아닙니다. 에고로 덧칠해진 세상에서 에고의 생각을 벗어나면 본래 있는 그대로의 실재인 세상이 드러나는 것을, 이 몸과 마음이 그것을 난생 처음 경험하기 때문에 새롭다 생각하므로, 예수께서는 우리들을 위해 새 하늘과 새 땅이라고 표현한 것뿐입니다. 새 하늘은 침묵의 허공으로 본래의 내면의식의 드러냄이고, 새 땅은 그 의식에 의한 근원적인 생명으로 가득 찬 세상을 이루었다는 말씀입니다. 실지로 예수께서는 새 하늘, 새 땅 등의 창조적인 말씀을 직접 사용하진 않았을진대, 제자들이 예수를 신격화함으로 '새롭다'라는 창조적 단어를 사용했다 봅니다. 예수께서 하신 "나는 단지 '있음'이라 아브라함 이전부터 있다."라는 말씀으로 미루어보아, 단지 본래대로의 하나님을 지금 있는 그대로 드러낸다고 볼 수 있습니다.

또한, 성경에서 말씀하시는 선악과는 우리에게 구분 구별하는 분별의 생각하는 마음을 주어, 그 생각으로 하나님과 몸의 에고-나를 구분지어 별개라는 부정으로 스스로 낙원을 떠나게 하여 아버지를 망각하는 원죄를 짓게 합니다. 또한, 그 마음으로 세계와 나를 구별하여 세계 속에 몸으로 생각하며 사는 에고-나로서 타락하는 돌이킬 수 없는 오류를 범하게 됩니다. 그래서 우리 마음은 아버지(근원 하나님)와의 분리로 불안감, 부정에 의한 죄책감, 돌아가고 싶은 회귀감 등의 원치 않는 감정들로 항상 둘러 쌓여있어 마음 편한 날이 없습니다. 이렇게 인생의 모든 불행의 시작은 문제가 습과 업에 의한 에고마음의 분별심으로 인식하는 생각에서 비롯된 것입니다. 마음의 본성은 생각하는 것이라서 생각하지 않아 움직임 없는 고요한 마음은 시공 안에서는 존재할 수 없어 존재조차 모르는데, 그것이 본래 없던 내 마음의 정체입니다. 그런 마음이 없으면 생각이 없어 시공도 없고, 그래서 이 몸의 생각하는 마음만 버리면 바로 본래대로 실재이고, 그럼 인식 대신 자각으로 본래대로 근원인 하나님과 하나로 합일되는데, 그것이 우리가 찾는 행복이자 부활인 영생입니다.

고통받는 마음을 호소하는 제자들에게 "너의 고통 받는 그 마음을 가져오라."라는 선사들의 가르치심은, 너의 괴로운 마음은 너의 내면에 있으니 찾아보고 있으면 가져오라는 말씀입니다. 누구나 내면에서 자신의 마음을 찾아보면 나를 찾는 마음은 내적주시로 자연 내면을 향하여 머무르고 움직이지 않게 되어, 그럼 생각이 없어지고 생각에 의한 고통도 없어지니 생각이 사라진 너의 마음으로 이미 치료가 되었다는 가르치심의 말씀입니다. 이렇게 마음의 실체를 찾으려면 무의식중에 마음은 나의 내면에서 찾으려 향할 것이고, 찾는 마음은 내면에 머물게 되어 자연스레 본래의 근원 빛에 흡수 합일되므로 그 순간은 생각이 일어나지 않아 내면은 고요해집니다. 그러나 고요함도 지속적인 내적주시의 자각이 뒤따르지 않으면, 다시 근원 빛에 의한 원습의 반사로 나라는 생각의 업이 계속 활성화되어 다시 마음은 호흡 따라 움직이고 생각은 작동되어 세상을 헤매게 됩니다. 그래서 내적주시에 의한 고요함과 직각의 자각에 의해 드러난 침묵으로 이면에 실재가 드러나고 원습절멸로 고정된 실재로서 드러나게 될 때까지는 지속적인 흡인의 삼킴과 미소로 주의 집중하여 호흡내면주시의 자각이 필요합니다.

흡인. 삼킴 ➡ 마음집중 ➡ 미소 ➡ 내적주시 ➡ 고요
➡ 자각 ➡ 침묵 ➡ 실재 = 참나 = 평온지복

또한 '환상'이나 '환'이라는 내심염송을 가르치는 선사들의 말씀도, 밖을 향하는 에고마음은 항상 빛나는 본래원광인 실재 빛에서 온 의식인지라, 밖이 환상인 것을 알면 지성의 정신은 자연 본래 나온 내면으로 향하여 안에 머무르는 청정심의 마음이 되어 움직이지 않아 생각 없이 고요해지므로, 자연스레 본래의 자각하는 실재침묵이 드러난다는 말씀입니다.

동서양을 막론하고 모든 철학의 목적은 진리인 근원의 실재가 무엇

인지 규명하여 밝히려는 데 있습니다. 그러나 진리인 실재는 세상의 밑바탕이라 보이는 모든 것으로 가려져 보이지 않는 저편 너머인 이면과 저변에 있는데, 에고시각으로는 볼 수 없고 찾을 수 없는 그것을 생각으로 찾겠다 하므로 각기의 생각 속에 많은 이론과 개념이 등장하게 되는 것입니다. 저편 너머란 멀리 있는 것이 아니고 바로 내 앞 저변과 내 안 이면에 있음에도 에고-나의 생각으로 장막처럼 가려져 모르는 것이라, 세상을 향한 인식의 생각을 벗어나면 저편 너머 그것이 바로 내 안 가슴심장인 '여기'로 드러납니다. 모든 것이 단 하나인 실재인데도 드러나지 않는 것은, 몸의 감각기관들의 지각과 두뇌의 인식에 의한 생각하는 마음이 앞에서 저변과 이면의 실재를 가리고 있어서입니다. 또한, 인간을 포함한 모든 사물들이 겉모습형상으로도 밑바탕 실재를 가리고 있기 때문입니다. 그래서 마음과 몸의 에고-나를 넘어서야만, 장막인 몸과 마음으로 가려진 실재가 나의 이면과 대상세계의 저변에서 자각으로 드러납니다. 방법은 가리고 있는 이 몸의 에고자아를 지성의 정신으로 집중주시하여, 에고마음 고향인 내면가슴심장으로 되돌리면 됩니다.

해가 뜨면 삼라만상이 깨어나 생시인 해 아래 활동하고, 해가 지면 모든 것이 잠이 들고 본연으로 돌아가 휴식합니다. 그래서 고대시대 사람들은 처음엔 해가 모든 것의 근원으로 알고 신으로 숭배했으나, 인지가 발달하면서 태양도 그 어떤 절대자의 뜻에 따라 만들어져 법칙 아래 움직인다는 것을 알고 그 절대자 신을 추종하게 되었습니다. 그런데 그 절대자가 바로 본래 '나' 자신이라는 것을 깨닫게 된다면, 몸과 마음이 실재 '나'가 아니란 걸 앎으로 비로소 본래의 근본으로 돌아가 영생합니다.

모든 종교가 추구하는 영생이란 바로 본래의 '나'인 원광의 실재로서 본래대로 주시자로 돌아가는 것입니다. 몸이 부활하고 목숨이 영생한다는 의미가 아니고, 진리의 생명으로서 본래대로 드러나 마음은 사라져 윤회가 그치므로 원광으로 빛나는 실재입니다. 그럼 근본으로 돌아간 나는 바로 주시자로 드러나고, 주시주관은 하지만 행위한 바 없어 세상을 사는 모든 행위는 '나'의 의도함이 없는 무위 속에 자연 진행됩니다. 생각으로 의도함이 없는 행위는 원인이 없어 어떤 결과든 열매 맺을 것이 없어 업도 쌓지 않아, 나는 생각하는 마음을 벗어나 바로 윤회에서도 벗어나게 됩니다. 우리 모두는 누구나 자신을 똑같이 '나'라고 하지 않습니까? 그렇듯 우리 모두가 생각하는 마음이 없어 인식하지 않는다면, 모든 것이 본래대로 '나'로 하나입니다.

그런데 우리의 행위는 자유라고 생각하여 그 행위에 나의 자유의지 생각이 더해지면 결과에 대한 대가를 치르게 됩니다. 우리에게 행위 아닌 생각까지는 내 맘대로의 자유가 주어졌지만, 인간의 생각은 꼭 행위로 이끌게 되어 인과가 형성되므로, 내적주시로 생각하는 마음을 없애 모든 행위에 나의 의도함을 멈추어야만 인과가 없어 업–습이 쌓이지 않는 무행위가 됩니다.

우리가 흔히 말하는 '정신'이란 실재의 빛에 의한 순수에고의식으로, 성령불성이 혼재된 개아인 영혼이 생시에 몸이 깨어나 세상을 향하기 전 내면에 머무는 마음으로 청정심입니다. 이 정신인 영혼이 세상을 향해 나가면, 청정심을 벗어나 움직이는 마음이어서 생각을 일으키는 오염된 에고가 됩니다. 그런데 이런 정신은 내재적이라 마음이 본래 나왔던 곳인 근원을 되돌아보도록 이끄는 직접적인 힘이 됩니다. 그래서 이 내재적 정신으로 외적인 마음을 순화시키며 발전된 지성으로 이끌어, 생각하는 마음을 되돌려 근원으로 향하게 합니다. 이런 정신이 바로 내면에 머무르는, 몸-의식 이전의 순수한 마음인 '나' 의식입니다. 그래서 이런 청정심인 정신의 빛으로 인해 개아의 영혼이 깨어나고, 깨어난 영혼이 내적주시로 자각하면 본래의 빛인 본연이 드러나 본래를 회복하게 됩니다. 그래서 항상 나의 정신을 놓지 마시고, 머리가 아닌 내면가슴의 청정심인 정신을 챙기십시오. 그것이 이 몸과 마음인 에고-내가 지성으로 할 수 있는 것이면서, 청정심의 정신이 자각으로 깨어있는 본래적 상태입니다. 이 정신은 누구나 또한 모든 만물 안에 가지고 있는 생명으로 불성성령인 자각의식의 빛에 의한 것입니다. 그래서 '정신 차리라'는 것은 세상에 대한 생각을 벗어나 본연의 '나'를 되돌아보고, 에고-나로 가려진 진리의 생명인 본래 '나' 자신을 알라는 것으로, 자각하라는 가르침입니다. 나를 뒤돌아보는 것은 바로 에고의 지성이지만, 세상이 아닌 본래 나왔던 곳인 원점의 내면심장을 향하는 것이라 바로 본래의 빛 안에 머물러 자각하게 됩니다.

그래서 우리는 정신 차리라는 말을 들으면 무심결에 얼굴표정이 굳으면서 입을 굳게 다무는데, 그럼 바로 목 안에 무언가 삼키는 느낌을 갖게 됩니다. 그 느낌이 바로 내면 심장을 향한다는 것을 알고, 그 느낌이 오면 놓치지 말고 계속되도록 생각을 중단하고 지속적인 삼킴의 미소를 머금는 자세를 유지하는데, 강렬한 삼킴일수록 지속적인 흡인으로 근원의 심장에 오래 머물 수 있습니다. 지속적이고 강렬하게 날숨까지 흡인하여 마음이 다시 일어나지 않는 방하착과 심장합일의 진아 안주로, 지복의 실재로 고착되는 날까지는 끊임없이 노력해야 합니다.

10
인생은 세 존재상태의 연속이다

      우리 인생의 하루는 잠, 꿈, 생시의 세 종류로 구분되는 존재 상태로 구성되며, 그 상황들은 매일같이 번갈아가며 에고인 내 인생의 바탕처럼 스쳐 지나가며 일생동안 되풀이되는 현상들입니다. 이 과정은 주로 태양을 중심으로 이루어지는데, 해가 뜨면 밝은 태양 빛에 의해 몸이 깨어나 활동하는 생시와, 해가 지면 밤이 되고 어두워져 몸이 활동을 중단하고 잠을 자는 상태와, 잠 속에서도 생시와 같이 또 다른 세상을 겪는 꿈의 상태가, 매일같이 되풀이되며 나의 인생을 만들어갑니다.

  그런데 이같이 나와 나의 배경이 되는 존재상태가 일정함 없이 지속적으로 변해 가는데, 이 나라는 존재가 과연 참일까요? 이런 나처럼 현상계도 따라 되풀이되어 변하는데, 각 상태로 존재하는 동안에는 세계도 역시 혼자서는 존재하지 못하므로 세계자체가 존재할 수 있는 바탕이 필요합니다. 그런 세계와 에고-나의 바탕은 항상 스스로 빛나 본래대로 존재하는 실재인 '참나'인데, 이처럼 바탕으로 고정되어 있고 늘 지속되는 실재인 본래 '나'는 자각의 빛이라서 그 빛 자체가 스스로의 배경인 바탕이어서 존재 위한 바탕은 따로 필요 없이 홀로 존재하므로, 세상 모든 것의 바탕도 됩니다. 그래서 몸이 나라고 생각하는 에고인생의 세 존재 상태는 자각하는 본래 '나'인 실재를 바탕으로, 세상도 그 안에 함께 펼쳐져 세 존재상태가 매일 같은 일상으로 일생동안 되풀이되며, 몸으로 사는 나의 인생은 흘러갑니다.

세 존재상태 중 잠이란 나의 본래적 상태와 같아서 누구든지 어두운 밤이 되면 잠 속으로 되돌아가길 원하며, 편안히 깊은 잠 속에 들기 위해 우리는 많은 노력을 합니다. 그런 잠 속에는 이 몸과 마음이 사라져 인식할 세상도 없고 나라는 생각의 에고조차 존재하지 않는데, 우리는 왜 아무것도 없는 그런 잠 속에 들어가길 원하는 걸까요? 피로해진 몸의 회복을 위해서라고 생각은 들지만, 이 몸의 나란 존재조차 없는 잠의 어둠상태로 스스럼없이 찾아 들어간다는 것은 이해곤란입니다. 그것은 생시에 에고–나는 실재인 본래 '나'를 바탕으로 에고인생을 펼쳐 엮어나가는데, 잠 속에서는 에고–나가 사라지므로 본래 바탕인 실재의 '나'만 남아 본래대로 드러나게 되므로, 우리는 생각 없는 본래의 평온 속에 잠길 수 있기 때문입니다. 더군다나 세상을 대상 인식으로 생각하며 헤매다 지친 나의 에고마음은 생각의식기능이 약해지거나 상실되므로, 잠 속에 충만한 실재의 본래의식인 자각을 회복하면 본래대로 평온하여 생각마음의 대상 인식 기능도 다시 건강한 상태로 회복되기 때문이 아닐까요?

나의 마음인 에고의식은, 근원의 스스로 빛나는 순수의식의 빛이 습과 업으로 반사와 재반사되어 투사되면서 세상을 비추므로 많은 산란을 일으켜 혼탁해지게 됩니다. 또한, 생시에 에고–나는 실재인 세상에 그런 혼탁 해진 의식의 빛으로 생각을 덧 부치므로 실재 아닌 또다른 환상세계가 재창조되고, 그 안에 스스로 빠져 헤매다 보니 수많은 반사산란이 되풀이되어 약해져 더 이상 빛으로 가치를 잃어 의식할 수 없게 됩니다. 이렇게 의식의 빛으로 더 이상 활동할 수 없는 에고마음의 빛은 원상회복 위해, 잠 속 실재인 '나'의 본래상태로 돌아가서 원래의 빛에 잠기게 되는 것입니다. 이때 반사광인 에고의식의 빛이 원광인 실재의 빛에 흡수 합일되는 과정은 순간이라 에고–나의 인식으로는 알 수 없는데, 이런 과정으로 보아 우리는 실지로 모두 찰나적인 빛의 존재란 것은 의심할 여지가 없습니다. 또한, 우리가 잠들거나 깨어나는 과정도 이렇게 빛 의식에 의한 것이라 순간적으로 나도 모르게 일어나, 어느 누구도 잠들거나 깸의 순간만은 전혀 인식할 수가 없는 것입니다. 이처럼 우리는 생시에는 순간적인 빛의 존재로 몸과 마음이 순간순간에만 존재하고, 잠 속에는 몸이 아닌 본래의 식인 빛의 자각과 침묵으로 존재합니다. 그래서 에고의식은 잠 속에서는 근원으로 돌아가 본래의 실재 빛에 흡수 합류되어 가라앉은 상태로 활동을 멈춰 휴식을 취하고 생각 없는 무의식인 빛의 상태로 잠재되어, 그럼 세상도 같이 본래상태로 돌아가 고요합니다. 그런데 에고–나의 기억장치인 두뇌 안에는 생시와 잠의 순간들이 되풀이 저장되므로, 연결된 기억으로 세 존재상태 안에 나의 인생이 계속된다고 생각합니다.

잠과 같은 본래상태는 어둠도 밝음도 아니라서 에고마음으로 인식할 수 없어 표현불가인데, 밝음이 없으므로 무조건 어둠이라고 착각하게 됩니다. 허나, 실재인 본래상태는 명암이 없고 대상도 없어 볼 게 없으므로 에고의식에게는 어둠과 같지만, 실재는 스스로 빛나는 자각의식에 의한 비춤의 상태라서 빛의 상태로 표현되는 것입니다. 물론 밝은 빛은 어둠을 물리치지만, 실재의 빛은 어둠과 밝음을 동시에 비추어 명암을 분리하지 않고 모든 것을 있는 그대로 존재케 하는 자각의 식으로, 빛 중의 빛이며 원초적으로 모든 빛과 의식의 시작인 '원광'입니다.

그런데 에고인 우리들의 시야에 보인다는 것은 태양 같은 밝음의 빛과 그 빛의 반사와 산란에 의한 것이어서, 만일 현상계에 밝은 빛이 없다면 대상을 볼 수가 없고, 또한 보인다는 것은 밝은 빛에 의한 대상물의 반사에 의한 것이라 감각기관 가진 에고인식에 의해서만 보이며, 반사산란은 순간적이라 바로 사라지므로 보인다는 것은 찰나적이라 실재 아닌 환상입니다.

그러나 보이는 것들의 안이나 저변에 보이지 않음 그 자체는 밝은 빛과 상관없이 항상 자각으로 빛나는 것입니다. 그래서 우리가 보려 하는 인식의 마음만 벗어난다면, 세상 모든 것의 보이지 않는 이면과 저변은 모든 존재의 바탕으로 자각하는 본래상태가 드러나는데, 그것이 바로 있는 그대로 진리인 근원의 실재라는 것입니다. 그 실재가 바로 진정한 '나'로, 항상 자각하는 주시자이며 스스로 빛나는 불성성령의 '참나'입니다. 그런 '나'는 잠 속뿐만 아니라 생시에도 자각으로 항상 존재하고 있지만, 문제는 보는 것만 인식하는 에고-나로서는 보이지 않는 빛의 의식인 실재의 '나'를 도저히 인지할 수 없고, 잠 속에서 에고는 무의식으로 잠재되므로 또한 인식할 수도 없다는 것입니다.

태양이 떠올라 온 세상에 햇빛을 비추면 이 몸은 깨어나 밝은 생시가 되고, 깨어난 몸으로 원습이 활성화되면 원광인 실재의 본래 '나'는 원습에 반사되어 '나라는 생각'의 에고마음으로 몸과 같이 순간적으로 깨어나게 됩니다. 그런 나-에고는 실재인 본래의 빛에 의한 것이라 똑같이 자각하는 품성을 가지지만, 실재에서 몸까지만 자각의식의 빛을 전달함으로, 몸이 나라는 인식의 생각을 갖게 되어 보이는 세계를 대상으로 보므로, 자각 대신 대상에 대한 지각인식으로 세상을 체험하게 됩니다. 자각 대신 대상물에 대한 인식의 생각으로 에고-내가 겪는 체험은, 좋든 나쁘든 결과로 인해 업을 쌓고 마음의 습으로 잠재되는데, 이 몸에 의한 내적주시의 실재자각으로 그 고리가 끊기는 날까지는 인과인 업보가 습으로 윤회합니다. 그러나 에고 있는 생시에 우리는 성찰(省察)과 탐구(探究)로 구도 수행하여, 의도적으로 에고의식을 내면본연의 가슴심장인 근원의 실재로 되돌려 소멸하고 이면에서 절멸시키면, 원습까지 절멸되어 더 이상의 윤회는 없어지게 되므로, 자각하는 실재만의 '나'를 본래대로 드러내게 됩니다. 그래서 구도수행은 마음소멸의 내적주시를 위해 '나라는 생각'의 에고마음이 활동하는 밝은 생시에만 가능합니다.

잠과 같은 본래상태가 밝은 대낮의 생시에도 실지로 존재하는데, 몸과 마음이 나라는 에고로 가려져 보이지 않는 내면가슴과 이면에 있습니다. 그래서 에고마음을 본래 나온 곳인 내면가슴심장에 흡수합일 소멸시키면, 모든 생각은 사라져 고요해지고 그럼 가려진 이면에 있는 침묵의 자각이 본래대로 근원의 실재로서 드러납니다. 생시에 이 상태가 원초적인 잠과 같은 상태로서, 세상 모든 것의 바탕인 '있음'으로 존재하는 '생시-잠'으로 '깨어있는 잠'이라고도 합니다. 이것이 실재로서 모든 상태의 바탕으로 항상 깨어 존재하는 본래 '나'인데, 자각의 빛인 원광의 '나-비춤'으로 현상계의 모든 것을 존재로서 존재께 합니다.

그런데 이 몸이 뒤돌아서면 전면생시는 바로 이면에 생시-잠인 실재 '나'로 드러나고, 이전 이면에 실재 '나'는 전면에 생시의 세계로 바뀌어 이 몸 앞에 나타나게 되므로, 세상과 모든 존재는 지금 이 순간 있는 그대로 실재이고 바로 '나'인데, 단지 생각하는 에고가 가로막고 있으니 에고를 내면에 근원으로 되돌리면, 모든 게 본래대로 실재로서 드러납니다. 그래서 이 몸만 아니라 모든 것에 존재하는 보이지 않는 세계인 이면과 저변이 바로 '나'임을 알고 주시 자각하라는 것입니다. 그것은 새로운 것이 아닌 본래적이고 있는 그대로의 스스로 빛나는 실재라서, 보이는 현상계도 같은 실재인 침묵의 허공으로 드러납니다.

밖의 세계를 향하던 에고-나는 밤이 되면 누구든지 인식이나 생각하는 활동을 중단하고 눈을 감고 잠을 청하여 몸이 나라는 생각인 에고의식 빛은 안으로 향하게 되므로, 반사광인 에고의식은 내면에서는 스스로 빛나는 본래의 강렬한 원광인 근원 빛에 흡수 합일되어, 나도 모르게 의식되지 않는 순간에 잠에 빠져 고요하게 됩니다. 그 순간은 약한 에고의식 빛이 본래의 원광에 자연 흡수되는 것이어서, 에고-나는 잠드는 순간을 도저히 인식할 수가 없는 것입니다. 이런 에고의 생멸로 나-에고는 실재의 빛에 의해 일시적으로 나타난 빛의 존재로서 실재를 가리고 있으며, 바탕인 실재의 원광만이 생멸 없이 실지로 존재한다는 것을 알 수가 있습니다. 그런 잠 속은 몸도 마음도 없어 나라는 에고생각은 아예 없어서, 나는 물론, 세상조차 존재치 않는 그저 본래의 원초적인 고요 상태이며, 생각하는 마음이 없으므로 에고-나에 나타나는 욕망, 집착, 걱정, 근심, 고통 등이 전혀 없어, 본래의 지복대로 단지 중도의 평온입니다.

우리가 잠에서 막 깨어나는 순간에는 단지 나라는 생각만이 있는 단일성의 '나'가 일어나는데, 그 나 하나만의 생각이 세상을 향하면 먼저 인식된 몸과 마음만이 나라는 제한된 생각으로 주체가 되어, 이 몸 밖인 세계를 대상으로 보게 됩니다. 그럼 밖의 세계는 타자-대상 인식으로 객체가 되므로, 몸으로 제한된 나에게는 세상의 모든 사물들이 다양성으로 나타나고, 그럼 본래의 단일한 밝은 생시의 세상은 나의 대상이 되어 다양성의 수많은 생각들로 뒤덮이므로, 세상의 본래 빛이 그런 나의 생각들로 가려져 단일성의 실재세상은 어두운 다양성세계로 은폐됩니다.

　또한, 생각이란 업의 투영(投影)으로 나타나 과거를 헤매고 닥칠 미래의 준비를 위해 시공을 헤매니, 에고-나는 단지 생각 속에만 잠겨 지금이라는 현존을 망각하여, 본래세상은 가려져 감추어지고 에고생각으로 더욱더 엉뚱한 상상세계가 펼쳐지는 것입니다. 이렇게 나-에고에 의해 나타난 다양성의 세계는 나에게 수많은 생각들로 고통과 불행을 주므로, 에고와 세계가 나타나기 전의 생각 없는 행복한 본래상태를 찾기 위해 우리는 에고의 근원을 찾는 것이고, 근원인 가슴심장으로 에고마음을 되돌리면 합일되어 사라져, 가려진 고요와 침묵의 실재가 본래대로 드러납니다. 세상을 향한 그런 에고마음이 생각하는 행복은 욕구충족으로 느껴지는 이차적 만족인 포만감 내지 기쁨, 즐거움 등인데, 실재행복인 지복은 일차적이고 단순한 평온의 중도입니다.

　비록 이 몸이 에고로서 세간에 있더라도 전면세계와 이면실재인 '나' 사이의 경계중심인 원점에 서 있다는 것을 항상 깨닫고, 바른 자세의 삼킴과 미소로 스스로 빛나는 실재인 이면을 주시자각하면 본래대로 세상과 에고-나도 같은 실재로서 드러나, 생각함, 의도함의 행함 없는 행위를 하므로 무위로 인과가 없어 쌓일 업조차 없고, 원초적인 본래의 실재가 지속적으로 드러나는 것입니다. 에고인 이 몸이 할 수 있는 바른 자세는 배는 최대한 집어넣고, 가슴은 들숨의 지속적인 흡인으로 팽창시키고 밀며, 이때 목과 머리도 같이 위로 밀면서 시야는 정면을 향하고 어깨는 자연스레 떨어뜨리면 상체는 전체적으로 조화를 이루는 바른 척추 자세가 됩니다. 이 자세를 유지하며 두 눈은 눈앞의 허공을 주시하며 코안의 공기를 빨아들이듯 느끼며, 입 목 안으로 공기를 지속적으로 빨아 삼키듯 삼킴의 자세를 머금고 호흡을 주시하고 느끼면, 들숨의 지속적인 흡인으로 날숨마저 가슴내면에 머물게 됩니다. 이때 목 안에는 가득 참의 삼키는 느낌과 함께 가슴 안도 같이 충만감이 느껴지며, 윗배는 들어가고 아랫배는 다듬잇돌처럼 단단해지며 약간 두툼해지는데, 이 방하착은 횡격막을 아래로 고정시켜 폐 용량을 극대화시켜, 이때 생긴 음압으로 날숨까지 계속 흡인케 하므로, 가슴도 지속적인 흡인을 위해 계속 팽창되도록 부풀리며 목과 함께 위로 밉니다. 그럼 계속되는 흡인과 함께 자연스럽게 미소가 떠오르거나 머금으면 시야가 넓게 펴지고 당겨지면서 전면과 이면 사이 경계인 근본무지의 대지성이 느껴지면서, 두뇌의 생각하는 마음은 내면가슴을 향하고 근원심장 빛에 자연 흡수 합일되어 사라지므로 내면은 고요해지며, 본래대로 자각의 침묵으로 모든 경계는 사라져 단일한 하나만의 실재로서 드러나므로, 세상도 하나 되어 단지 침묵의 자각만이 있습니다. 이 과정은 안면부에 있는 모든 감각기관들 안을 통한 상단전주시와 주의집중의 삼킴으로, 중단전인 내면가슴심장을 내적주시함으로 이루어집니다.

먼저 바른 자세의 호흡내면주시로 하단전 방하착과 중단전 가슴심장에 진아안주 될 때까지, 또한 각기상태가 익숙해질 때까지 수행하여 모든 각기상태가 한 동작으로 한순간에 이루어지도록, 노력 없이도 한순간의 상태로 고착되어 지속될 때까지는 계속적으로 노력해야 합니다. 두뇌에서 활동하는 생각하는 마음은 주의집중의 주시로 흡인의 들숨과 함께 가슴으로 빨려 들어가면, 의식계가 작용하는 두뇌가 휴식하여 내면은 본래대로 생각이 없으므로 마음이 사라진 고요 속에 자연스레 내면은 이면으로 드러나는데, 밝음도 어둠도 아니지만 처음엔 에고-나로서는 어둠이라 느껴지는 아무것도 없는 침묵의 허공이 드러나게 됩니다. 그런데 어둠 같은 허공을 주시하면 왠지 모를 평안함이 느껴지고, 그럼 밝고 어둠이라는 구별하는 생각조차 사라져 침묵만이 드러나는데, 그게 바로 실재의 자각하는 본래 '나'로 스스로 빛나는 순수의식의 빛인 원광입니다.

우리 사는 전면세계는 마음으로 인한 시공이 흘러 입체적이고 색감적이나, 이면실재는 생각하는 마음 없어 본래대로 단지 자각의 '있음'이라 시공은 본래 없어 단지 하나의 점이나 단면으로 느껴집니다. 그러나 그런 생각마저 사라지고 느낌까지 없는 상태로 자각될 때까지 계속 내적주시하면, 모든 게 평온의 '있음'이라 실재 '나'는 '고요 침묵 지복의 평안'으로 본래대로 드러납니다.

하늘인 허공이 세상과 이 몸을 감싸 덮고 있듯이, 실재 '나'는 세상과 에고-나와 하늘마저 덮어 감싸는 배경인 바탕이 되므로, 에고자아는 본래 없던 것이라 사라지고 바탕 안에 있는 모든 것은 바로 '나'로 자각되므로, 비로소 세상 모든 것이 본래 있는 그대로 스스로 빛나 자각하는 실재의 존재로서 침묵으로 드러나게 됩니다.

II

원광(元光), 영생(永生)

- 참나에 대하여 -

11

'있음'으로 여호와

제가 어린 시절 다니던 교회에서 배웠던 '여호와'는 유일신인 하나님을 '여호와 하나님'으로 존칭하여, 그냥 하나님을 의미하는 또 다른 이름이었다고 기억하고 있었습니다. 그런데 요즘 알게 된 여호와의 의미는 '있음'을 의미하는 'I AM(나는 있다)'으로 지고함의 실존이며 실재의 현존이라 합니다. 사전적 의미로는 항상 살아 계시며 스스로 존재하는 하나님의 고유명사로서 영국식 표기라 하는데, 궁극적 의미는 자각으로 실존하며 홀로 현존하는 유일신―실재로서 하나님의 표현인 비춤으로 드러난 빛으로, 불교에서 말씀하시는 천상천하유아독존입니다.

우리가 이 몸이 나라는 생각의 에고마음을 포기하고 벗어난다면 실재로서 현존하는 본래 '나'가 드러나는데, 이 '나'는 근원의 빛인 실재 존재로서 순수자각의식이라 본래대로 '있음'이고, 있음은 바로 여호와고, 여호와는 바로 하나님의 존칭입니다. 그래서 마음생각이 본래 없는 실재의 '나'는 'WORD'로 본래대로 하나님과 하나이고, 그럼 누구나의 본래 '나'는 바로 하나님이 스스로 빛나 모든 것을 비추는 빛인 순수자각의식으로 원광이고 불변의 진리입니다. 그래서 이 '나'는 몸으로 세상을 사는 생각하는 에고자아가 아니고, 자각하는 침묵의 실재로 모든 존재의 근원이며 무염송인 '옴'으로 세상을 드러내는 빛나는 의식입니다.

이 몸과 마음이 나라고 생각하는 에고자아와 세상 모든 것은 실재인 '나'의 빛에 의한 생명의 비춤으로 나타나는 것이라서 같은 동질의 생명빛을 가진 바로 '나'이고, 그래서 그런 '나'가 세상 모든 것의 시작입니다. 근원의 실재로서 '나'는 세상을 비추어 나타내고 주관하지만, 생각이나 행위한 바 없이 단지 주시만 할 뿐입니다. 물론 이런 것을 알고 생각하는 것은 에고의 지성이지만, 지성으로 나를 세상이 아닌 내면근원으로 되돌릴 때 에고마음은 소멸되어 마음으로 가려진 본래 '나'가 원초적 실재로서 드러나 '있음'의 자각으로 빛을 발합니다. 그래서 우리가 그토록 찾고 원하는 성령 충만이나 성불은 누구나의 안에 본래 있는 것이지, 누가 내려주는 것이거나 이루는 것으로서의 대상은 절대 아닙니다. 단지 장막처럼 그것을 가리고 있는 이 몸과 마음이 나라는 생각인 에고자아를 포기하면 바로 본래대로 있는 그대로의 근원의 실재로서 드러나는 원광이 성령이며 불성입니다. 그래서 누구나 에고-나를 포기하여 마음이 내면으로 향하면, 나의 이면은 성령불성의 빛(원광)으로 가득 찬 본래대로 단일성인 실재로서 드러나고, 그 빛으로 에고생각으로 가려졌던 세상도 따라서 본래 있는 저변의 실재로서 드러납니다. 그래서 에고-나의 '마음포기'를 배우는 것이 마음공부목적입니다.

이 몸을 포함한 세상의 현상계에 형상 있는 모든 것은, 성령불성인 스스로 빛나는 자각의 빛이 원습에 반사되면 그 빛이 반사광이지만 본래의 자각하는 생명력으로 인해, 외형의 모습을 이루고 오감을 내어 자신을 나타냅니다. 그것은 영원히 빛나는 원광에 의한 것이지만,

원습에 의한 반사광이라 반사되는 순간순간에 내재된 상습의 표현에 따라 흘러가듯 변해가는 모습을 나타내게 되는데, 태양은 변함없지만 새벽 여명이 저녁노을로 될 때까지 햇빛은 끊임없이 변해가듯, 세계도 순간순간 변해갑니다. 이와 같이 세상에 보이는 모든 것은, 반사광의 반사산란에 의한 것이라 고정되지 않고 찰나적으로 나타나 변해가므로, 이 몸과 모든 것은 겉모습의 다양성과 함께 생멸이 있습니다. 그러나 본래 누구나 세상 모든 것은, 내면생명은 본질적으로 똑같은 근원의 '나'로부터 오는 자각의 빛인 원광이라 생멸 없는 영원한 빛입니다. 그래서 모든 것의 본질은 불생불멸이고, 사라지는 생멸은 반사광인 에고-나의 생각하는 마음 안에만 있습니다.

근래 현대물리학의 양자역학에서 밝혀진, 모든 존재는 빛과 입자로 동시에 존재한다는 것과 모든 물질은 순간순간 새로운 물질로 변한다는 것들을 예수 석가모니 모든 선각자들께서는 이미 고대시대나 그 이전부터 알고 있었다는 사실에, 현대를 살고 있다는 우리는 그것을 직시하고 진정한 의미를 알아야 합니다.

태양은 시작이 있어 소멸될 때까지는 끊임없이 빛을 내게 되지만, 본래 '나'의 원점인 근원 안에는 시작이 없어 소멸도 없고 항상 지속적으로 고정되어 스스로 빛을 발합니다. 그 빛이 자체 산란된 원습에 반사되어 에고-나라는 생각이 일어나고, 다시 투사되고 산란되어 이 몸과 세상이 나타나면 빛은 흐려져, 적당한 흐려짐 안에 은폐가 일어나고 빛은 계속되는 비춤에 반사산란이 되풀이되어 일어나니, 이렇게 변형된 빛의 세상은 똑같은 것은 전혀 없고 끝없는 다양성의 세계로 순간순간 펼쳐지게 됩니다. 이렇게 의식인 빛의 반사와 산란으로 인한 다양성으로 서로 겉모습은 다르지만, 존재하는 모든 것의 이면에는 똑같은 근원 빛인 자각의 성령불성으로 가득 차, 외적모습을 떠나면 즉 이 몸이 인식하지 않으면 서로 구별할 게 없어 모든 게 똑같고, 본래대로 단지 일자인 그것 하나뿐이라 분별조차도 할 게 없습니다. 분별이란 에고적시야지만, 실재인 '나'와 그 빛에 의해 나타나 반사산란으로 다양성을 나타내는 비아들을 직시하고 구별할 줄 아는 진지로, 본래의 '참나'를 드러내는 길입니다.

이 몸의 이면에는 에고-나와 세상의 바탕으로, 무이면서 공으로 자각의 '있음'인 근원의 실재로서 본래존재인 '나'가 있습니다. 이 몸의 전면에는 실재인 '나'의 빛이 투사되어 보이는 세상이 나타나는데, '나'로부터 나온 세상을 에고-나가 처음 겪기 때문에 이 몸의 나로서는 전혀 생소합니다. 그런 에고마음의 인식의 생각으로 세상은 나와 다른 것으로 착각하는 은폐가 일어나고, 또한 본래 있는 대로의 세상을 이 몸의 다양성인 시야(수상행식)로 보기 때문에 다시 세계로 재창조되고, 에고는 자신이 만든 그런 세계에 스스로 빠져들어 생각하는 마음으로 희로애락을 겪게 됩니다. 그래서 우리 사는 세상이란, 진리의 생명 빛 비춤으로 나타난 실재세상이 에고의식의 반사산란으로 가려진 조화(造花)세계라, 보이는 모든 것은 무지개 신기루같이 허상이고 환상입니다. 물리학적으로도 빛의 반사와 산란이 있어야만 물질의 외적 모습이 보이는 것이고, 비출 시 빛의 반사나 산란이 없으면 빛은 그냥 흡수 통과되므로 허공처럼 보일 게 없다고 합니다.

그래서 세상에 보이는 모든 것들이 나와 서로 다른 것은 단지 보이는 겉모습뿐이고, 내면에는 나와 동질성의 생명 빛인 불성성령으로 가득하다는 것을 아는 것이 유상삼매이고 평등성지입니다. 이것이 에고적 시야로 볼 때는 참사랑이고 참 자비입니다. 왜냐하면 사랑이나 자비는 본래적인 것은 아니고, 우리 마음이 대상을 향해 이차적으로 나타난 것이라 지나가면 사라지는 것입니다. 그러나 단 하나만이 있을 때는 대상이 없으므로 사랑이나 자비란 아예 없고, 단지 다양성의 세상일 때만 대상이 있으므로 나타나며 에고의 성품 중 지성에 의해 개발되는데, 실재깨달음의 평등성지로 모든 게 '나'로 자각될 때 자연스레 나타납니다.

우리의 개인적인 욕구욕망의 기도는 이루어질 수 없는 것이라서 할 필요조차 없는데, 왜냐하면 세상사는 이미 순간에 드러난 빛의 마지막 단계로 순간의 생멸이라 누구도 관여할 수 없고, 단지 절대자의 뜻대로 진행될 뿐입니다. 또한, 신의 이름을 빌어 기도하는 '당신의 뜻이 이루어지게 하소서' 등의 기원의 기도도 하지 마십시오. 이런 기도는 신에 대한 기원 아닌 명령이고, 에고인 나의 생각하는 마음에 의한 것으로 에고가 감히 만사를 관장하는 신의 영역에 참여하겠다는 방자한 생각입니다. 우리가 원하든 원치 않든 이루어질 일은 신의 뜻대로 이루어지고, 이루어지지 않을 것은 절대 이루어지지 않습니다. 몸으로 사는 우리는 단지 침묵주시하고 있는 그대로를 받아들일 뿐이니, 절대 조작하려 하지 마십시오. 조작하려는 그런 의도만큼 우리는 마음과 육신의 고통을 받게 됩니다. 여기에서 '신'은 이면과 저변의 바탕으로서 '주시자'를 말하며, 바로 본래의 '나'입니다.

하나님은 항상 내 안에 계십니다. 그래서 기도는 세상이나 하늘을 향해 하는 것이 아니고, 성전인 이 몸의 내면을 향해서 주시와 침묵의 기도를 해야 합니다. 단지 개아로서 나-에고는 항상 침묵으로 신의 뜻이 펼쳐지는 상황을 주시하며 감사히 받아들이는 것뿐입니다. 기원의 기도는 절대 하지 마시고, 항상 이 몸 앞에 펼쳐지는 만사에 감사의 기도를 이 몸 안 이면 성전에 계시는 하나님께 하십시오. 또한, 인간의 몸과 마음을 가짐으로 인한 원죄에 대해서 참회와 용서의 기도도 함께 하십시오. 하나님께서는 멀리 계시는 것이 아니고, 세상 모든 인간들과 모든 사물들 안에 생명인 의식의 빛으로 함께하시며 세상존재를 나타내고 현상을 관할하시는데, 그것이 바로 하나님의 강림이고 역사하심입니다. 그래서 세상에 보이는 모든 것과 현상들은 하나님의 강림으로, 에고마음의 우리 인간들은 항상 신의 역사하심인 내 앞에 주어진 있는 그대로를 생각함이 없이 신의 표현으로 감사히 받아들여야 하며, 그게 바로 신의 은총이고 축복입니다.

인간이 누릴 수 있는 진정한 자유는 단 하나뿐으로 생각으로부터의 자유인 '생각 없음'입니다. 그것은 나의 마음이 이 몸의 성전인 가슴심장으로 '물러남'과 '머무름'으로 인해, 드러나는 실재에 의한 빛의 은총인 지복으로 평온입니다. 모든 것을 침묵 안에 또한 있는 그대로에 맡기면 바로 하나님에 대한 헌신이고 순복입니다. 그러면 고요 안에 자각하는 침묵인 실재의 '나'를 보게 되는데, 항상 자각하는 '있음'으로 원초적이고 본래적이라, 다시없는 하나님의 은총이고 축복입니다. 그래서 애씀 없이 원초적이고 영구적인 평안의 실재로서 본래의 '나'가 드러나 고정되면, 지복 안에 영원히 머물게 됩니다. 이것이 에고-나를 벗어난 이 몸이 원광인 본래의 '나'를 드러내고 다시 사는 부활로 영생합니다.

12

나의 정체는 과연 무엇인가?

몸과 마음으로 인생을 사는 우리는 잠에서 몸이 막 깨어날 때, '나라는 생각'인 에고(자아)의식의 마음이 보이는 몸을 최초로 지각하여 나로 인식함으로 인생의 하루가 시작됩니다. 그래서 '나라는 생각'의 에고-나는, 생각하는 나의 마음과 행위하는 나의 몸이라 따로 칭하여 주도하며 세상을 편히 살도록 많은 노력을 아끼지 않습니다. 이런 에고자아는 원광인 실재의 반사광으로 생각의식인데, 원광인 생명의식을 몸과 마음이 나라는 생각으로 몸까지만 연결하고 매듭지음으로 실재의 고유품성인 자각으로 먼저 몸을 본래의 실재 '나'라고 착각합니다. 이런 전도망상으로, 몸의 감각기관들과 두뇌의 의식계들로 받아들여지는 세계를 대상으로 인식하여 펼쳐져 나타난 세상 또한 실재라고 착각합니다. 이처럼 에고-나는 인식과 생각으로 실재 '나'를 장막처럼 가림으로 본래 '나'를 망각하고, 대신 이 몸과 마음이 나라는 착각으로 보이는 세계를 소유와 탐욕의 대상으로 만들어 고달픈 인생을 살아가게 되므로, 나의 정체가 무엇인지 알고, 이 몸의 나로 가려진 실재인 본래의 '나'를 찾자는 것입니다.

잠에서 깨어나는 생시에 이 몸이 활성화되면, 근원의 고유자각으로 항상 스스로 빛나는 실재의 빛이 가슴심장에 내재된 거울 같은 원습에 반사되어 최초의 '나라는 생각'으로 나타나는데, 이 반사광의 의식이 에고–나의 시작인 '마음'입니다. 이 에고마음은 세상을 지각하고 인식하는 몸의 감각기관과 두뇌를 통해 최초로 보이는 이 몸을, 고유 품성인 자각으로 바로 실재의 '나'라고 생각하는 착각을 일으키게 됩니다. 이렇게 나라고 생각하는 에고–나의 존재는 반사광으로 이차적으로 생겨 생멸함으로 대상적이라 나의 몸과 나의 마음이라 하는데, 본래 '나'는 원광이라 일차적이고 생멸 없는 단지 스스로 빛나는 자각의식입니다.

그런데 잠 속의 '나'는 생시의 나와는 달리 몸도 마음도 없는 상태라서 나라고 생각하는 에고조차 없었는데, 잠 속에서는 아무 생각 없이 편안하게 잤다는 것을 생시에 이 몸이 느끼게 됩니다. 그것은 잠 속에는 세상은 물론 아예 아무것도 없이 단지 스스로 빛나는 원광의 침묵 속에 자각만이 존재하여 본래대로 평안의 상태이므로, 잠 속에 잠재된 에고도 인식함이 없이 고유의 품성인 자각으로 원래의 빛 안에 잠겨 있었기 때문입니다. 그 침묵의 자각이 바로 실재의 '나'인 원광이고, 생시에 인식하는 이 몸의 나는 일차적인 본래의 '나'로부터 나온 이차적인 반사광으로 세상과 함께 나타나므로, 원광인 '나'의 일부일 뿐입니다. 그래서 주시자각으로 실재 '나'가 드러나면 에고–나라는 생각은 사라지므로, 이 몸의 나는 보이는 세상의 한 부분일 뿐이고, 보이는 전체 모든 것이 '나'라는 자각으로 하나뿐이라 분별조차 할 게 없어 그럼 본래대로 실재인 '무아지경'입니다. 그래서 잠과 같이 마음도 대상도 아무것도 없는 자각하는 실재의 상태가 되어야만 비로소 에고–나는 본래 '나'로 돌아가 세상과 대상 없는 본래의 상태가 되어 진정한 무욕과 무집착을 얻을 수 있는 것이지, 일상에서 대상을 인식하는 에고-나의 생각으로는 절대로 그런 무심이 얻어지는 것은 아닙니다.

　근원의 스스로 빛나는 원광 빛인 실재는 '나'라는 생각조차 아무것도 없어 에고의 시야로는 무(無)이지만, 스스로 빛나 자각하는 실재인 진공(眞空)상태이고 단지 하나뿐이라 두 번째 것이 없는 절대적 일자라서, 하나라는 생각개념조차 없는 침묵이고 자각의 '있음'으로 존재할 뿐입니다. 그래서 존재 비존재라 할 수도 없어 언표 불가한 것이라고 하며, 그것에 대한 표현의 언어는 이미 에고생각에 의한 것이라 자각 자체인 침묵을 떠난 것입니다. 그러나 근원의 빛으로 표출되어 스스로 빛나 비추는 의식인 실재를, 에고-나지만 주시와 직관으로 직접지각하여 우리는 근원의 존재로서 체험할 수 있게 됩니다. 그럼에도 앞에서 표현된 실재로서 침묵의 '나'의식이란, 밖을 헤매는 에고의식이 내면에 있는 자신의 근원을 스스로 찾는 데 도움이 되도록 표현된 것으로, 에고마음이 내면을 향하고 근원인 내면가슴심장으로 가기 위해서는 그 자각하는 침묵의 '나'라는 언어적 표현이, 이 몸의 에고-나에게는 절대적 이정표가 됩니다.
　사실 에고인 내가 실재인 그 안으로 직접 들어가는 것은 아니고, 단지 몸과 마음이 나라는 생각의 에고를 포기하는 내적주시로 자연스레 에고로 가려진 장막이 제거되어 실재가 드러나는 것으로, 에고마음이 본래 나온 내면가슴으로 유도되어 심장근원의 빛인 실재에 흡수 소멸되므로 가려졌던 침묵의 실재인 '나'가 본래대로 드러나는 것입니다. 나의 목표는 보이지 않고 인식되지 않는 바로 실재인 그것인데, 내가 할 수 있는 것은 단지 마음소멸이고 거기까지가 에고–나의 지성이 갈 수 있는 한계라서, 생각하는 나의 마음만 소멸되면 가려진 목표는 자연스레 본래대로 드러나는 것이고, 마음소멸도 마음을 전면세계 대신 뒤돌아서 내면으로 되돌려 원광인 실재의 빛에 흡수시킵니다.

생각하는 마음 없이도 존재하는 의식은 본래의 스스로 빛나는 근원의 빛으로 원광인 순수자각의식이라, 인식하는 에고–나의 생각 자체를 넘어서 있습니다. 그래서 스스로 빛나는 원광은 자각의식이고, 존재로서 스스로를 '침묵'이란 말 없는 언어로 드러냅니다. 우리 모두가 자칭하는 '나'는 이런 본래자각에서 나온 의식의 표현으로, 우리는 누구나 근원이 똑같은 실재라는 것입니다. 그래서 너의 '나'나 나의 '나'나 똑같은 실재로서 본래 하나의 '나'인데, 나의 생각하는 에고에 의해 인식되어 보이는 형상 따라 나 너로 분리되어집니다. 그래서 타자인식만 없다면 에고생각을 벗어난 본래자각으로 우리 모두는 본래 하나이며, 같은 근원의 실재로서 하나뿐인 원광이라 모두 같은 일자입니다.

생시에 현재의 나는 에고인식의 생각으로 존재하는 에고–나지만, 지금 이 순간에 자각으로 존재하는 나는 항상 모든 것의 바탕이 되는 본래의 '나'로 순수의식입니다. 잠 속에서는 생시의 에고–나가 사라져 잠재되므로 항상 바탕으로 지속되는 본래의 '나'가 드러나는데, 바로 그 '나'는 생각이란 본래 없고 단지 자각으로 침묵하는 절대적인 순수의식입니다. 그래서 잠 속에서는 인식할 대상이 없어 생각할 것도 없어서, 나는 고요 순수함 그대로인 본래의 평온 속에 잠기게 되는 것입니다. 이것이 바로 내가 찾는 본연의 원초적인 행복인데, 이 지복이 생시에도 생시–잠인 실재로서 이면에 존재하므로 드러내고 계속되도록 하려면, 우리는 내적주시로 가슴심장에 원광인 실재 '나'를 주시자각하여 근원인 '하나님'과 하나 되도록 항상 깨어있어야 합니다.

생시에 깨어있는 나의 의식이 생각하는 에고로 오염되지 않고 본래의 빛 원광으로만 가득 차 있는 자각상태를 우리는 '삼매'라 합니다. 앞에 보이는 세계가 나-에고의 지각과 인식의 생각에 의해 나타난 것이라 실재 아닌 환상이지만, 우리에게 보이는 대상물을 인식 아닌 고유기능대로 자각을 한다면, 즉 대상들 안에 나와 동질성인 생명의 진리를 자각한다면 자연스레 나-에고는 소멸되어, 본래대로 스스로 빛나는 빛으로 가득 찬 실재세상은 유상삼매이고, 본래원광인 저변실재로 바로 '나'입니다. 그런데 나의 내적주시로 에고가 소멸되면 이면에 스스로 빛나는 무형상의 '나'이며 지고자인 근원의 이면실재가 자각하는 침묵으로 본래대로 드러나 스스로의 빛 안에 잠기게 되는데 그것을 무상삼매라 합니다. 이 또한 본래대로 바로 '나'입니다. 그런데 원습의 절멸로 머무는 청정심인 '나'의식마저 완전소멸되어 유상삼매와 무상삼매가 동시에 이루어지는 것이 바로 본연삼매로, 본래대로 모든 게 그 빛 안에 잠기어 단지 일자인 하나로만 자각하는 침묵만이 있습니다. 이것이 바로 진정한 근원의 실재인 '나'입니다. 즉 전면에 동질성 안에 있는 유상삼매와, 실재인 이면에 무상삼매가 이 몸으로 인해 이루어지므로 내가 뒤돌아선다면 전면의 유상삼매가 실재의 무상삼매가 되고, 이면의 무상삼매였던 실재는 전면의 유상삼매의 상태로 전환되는데, 완전한 마음소멸로 몸에 의한 모든 경계와 모든 방향 등이 모두 사라지므로 실재는 어디에서나 있는 그대로 드러나 본래대로 지속됩니다. 이런 상태가 바로 모든 것이 본래의 빛으로 본래 있는 그대로의 실재로서 드러나 영속되는 본연삼매입니다.

　본래는 분별할 게 없이 모든 게 하나인데, 이 몸이 있어 전후좌우상
하면이 있고 무상유상으로 구분되어지지만, 본래실재는 두 번째 것이
없는 오직 하나로서 그것이 바로 자각하는 근원의 실재이며 영원히 빛
나는 원광인 '나'입니다. 그래서 실재에는 본래 나라는 생각조차 없이
모든 게 하나로, 여기엔 몸도 마음도 지성도 없이 단지 고요와 자각의
침묵만이 근원의 표출로서 자체발광으로 영원무한으로 드러나 있을
뿐입니다.

유상삼매	무상삼매	본연삼매
전면 저변	내면-이면	일체
세상	몸안 후면	근원
동질성	침묵	실재
생명	길	진리
나- 자각	나- 자각	나- 자각
평등성지	평등성지	평등성지

　자각 없는 무지(無智)인 생각하는 마음만 없다면, 모든 게 바로 본
래대로 실재인 진지(眞智)로 드러나, 몸이 나란 생각의식 없이 단지 자
각으로만 존재합니다. 이런 실재로 가는 길은 달리 찾는 것은 아니고,
몸과 마음이 나라고 생각하는 마음인 에고-나의 무지를 버리는 것입
니다. 이 몸의 마음이 억겁 동안 원습으로 묶여있어 힘들지만, 단지 몸
과 마음이 나라는 생각만 포기하십시오. 그래서 에고마음을 본래 나
온 곳인 내면에 가슴심장으로 되돌리는 것인데, 방법으로는 바른 자세

의 호흡내면주시와 내심염송 등으로 실재인 본래의 '나'에 대한 명상법이 있습니다. 이런 명상으로 마음이 이면근원에 합일 절멸되면, 주시도 염송도 필요 없이 침묵 안에 있는 모든 것들이 자각으로 스스로 빛나는 빛으로 가득하며, 이것이 바로 항상 본래 있는 그대로의 실재이며, 바로 본래 '나'인 원광입니다.

배는 집어넣고 가슴은 부풀리고 머리는 위로 미는 바른 자세 안에, 생각하는 의식을 머리얼굴의 오감관 안에 주의집중하고 강한 빨아 삼킴을 통한 호흡내면주시로 마음을 내면으로 돌리면, 방하착과 함께 마음은 여기 가슴심장에 흡수 합일되어 생각은 없어져 고요해집니다. 그럼 부드러운 미소로서 시야가 옆으로 넓어지면서 이면실재가 드러나면 대지성은 자연 소멸되어, 모든 게 하나로서 자각하는 침묵을 직각으로 드러냅니다.

주시란 대상 없이 스스로를 지켜봄인데, 우리의 본래상태는 봄도 들음도 없는 실재로서 자각상태이나, 에고-나는 세상에 빠져 실재를 가리고 망각했기 때문에, 이런 주의집중의 내적주시로 에고 소멸하여 본래대로 실재를 드러내려는 것입니다. 본래의 것은 자각자체라 지각이나 인식을 위한 우리 몸의 오 감각기관으로는 체험할 수가 없고, 단지 내적주시를 통한 직관으로 오는 직감의 느낌을 직접 체험하는 직각인데, 심안에 의한 자각으로 주시자를 드러내게 됩니다. 그래서 내적주시로 자각의 침묵이 드러나면, 비로소 나는 본래대로의 실재인 자체 발광하는 빛의 존재인 원광으로 드러나는 것입니다. 이렇게 침묵하는 본래의 '나'는 현상계의 바탕이자 스스로 빛나는 자각의 실재입니다. 에고마음이 주시로 본래 나왔던 내면가슴심장을 향하고 흡수합일 되는 곳이 바로 근원인데, 그곳으로 에고-나가 사라지면 자각하는 침묵인 본래 '나'가 있는 그대로 드러납니다. 나라고 생각하는 이 몸과 마음을 포기하면 이렇게 바로 진짜 '나'가 침묵으로 드러나므로, 몸으로 사는 에고인생과 지나가는 세계에 너무 집착하지 마시고, 본래 '나'를 드러내 평온하게 사십시오.

실재는 본래대로 완전하고 무한의 '있음'이라, 그곳은 지고의 절대의식인 무한자가 거하는데 거하는 곳은 움직인 바 없이 어디에나 무한으로 두루 고정되어 있습니다. 그럼 나도 인식과 생각만 없다면 인생의 시공을 떠나므로 모든 게 실재 아닌 게 없고 근원 자체라는 결론인데, 이것도 물론 나의 생각입니다. 인식되지 않는 근원은 스스로 빛을 내고, 그 빛이 바로 순수자각의식인 본래 '나'이고 실재로서 침묵 속에 머무르게 됩니다. 그래서 생각 없는 마음이 내면에 움직임 없는 고요 속에 머무르면, 바로 자각으로 빛나는 본래침묵의 '나'가 드러납니다. 본래침묵은 생각 이전의 초월언어인 'WORD', 혹은 무언(無言)이라고 표현되는 무염송의 끝없는 언어인 '옴'입니다. 그러나 마음이 움직이면 두뇌작용의 대상 인식으로 바로 생각을 이루어 몸에 감정을 불러일으키고, 그럼 언어와 행동으로 몸을 통해 표현하게 됩니다. 그럼 바로 침묵언어를 방해하여 끊기게 하고 본래실재를 벗어나 나는 환상의 현상계 안에 인생을 살게 됩니다.

그러나 이 모든 것들이 단 하나인 '참나'이며 바로 실재인 내 안에서 이루어진다는 것을 알면, 그 진지로 본래의 실재로서 다시 드러나게 됩니다. 여기 지금 이 순간, 고요와 침묵 안에 실재인 원광을 느껴보십시오. 자각하는 침묵이 근원의 표현인 WORD로서 실재의 '나'이며 이 WORD가 진동인 '옴'으로 표현되어, 빛으로는 근원의 자각의식인 불성성령을 주고 소리로서는 생명으로 입자를 구성하여 형상을 주어, 신 우주 개아로 세상을 이루어 우리 각자의 인생과 현상계의 세계가 등장합니다.

13
이 몸이 내가 아니라면,
그럼 누구인가?

우리 몸은 호흡과 순환 등의 본능적인 힘으로 목숨이 자연 유지되는데, 몸으로 세상을 살려는 의지는 에고-나의 마음활동인 지성(知性)의 생존의지에 의해서입니다. 이런 의지는 생명의 원광인 본래 '나'로부터 빛이 원습에 반사되어 나타난 에고-나의 생각하는 마음으로 이 몸을 이끌고 나의 인생을 살게 됩니다. 이 나-에고가 현상계를 대상으로 지각과 인식하여 사고하는 지적능력인 정신의 외적작용을 우리는 지성이라고 합니다. 이런 지성은 세상을 향해 있지만, 본래는 실재인 '나'의 빛에 의한 내적정신인 청정심이 두뇌를 비쳐 활성화되어 나타난 것이라, 그 지성을 길잡이로 이용해 내 마음이 세상 대신 반대로 되돌아서 근원인 내면가슴심장을 찾아가려는 것입니다. 그래서 삶에 대한 본능적 지성을 가진 에고-나가 활성화되는 생시에만 수행이 가능하며, 몸을 가진 나는 생각 속의 과거미래가 아닌 생시의 지금 이 순간에만 존재할 수 있는 것입니다. 그런데 지금 이 순간은 시공의 세계에서는 지나가는 것이라 마음으로는 붙잡을 수 없어, 가슴심장인 '여기'를 내적주시하고 본래 '나'를 드러내 자각해야만 지금에 머물러 실존으로 현존하므로, 정신의 지성으로 세상 대신 내면가슴심장을 향한 구도의 길을 가게 됩니다.

　우리는 자신의 성공된 인생을 위해 어떤 목표를 세우고 거기에 도달하도록 노력하라고 교육을 받아 왔고, 그게 인간 삶으로서 당연한 것이라 생각해 왔습니다. 그런데 그런 목표를 향해 가는 데는 많은 걸림돌과 고난이 따라 힘들기도 하지만, 도달했을 때는 인간으로서 삶의 희열인 행복을 느끼기도 합니다. 그래서 살아가는 과정을 잘 극복하여 성공하도록 인생의 약 1/3이란 오랜 기간을 교육을 받고 인생수련을 쌓아왔습니다. 그러나 실지로 자신의 목표에 도달한 사람은 극소수뿐이고, 이루지 못한 목표는 우리에게 좌절과 고통을 줍니다. 설사 목표에 도달해도 성취감은 잠시고 쉴 틈도 없이 다시 새로운 목표가 내 앞에 주어지고 다시 피나는 노력을 하게 됩니다. 이런 욕구욕망은, 영원한 것이 없는 세상에서 얻어진 행복은 일시적이라 지나가면 사라지므로, 우리는 만족감을 상실하게 되어 에고는 다시 새로운 행복을 찾고자 하는 욕심 때문입니다. 그러다 인생의 황혼기가 되면 몸이 마음대로 안 따르므로 체념하게 되어, 비로소 우리는 포기란 걸 알고 받아들이므로 마음은 편안해집니다. 이처럼 편안함은 포기할 때 나타는 것인데, 삶에서 포기란 바로 죽음과 같다 생각하여 포기를 못 하나 봅니다. 그러나 몸이 아닌 욕망 등의 생각하는 마음만 포기한다면 목숨은 그대로 있으니 괜찮지 않겠습니까? 그래서 생각하는 마음을 포기하는 것이 목표이고, 끝없는 인간욕망의 포기가 구도의 길입니다.
　우리가 가고자 하는 영적세계로의 목표는, 모든 것의 근원으로 지고자가 거하는 곳인 '실재' 하나뿐입니다. 그것은 항상 어디에나 있지만 나라고 생각하는 이 몸과 마음 세상이 그것을 가로막고 있는 장막이어서, 에고-나는 그것을 생각조차 할 수도 없고 찾을 수도 없습니다. 그래서 그것을 가리는 이 몸의 나와 세상을 포기하는 길을 찾는 것인데, 에고는 몸과 마음이 나라고 생각하는 마음이라, 포기는 생각과 마음을 버리면 되는 것입니다. 생각은 마음의 움직임이므로 마음이 없으면 생각은 없습니다. 그래서 바른 자세와 삼킴의 미소로 얼굴의 오 감관에 주의 집중하는 호흡내면주시로 나라는 생각의 에고인 마음을 본래 나왔던 곳인 내면에 가슴심장으로 되돌리는 것입니다. 그럼 마음소멸로 두뇌활동이 멈추고 생각은 사라져 내면이 고요해지면, 직각으로 이면에 자각의 침묵이 실재로서 드러나므로, 나는 본래대로 '참나'로서 근원인 하나님과 하나 되어 영생(永生)합니다.

학자들이 이론 및 증명으로 추구하는 종교학 인류학 우주물리학과 미시세계를 연구하는 양자역학 등이 나의 정체, 즉 나의 근원을 찾아가는 '나는 무엇인가? 나는 누구인가?'를 탐구하는데 실질적인 도움도 많이 줍니다. 그런데 나의 본래정체(正體)인 근원이 인간인 이 몸과 마음에 의한 사고, 생각 등으로 장막같이 가려져 있는데, 그런 몸과 마음을 통해 다시 나의 근원을 찾는다는 것은 참으로 아이러니한 일입니다. 이런 몸과 마음 세상 모든 것의 본래시작은 근원 빛의 투영이라, 빛의 의식인 마음을 통해 에고의 고향인 근원을 역으로 추적해 들어가면 근원으로 돌아갈 수 있다는 게 지성의 생각입니다. 그래서 이 몸은 근원을 찾아가는 중요한 입구라서 몸의 수련(바른 자세)이 필요하며, 마음의 정체를 알기 위한 지성의 진리탐구(내적주시)도 같이 필요합니다. 우리가 해를 보려면 해를 향해 돌아서면 되듯이, 진정한 '나'를 보려면 나의 마음이 세상이 아닌 내면의 '나'를 향하여 뒤돌아서면 되는 겁니다. 비록 몸은 전면을 향해 있지만, 마음이 전면의 세계로부터 돌아서서 본래 나온 곳인 이 몸의 안과 뒤인 이면을 느끼고 보면 자각이 됩니다. 그러려면 밖을 향한 오 감각기관들의 기능을 상단전 안으로 집중시켜야 합니다. 그래서 몸으로 할 수 있는 바른 자세와, 마음으로 할 수 있는 삼킴 미소로 내적 주시하여, 두뇌기능인 생각을 본래 나온 내면가슴심장으로 향하게 하는 것입니다. 그럼 생각하는 마음은 심장 빛인 침묵의 실재에 흡수 소멸되어, 본래대로 자각의 순수의식인 실재로서 '나'가 드러나 침묵의 평온인 행복의 미소가 이 몸에 자연스레 떠오릅니다.

만일 이 몸에 의식이 없다면 나는 목숨 없는 한 사물에 불과한데, 이 몸이 실재의 빛을 받아 생명으로 의식 활동을 하게 되면 비로소 나는 목숨 있는 생명체가 됩니다. 이런 생명체의식은 반사광인 에고마음으로 '나라는 생각'에서 시작됩니다. 본래 실재의 빛인 '참나'는 단지 순수의식으로서 생명이고 '있음'의 진리인데, 이 의식의 빛은 원광인 순수자각의식으로 내재된 원습에 반사되면 최초의 '나라는 생각'이 나오고, 그 생각이 에고마음으로 투사되면 몸을 나로 인식합니다. 그래서 나의 탄생이란 모태로부터 몸의 탄생이 아니고, 매일같이 몸이 깨어날 때 반사광으로 '나라는 생각'의식인 에고마음의 탄생입니다. 이런 에고-나가 생각의식인 인식으로 세상을 향하여 현상계의 대상들을 취하면 비로소 인간으로서 일상의 삶이 펼쳐집니다.

그런데 이 에고마음이 뒤돌아서 본래 나온 곳인 몸의 내면을 향하면, 인식의 생각 대신 자각을 하므로 바로 본래를 회복하여 지고자인 근원의 실재 빛으로 드러납니다. 비록 몸으로 사는 에고–나지만 인식하는 마음인 '몸 의식'이 소멸되면 가려진 본래 빛이 바로 회복되는데, 본래실재인 빛은 스스로를 자각하는 주시자로서 자각의 빛을 비추어 모든 것을 본래존재로서 존재께 주관합니다. 그래서 이 몸이나 세상 모든 것은 그의 빛으로 순간에만 존재를 드러내는 것이라, 모두가 생각 없는 지금 이 순간은 단일한 같은 실재의 빛입니다. 이 '주시자'는 본성이 자각이라 '단안(single eye)'이며 '심안'으로, 우리 마음의 진정한 눈인 청정심의 내적정신을 비춥니다. 그래서 우리가 마음의 눈을 뜨게 되면 심안을 가지며, 심안은 단안이고, 단안은 인식 아닌 자각 자체라 본래 그대로 주시자로 드러나는 실재입니다. 이렇게 몸이 나란 생각의 마음(에고의식)을 포기하면 가려진 본래의 스스로 빛나는 근원 빛인 자각의식이 침묵으로 드러나, 이 몸과 세상도 모두 본래실재로 드러나 밝아지는 것입니다. 그래서 우리 누구나 세상을 대상물질로 인식(생각의식)하면 각자 인생의 현상계가 등장하고, '나'를 자아인식(자각)하면 본래대로 단 하나의 원광인 실재의 빛으로 일자뿐인 세상이 드러납니다.

14

이 마음이 내가 아니라면,
그럼 무엇인가?

         모든 존재는 근원의 실재인 스스로 빛나는 원광을 받아 형상을 나타내고, 자신의 특징으로 오감(색성향미촉)의 빛을 내어 자신을 창조주체로서 스스로를 과시하기도 하지만, 그 오감을 받아들이면서 자신의 오감을 내는 다른 주체에 의해서는 반대로 대상인 객체가 되기도 하는데, 이같이 현상계에 존재하는 모든 인간과 사물은 주체와 대상으로 동시에 존재하여 서로 간에 주객관계를 이루어, 생물이든 무생물이든 각각 저마다의 모습과 이름인 명색(名色)으로 자신의 존재를 나타나게 됩니다. 그래서 생각하는 마음과 몸이 나라고 인식하는 에고로서 주체인 나는, 몸의 오 감각기관을 통해 세상대상물들의 오감을 받아들여 지각하고 두뇌로 인식하여 그것들에 대한 분석과 판단의 지성적인 생각을 이루게 되어, 나로 인한 현상세계와의 주객관계가 이 몸 앞에 펼쳐지게 되는데, 이 관계는 몸으로 행위하며 세상을 살아가는 주체인 나−에고에게는 절대 필요조건들입니다.

  이처럼 인간으로서 나−에고는 주체적인 삶을 살지만 동시에 반대로 세상의 대상이 되기도 하는데, 우리는 대상이 된다는 것을 망각하고 홀로 주체로서만 살려고 하는 아집(아만, 我慢)때문에 문제가 발생하여, 상대인 주체들을 대상으로만 여기므로 인식하고 소유코자 할 뿐 배려하는 마음이 없다는 것입니다. 나 이외의 모든 사람들과 사물들도 똑같은 주체라는 것을 우리는 꼭 명심해야 합니다. 나만 주체가 아니고 모든 것이 똑같은 주체이며, 단일성인 실재로서는 본래 하나라서 모두가 '나'입니다.

현상계에 존재하는 대상들과 현상들에 대해서 생각하는 에고-나는, 주체로서만 판단하여 항상 존재의 유무나 옳고 그름의 시비 등을 가리므로 우리가 사용하는 각기의 단어 앞에 접두사로 무(無), 부(不), 비(非), 불(不) 등의 반대적이고 부정적인 뜻을 가진 언어들을 사용하게 됩니다. 또한, 있다 없다, 이다 아니다, 하다 못하다, 많다 적다, 대소, 장단, 고저 등의 이런 서로 반대적인 용어들의 표현으로, 세상에 대한 우리 마음은 이분법적 양가감정들로 대상들을 구분별 하여 판단하므로 집착과 탐욕으로 갈등을 일으키고 행위로 이끌어, 이루지 못함에는 우리에게 고통이 따르게 됩니다. 이런 고통의 원인은 우리가 보이는 대상인 사물들을 있는 그대로 보지 못하고 마음의 생각을 일으켜 나와 분별하여 판단하므로, 모든 대상물들이 주체로서 나와 같음을 모르고 단지 소유대상으로 보므로 욕구욕망과 집착 배척 등의 갈등으로, 몸의 감정이 행위로 연결되기 때문입니다.

그래서 생각 없이 있는 그대로를 보지 못하는 이런 나의 마음을 없애고 싶지만, 세상 살아가는데 필수불가결한 것으로 생각하므로, 버린다는 게 그리 어려운가 봅니다. 이처럼 마음은 피하거나 버린다거나 파괴한다든가 할 수 있는 대상은 아니라서, 할 수 없이 편안치 못한 이 마음을 본래 마음이 생긴 곳인 가슴심장으로 되돌려 보내야 하는데, 방법은 이 마음을 주의 집중하여 지켜보는 '주시'입니다. 이것은 마음이 마음을 바라보는 것이라, 지금까지 수억 겁 동안 외부 세상을 향해 인식만 하던 마음이 거꾸로 돌아서서 내면근원인 본래의 '나'를 향한 내적주시로 돌아서려면, 어쩔 수 없이 많은 시간과 노력이 필요합니다. 그래서 이 몸과 대상물에 대한 인식이 사라지고 내면의 나와 세상 모든 것에서 거침없이 자각주시가 이루어져 자연스레 고착되기까지는, 삼킴의 미소로 세상 향한 마음을 내면으로 되돌려 끊임없이 심장중심점을 주시하도록 노력해야 합니다.

내 마음이 시작되는 근원은 내면가슴심장에 스스로 빛나는 원광으로, 몸이 깨어나면 원광은 비춤의 자체산란으로 생겨 내재된 원습에 반사되면서 최초의 '나라는 생각'의 에고–자아의식으로 일어나는데, 이것은 내면에 머무는 청정심인 마음이라 오염되지 않아 고유품성대로 인식 아닌 자각만을 합니다. 이 마음이 활동하는 곳인 두뇌에 의식의 빛을 비치면, 두뇌가 활성화되면서 잠재된 상습이 생각으로 활성화되어, 청정심의 내적정신인 자각(자아인식)으로 먼저 몸을 나라고 인식하여 세상에 업을 투사하여, 나타난 현상계는 형상과 함께 오감을 내므로 나는 이 몸의 오관으로 오감을 받아들여 외적정신인 지성의 두뇌활동으로 대상 인식하면, 이 몸의 행위로 인과의 업보가 나타납니다.

이런 과정은 우리 몸에서 감각기관들이 집중된 얼굴을 통한 세상과의 교류로 일어나므로, 얼굴의 오관에 마음을 주의 집중하여 세상을 향하는 업의 생각들과 감관기능들이 각기 감관 안을 통해 다시 회수되도록, 바른 자세와 삼킴의 미소로 주시하여 생각하는 마음을 흡인하고 본래 나온 곳인 가슴심장으로 되돌리려는 것입니다. 그럼 마음의 식의 빛은 내면가슴에 근원 빛에 흡수합일 소멸되므로 두뇌활동은 멈추고 생각이 없어져 대상을 보아도 볼뿐이라, 나의 내면과 세상은 같이 고요해집니다. 고요해진 내면을 주시하면 본래대로 내면은 아무것도 없는 하나인 단일성의 허공이라, 무한한 입체가 아닌 무한의 단면이 끝 모를 심연 같이 느껴지는데, 그 심연은 밝음도 어둠도 아닌 의식의 빛으로 가득한 충만감을 느끼게 합니다. 그런데 그 느낌은 원광인 나를 느끼는 것이라 바로 자각이 되므로, 그 자각으로 본래부터 있는 침묵의 자각이 바로 드러나게 됩니다. 점이나 단면인데도 또한 빛인데도, 무한함 가득함 충만함 등이 느껴진다는 이율배반적인 표현 외에는 달리 방법이 없습니다. 그래서 직접 내면가슴으로 들어가 느껴보는 길밖에 없습니다.

그럼 자각으로 내면경계조차 사라져 내면후면은 이면 하나로 드러나고, 그럼 자각의 침묵인 근원의 실재가 드러나는데 그게 바로 주시자인 본래의 '나'입니다. 이 나는 근원이 스스로 빛나는 빛으로 드러남이라 절대적 지고함이고, 그 빛이 세상에 드러냄은 주시자인 '나'의 비춤이라 비춤의 순간은 세상도 있는 그대로 실재로서 드러나므로, 내가 대상에 대한 인식의 생각만 없으면 세상 모든 것은 있는 그대로가 본래대로 실재입니다.

우리 얼굴의 감관들에 주의 집중하여 삼킴의 미소로 흡인하면 호흡 내면주시가 되어 마음의 눈을 뜨게 되고, 그럼 이면에 단안이며 심안인 주시자의식을 회복하여 자각으로 본래침묵을 드러내게 됩니다. 이런 본래실재가 드러나 생각 없는 고요 속에 허공 같은 침묵이 계속되는 외적상태를 말없이 지속되는 웅변이라고도 하는데, 침묵 자체는 근원의 표출인 스스로 빛나는 빛인 원광이 '내가 있음(I AM THAT I AM)'인 자각의 빛으로 드러난 것입니다. 호흡내면주시로 생각 없는 고요한 침묵을 지키십시오. 이것이 바로 진정한 '나'의 드러냄인 실재입니다. 본래의 '나'는 주시자로서 단안이라 에고의 인식이 아닌 단지 실재로서 자각만을 하는데, 자각은 의식의 시작인 원점이라 시공은 없고 침묵만 있습니다. 이 자각의 침묵인 이면에 무한한 허공의 단면을 깨달으면, 그 단면성은 본래의 무한의 점이 되고 그 점마저 열려 사라지면 본래대로 원광인 빛으로 가득 찬 자각하는 '있음'만이 실재하는데, 그게 항상 충만으로 빛나는 진정한 '나'입니다. 사실 지금까지 이 모든 표현들은(빛, 단안, 단면, 점, 주시자) 실재에서 벗어난 느끼고 생각하는 에고의 표현으로, 본래의 실재에는 아무것도 없고 고요한 자각의 침묵만이 있습니다. 내 안에 있는 이 원초적 고독을 직접 체험해보십시오.

이 몸의 인생이나 세상에 대한 앎과 행위는, 마음과 두뇌의 인식과 생각에 의한 것이라 지금에는 머물 수 없어 현존이란 있을 수 없는데, 인식과 지각에 의한 분석과 판단 등의 생각과정은 현재에서 이루어지지만, 그 내용들은 과거와 미래를 오가는 생각들에 의해 이루어지기 때문에 지금이란 있을 수 없는 것입니다. 그런데 지금에 대한 앎은 생각이나 바탕이 필요 없는 스스로의 앎이라 자각이라고 하며, 이 앎이 바로 순수의식입니다. 그래서 현존하는 '나'는 지금만의 존재이지 생각 속 과거미래의 존재는 아니고 바탕이 없어 그렇게 존재할 수도 없습니다. 지금의 존재는 생각이 필요 없이 단지 의식의 빛으로 존재할 뿐이고, 그것은 바로 자각이라 나는 지금 이 순간에 생각하는 마음 없이도 자각의 빛인 순수의식으로 순간의 영속 속에 존재하는 것입니다. 그래서 생각 없는 존재나 의식은, 자각에 의한 본래적이고 원초적이라 순수한 것으로, 자각의식만 있을 때는 모든 것 안에서 나와 같음인 동질성을 볼 것이며, 그것이 자각의 불성성령 빛으로 단일한 하나의 '나'임을 아는 '평등성지'입니다.

내 안에 자각으로 전면세상을 나와 같음을 아는 것이 유상삼매이고, 이면에 참나가 자각되어 세상이 보이지 않는 것은 무상삼매, 전면세상과 이면 '나'를 동시에 자각하여 모든 게 본래대로 하나로 자각되는 게 본연삼매입니다. 그것이 바로 '천상천하 유아독존'으로, 세상(신, 우주, 개아) 모든 것이 단 하나인 '나'만으로 홀로 오롯이 존재합니다. 그 자각은 스스로 빛나는 빛이라서, 삼매란 스스로 빛나는 자각의 빛에 잠겨 있는 침묵입니다.

인간의 '몸 의식'이란 반사광인 에고에 의해 탄생한 나의 외향적 마음이고, 그런 몸 생각은 에너지를 가져 형상을 이루는데, 형상은 물질을 이루고 에고-나의 대상이 되어 우리를 욕망의 죄악에 빠트리므로, 인간의 몸 의식인 대상에 대한 생각하는 마음이 에고-나의 죄의 시작입니다. 그래서 에고생각을 없애는 길은, 몸과 마음이 나라는 생각을 포기하면 생각하는 에고소멸로 나의 죄도 없습니다. 본래는 에고도 죄도 없는데, 이 몸으로 시작된 것이라 어렵지만 몸과 마음이 나라는 생각을 포기하십시오. 그게 이 몸의 나를 구하는 길이며 그런 구원은 밖이 아닌 바로 내 안에 있으며, 이면에 침묵의 본래 '나'가 자각의 실재로서 이 세상과 함께 드러나는 것이, 우리가 그토록 찾는 구원입니다.

깨어난 자는 직접지각의 자각으로 실재만을 보므로 모든 것을 나로 보게 되어, 모든 것에서 '깨어있음'만을 보므로 지금 이 순간 깨어날 것은 아예 없습니다. 그래서 모든 게 주체나 대상 없이 단지 하나만의 본래자각으로 절대적 실재입니다. 이런 깨달음의 직각은 개인성인 에고마음의 상실로부터 오는데, 그것은 내면으로 안내자인 지성의 최종적 상실을 의미하므로 생각은 이미 세상을 떠나있습니다. 이것이 인식대상의 상실이라 주체도 없고, 그럼 욕망도 상실이라 바로 무욕입니다. 그래서 무욕은 바로 에고인 나를 포기해야만 이루어지며, 이런 깨달음에는 나를 깨끗이 하려는 노력은 자동으로 이루어지고, 모든 불순함과 행위에 의한 업과 업보가 자연히 씻겨나갑니다. 또한, 너란 없기 때문에 개인성조차 없고 자각으로 단 '나'만이 홀로 있어, 주시자인 '나'의 자각으로 세상도 실재로서 드러납니다.

인간의 욕망은 마음에서 오며 그 마음은 습의 발현 업에 의한 것이라, 욕망이 충족될수록 인과에 따른 업을 쌓아 상습은 깊어지고, 더욱 더 충족되길 원하여 그 끝이 없습니다. 그래서 욕망의 극복은 깨달음으로 자각의 실재가 드러나기 전까지는, 에고마음이지만 지성의 굳은 의지로 자제하는 길밖에 없습니다. 욕망은 우리가 업으로 투사한 과거의 잔재인 세상대상물을 내가 보고 스스로 탐하는 것이라서, 세상이란 나의 투사물이고 나의 본질이 결코 생각하는 마음이 아닌 자각이라는 것을 청문으로 먼저 안다면, 청정심인 내적정신을 탐구 성찰하여 외적정신인 지성을 단계적으로 발달시킴으로 극복할 수 있습니다. 그것보다 직접적인 방법은 바른 자세 안에 삼킴과 미소의 주시로 지속적 흡인하여 마음이 뒤돌아서 내면으로 들어가 이면에 침묵하는 '나'를 자각함으로 마음을 직접 소멸하는 길입니다. 나의 본질은 전도망상의 에고-나인 이 마음과 몸은 결코 아니고, 항상 자각의 침묵으로 존재하는 실재 '나'입니다. 에고마음과 이 몸이 '나라는 생각'을 포기하면 세상에 대한 소유, 욕망, 집착 등이 사라져 자연 무욕이 따르고, 그럼 마음은 작용할 게 없어 내면에 머물다 실체가 없어 자연스레 본래근원인 가슴심장으로 사라지므로, 가려졌던 실재의 '나'가 본래대로 드러납니다.

15

나의 본래면목은
자체발광 원광으로 자각의식이다

'자각'은 근원의 자체발광인 스스로 빛나는 영(靈) 의식으로, 스스로를 주시하여 아는 순수의식입니다. '영'이란 스스로 빛나는 근원의 실재인 원광으로 불성성령인 자각의식이며, 침묵으로 존재를 드러내는 본래 '나'입니다. 그래서 나의 본 모습은 몸이 아니라서 형상 없는 무상이고, 대상을 인식하고 생각함이 없는 자각의식인 무념이라서, 형상과 생각 없는 마음은 본래 없는 무심이므로 에고의 관점에서는 이렇게 몸과 마음 없는 나는 결국 무아인데, 비록 에고의 몸이지만 무아깨달음은 대상 인식의 생각을 떠나 내적주시로 영적 '나'를 자각하는 길입니다. 이처럼 실재로서 본래의 원초적 '나'라는 존재는 형상과 마음 없는 '무아'라서 초월적이고, 단지 본래대로 침묵의 자각으로 존재하는 근원의 자체발광 원광인 영적 의식입니다. 자각, 영, 원광, 실재, 무아, 순수의식, 침묵이 나의 본래면목이며, 본래 '나'의 다른 표현들입니다.

우리가 세상의 대상과 존재를 아는 것은, 몸에 감각기관의 지각과 마음에 두뇌인식의 사고과정을 거친 생각을 통해서입니다. 그래서 내 몸을 바라보며 나라고 생각하는 것은 이 몸을 외적대상으로서 지각함으로, 생각을 통해 나의 몸이라는 것을 인식으로 아는 것입니다. 그런데 실재의 '참나'는 순수자각의식이라서, 에고-나의 인식으로 알게 되는 이 몸과 마음은 대상일 뿐이고 자각하는 본래의 '나'는 결코 될 수 없고 '나'의 반사광이라 단지 일부라는 것입니다. 진정한 '참나'는 외적 감각기관을 통하지 않고 내적주시로 마음이 뒤돌아서 내면가슴심장에 스스로 빛나는 원광인 본래의 '나'를 느낌으로 자아인식 하는 것이라, 주객관계 없이 직접지각에 의한 앎(Self awareness)이므로 자각이 됩니다. 직접지각은 실제로 몸을 자각하는 것이 아니고 몸으로 가려진 내면에 실재의 '나'를 의식하는 것인데, 처음에는 에고-나인 몸을 통해 내면으로 들어가므로 인식으로 시작되지만, 내면에 '나'를 느끼고 보게 되면 직각이 되고, 그럼 몸 의식이 사라져 가려진 본래침묵이 드러나는데, 이것이 있는 그대로 본래실재로서 자각의 빛인 '참나'로, 우리에게는 인식되지 않는 근원이 자체발광의 원광으로 드러남입니다.

우리 눈에 보이는 것 등 감각기관을 통해 인식되는 것은 어느 것도 실재하지 않고 순간에만 존재하는 것들이며, 단지 이면에 주시자인 '나'의 자각만이 실재진리라는 것을 알아야 합니다. 나의 감각기관과 두뇌의 인식을 통하지 않고, 내적주시의 직감으로 직각의 자각의식이 실재입니다. 그래서 감각기관을 통해 세상을 대상-인식하는 몸과 마음은 실재의 '나'가 아니고 단지 세상일부로서 에고-나입니다. 그런데 실지로 우리가 몸으로 세상을 살 때 정작 필요한 것은, 자각 대신 지성적인 대상 인식입니다. 그러나 나의 내적주시의 자각으로 실재의 '나'가 드러나면, 평소의 대상 인식은 자연 사라지므로 세상도 본래대로 실재라서 분별할 게 없이 모두 하나입니다. 그럼 대상 인식에 의한 욕구, 욕망, 탐욕 등은 없어 고통, 불행도 없이 그냥 평온합니다. 실지로 이 몸이 세상을 사는 데는 에고-나의 뜻대로 되는 것은 절대 아니고, 본래 '나'인 이면주시자가 자각으로 주시 주관합니다.

'영적자각'은 나라는 생각의 에고와 현상계를 초월해 있는 침묵이라 본래대로는 표현불가입니다. 진정한 실재의 '나'는 지금까지 어떤 진보 진화의 변화 없이, 침묵의 자각으로 있는 그대로의 원초적 '나'입니다. 그래서 지금까지 문화문명의 발전이 오늘의 세상을 있게 만들었다는 교육은 자각하는 실재의 '나'에게는 단지 지나가는 생각에 불과한 환상입니다. 그때 상황에 따라 수시로 변하는 이런 다양성의 시공을 떠나, 내가 존재하고 있는 지금 이 순간에 있는 그대로를 생각함 없이 단지 주시만 하십시오. 모든 존재는 순간에만 존재하므로, 생각 없는 상태의 지속은 본래상태인 자각으로 깨어있는 순간들의 영속입니다. 모든 사람들의 내면에 있는 본래의 '나'란 존재에게는, 너란 본래 없고 단지 나만이 존재한다는 것을 누구나 다 아는 사실인데, 그게 바로 자각하는 실재의 '나'입니다. 그런데 그 '참나'를 나라는 생각의 에고마음이 가리면서 망각한 채, 오히려 가로막고 있는 이 몸과 마음의 에고-나는 자신이 '참나'라고 착각합니다.

일상이 시작되는 생시에 몸이 깨어나고 마음이 작동되면 에고-나로 인해 너라는 대상이 떠오르며 세상이 나타나, 나의 마음은 세상 모든 것들에 대한 대상 인식을 하게 됩니다. 이렇게 에고-나는 실재인 스스로를 잊어버리고 몸과 마음이 나라는 착각으로 나타나는 세계를 상대로 인식하여 소유코자 하므로, 각자의 인생을 한 편의 드라마로 만들게 되는 것입니다. 그래서 우리가 하는 탐구의 과정은, 에고인 가짜

'나'로 장막처럼 가려져 잊어버린 실재인 본래 '나'를 드러내기 위해서 인데, 에고지성의 호흡주시로 마음을 흡인하여 이 몸 안인 내면으로 들어감으로 시작됩니다. 그럼 마음은 본래 빛인 원광에 흡수합일되므로, 가려진 본래 영인 '내가 있다'는 자각의 빛이 영원한 실재의 '나'로 드러나는데, 드러난 본래면목의 '나'가 고착되어 계속되면 나는 본래대로 영생으로 영원합니다. 이것이 근원인 하나님을 자각하는 원광인 성령 빛 안에 침묵의 축복입니다.

'영(靈)'이란 근원의 실재인 성령 불성의 스스로 빛나는 빛으로, 스스로를 자각하는 순수의식입니다. '혼(魂)'은 몸에 의한 외적정신인 마음인데 영의 빛에 의한 원습의 반사광입니다. 이 영을 가진 혼이 개아인 '영혼(靈魂)'으로, 지금 이 순간 목숨으로 살아 숨 쉬는 에고-나인데, 육신의 죽음으로 본래의 영이 몸을 떠나면 남아있는 마음의 혼이 습으로 윤회합니다. 그러다 혼이 다시 육신을 취하면 영의 빛이 깃들어 영혼(靈魂) 가진 인간으로 새로운 삶이 시작되고, 그래서 생전에 인과를 일으켰던 마음의 생각들이 몸의 업으로 다시 나타나 행위를 되풀이하므로 업보를 받습니다. 영은 항상 본래대로 '있음'의 빛으로 실재이고, 단지 물질적인 마음인 혼만이 영의 실재 안에서 원습과 상습으로 떠돌며 윤회합니다. 영, 혼, 영혼을 혼동하지 마십시오.

16

텅 빈 충만, 항상 충만

우리가 일상에서 사용하는 무(無)는 없음을 의미하는 단어인데, 현재 살고 있는 공간과 시간 안의 물질적 존재로서 에고 마음의 사고개념은 이전에 있었는데 지금은 없다는 뜻으로 '비어 있음'의 상태를 말합니다. 이렇게 시공 안에 존재의 유무를 따지는 것은 이 몸 에고-나의 마음생각에 의한 것입니다.

그러나 세상에 본래부터 없었던 것은 과거는 물론 현재와 미래에도 없을 것이므로 우리로서는 개념 밖이라 생각조차 할 수도 없어서, 태초부터 없던 것은 시공 있는 세상에서는 존재의 유무를 따질 수 없다는 것입니다. 하지만 이렇게 우리가 표현하거나 생각조차 할 수도 없는 '본래 없음'이 우리의 언어적 표현으로는 바로 '공'인데, 그것이 스스로 빛을 내어 그 빛으로 세상에 진리의 생명을 주는 모든 것의 근원이며 그 원광 빛은 자각의식으로 빛나는 침묵인데, 그 침묵이 현상계에 드러나면 현상계의 바탕이 되는 '비어 있음'의 허공이 됩니다. 그 허공은 공의 품성인 무와 같이 비어 있어, 이 몸과 세상인 현상계가 입체적 바탕인 허공 안에서 영상처럼 흘러 지나갑니다. 그런 허공인 바탕이 바로 실재로서 본래의 '나'이며, 스스로 자각하는 침묵입니다. 그래서 우리 사는 시공 있는 세상에서는 '무'의 없음은 비어 있음으로 허공

같은 것이고, '공'은 본래 없음으로 허공의 본질을 의미합니다. 그럼 세상의 바탕으로 허공은 '무'의 없음인 비어 있음이고 '공'의 본래 없음은 원광의 자각인 '있음'으로 시공 있는 세상에서는 같은 '있음'이라 세상의 시공시작점인 '원점'이므로, 공, 무, 허공은 모두 하나인 창조개념입니다. 이처럼 우리 사는 허공 안에 존재하는 현상계의 모든 것은 근원실재의 같은 생명 빛인 '있음'의 자각의식으로, 여기 지금 이 순간에만 존재합니다.

우리가 생각조차 할 수 없는 본래 없음(무)인 공이 스스로 빛나는 빛을 발하므로, 그 빛이 비치도록 스스로를 밀어내며 비어 있음(무)의 허공을 만들고 계속 확장되면, 그 허공 안에는 시작인 원점과 끝인 현상계가 있어 시공(時空)이 만들어진다는 것입니다. 그런데 우리 마음이 없다면 생각도 없어 본래원점에 머물러 시공을 벗어나므로 본래대로 '공' 상태라 창조 없는 고요한 상태이고, 그럼 지금 이 순간은 본래자각으로 모든 게 하나뿐인 원초적 있는 그대로 있음의 '공'입니다. 그래서 창조란 본래 없고, 세상은 본래대로 여기 지금 이 순간에 근원의 실재인 스스로 빛나는 빛의 현존만이 자각의 침묵으로 존재합니다.

무 = 비어 있음 = 있음 = 자각
‖
공 = 본래 없음 = 무 = 비어 있음 = 있음 = 자각

불교의 경전이나 간화선에서 화두로 많이 언급되는 '무'란, 그 말을

생각하거나, 내심염송을 해보면 '없다'는 일상의 의미를 떠나 무언지 모를 막연한 심정이 되게 만드는데, 바로 무언지 모른다는 것과 막연한 심정이란 바로 생각이 없다는 것과 같은 것이 아닐까요? 무언지 모르겠다는 것이 바로 심정인 마음이고 그런 우리 마음이란 찾을 수 없는 대상인데, 무를 인식하려는 순간에 없는 것 자체라 마음도 순간적으로 사라지고 없습니다. 그것이 허공같이 비어 있어 생각 없는 마음으로 무심인 공입니다. 본래 있었는데 현재 없음은 있던 자리가 지금은 비어 있다는 것과 같은 뜻이겠지요. 그래서 움직이지 않고 머무는 마음은 결국 마음으로서 존재가 없다는 것인데, 그럼 비어 있는 것과 같아 이때는 없음이 아닌 허공과 같이 '비어 있음'을 의미합니다. 그래서 마음이란 세상을 향하면 있다 없다는 물질성(혼)도 있고, 내면에 머무르면 허공같이 비어 있는 무와 같은 영적(영)인 면을 동시에 가지고 있다는 것입니다. 마음이란 것은 본래는 없던 것이라 공−무이고, 실재의 빛이 몸에 의한 습의 활성화로 반사되면서 최초의 나라는 생각으로 일시적으로 나타난 반사광입니다. 그런 마음이 있다는 걸 알 수 있는 것은, 나의 마음이 움직일 때 내가 하는 생각들이 이차적으로 나타나는 것들인데, 그 생각들의 덩어리가 마음이란 것의 존재를 알게 합니다. 그래서 생각하는 마음이란 대상을 인식하는 물질적 심적 현상으로, 반사광이라 지나가면 사라지는 일시적인 순간의 빛입니다. 그런데 영적 '무'는 우리 개념이나 생각을 떠나서 본래적인 공의 원광인 상태라서, 근본의 원초적인 자각의 침묵인 '나'입니다. 공과 무는 이런 인식의 생각으로 언급하기에는 어불성설인 에고적인 표현이고, 마음이 내면으로 직접 들어가 체험하는 길 밖에 없습니다.

본래 없음이나 비어 있음이란 세상이 존재하기 이전의 원초적이고 본래적인 상태인데, 원초적 있음의 변함없는 본래상태인 근원(공)이 '본래 없음'이고, 스스로 빛나 그 빛을 비추고자 스스로를 밀어내면서 최초의 '무'인 '비어 있음'의 진공을 드러내게 됩니다. 이 진공 안에 스스로 빛나는 근원의 빛으로부터 모든 것이 순간 나타나는데, 그 빛이 빛나 비출 수 있도록 스스로를 밀어내 확장되면 허공이 만들어지고, 허공 안에는 생명 빛으로 원소들이 규합하여 물질을 만들어 현상계인 세상이 등장하면, 무한한 허공은 이것들을 포용하는 바탕인 공간으로 작용하게 됩니다.

이런 과정은 의식의 빛에 의한 것이라 모든 것은 순간적으로 드러나는데 그 순간순간이 이어져 계속될 뿐이며, 그 순간은 창조나 진화에 의한 것은 아니고 단지 실재의 빛인 원광에 의한 지금입니다. 그런데 그 순간은 자각의 원광이라 반사광인 에고로서는 전혀 알 수 없고, 업의 표출인 기억과 인식의 생각하는 에고마음으로 세상이 창조되고 진화된 것이라 생각합니다. 사실 지금의 순간만이 존재하는 것이지, 창조 진화 역사란 지금에는 존재하지 않고 생각하는 마음 안에만 있는 환상적인 것입니다. 우리마음인 에고의식으로는 단지 사물이 있고 없음만을 인식과 생각으로 구별하므로 실재의 공을 자각할 수 없고, 단지 대상 없는 상태만을 무라고 생각하는 것입니다. 중세에 지동설로 핍박받던 갈릴레오가 그래도 지구는 돌고 있다고 했듯이, 우리가 몰라 아무리 부정해도 이 몸의 나가 아닌 본래의 '나'는 침묵의 바탕으로 실재자각으로 항상 빛나고 있습니다.

원초적 '있음'이란 근원의 스스로 빛나는 빛으로 자각하는 원광의 실재인데, 그 빛의 비춤으로 무한한 빛의 충만이 항상 가득 찬 침묵의 상태입니다. 이것이 바로 공의 드러남인 원초적 무(진공)입니다. 이 빛은 밝고 어둠이 아닌 단지 비춤으로써 모든 것을 나타내는 자각의식으로, 바로 본래의 '나'인 실재입니다. 본래의 공(空)은 근원으로 지고함과 절대적인 것인데, 존재 비존재 등의 표현으로는 불가하고, 두루 존재하며 고착되어 있으므로 모든 게 공이라 하는데, 언어표현 자체는 어불성설입니다. 진공인 실재의 빛이 나-비춤으로 세상이 나타나면서 우주인 현상계와 인간들이 생각하는 신과 빛의 영혼인 자아의식을 가진 개아인 이 몸이 모두 순간적으로 나타나는데, 나타난 그 순간만 찰나에 존재하는 것입니다. 그런데 그 순간이 계속되어 마치 세상과 내가 있다는 생각은 이 몸과 마음의 18계에 의한 두뇌인식과 생각에 의한 사고(思考)작용에 기억장치가 더해진 연속작용인데, 순간의 한 장면을 수십 장의 영화필름으로 연결한 영화장면이 잔상에 의한 눈의 착각을 이용한 것이듯이, 세상은 단지 에고인 이 몸의 생각과 잔류인 상의 기억에 의한 착각입니다. 다음 순간에 나타나는 몸은 이전의 몸의 나가 계속되는 것이 아니고, 지금이란 순간순간에 새로운 빛에 의한 새로운 몸이 각 찰나에만 존재한다는 것을 아는 것도 바로 깨달음입니다. 이렇게 형상 있는 세상 모든 것은 지속되는 것이 아닌 순간의 생멸이지만, 존재하는 지금의 순간은 있고 없음이 아니라서 본래의 원초적 있는 그대로의 불생불멸입니다. 그래서 지금 이 순간에 나를 존재께 하는 주시자각만이, 영적인 '참나'를 본래대로 드러나 지속되게 합니다.

이 몸은 개아로서 에고지만 내면주시로 실재인 나-비춤을 본래대로 드러내면 있는 그대로의 실재상태가 나의 이면에 드러나는데, 허공 같은 고요한 침묵이 '텅 빈 충만'이고, 스스로 빛나는 빛으로 가득 차 마음은 시공을 떠나 자각의식으로 무한하고 영원한 게 '항상 충만'입니다. '충만'의 느낌은 침묵의 빛에 의한 실재자각인데, 이 몸 안뿐만 아니라 세상과 모든 것의 이면과 저변에서도 본래대로 '참나'인 자각의 빛으로 같이 드러납니다.

이 몸의 주의 집중으로 직관하여 내적주시가 되면 직감으로 주시되는 직접지각인 자각을 체험하게 되는데, 이 체험은 오관이나 의식계가 작용하는 게 아니라서 두뇌작용은 멈추므로 생각이 없어지며 내면은 고요상태가 됩니다. 그 고요 안에 드러나는 자각의 침묵인 빛이 스스로 빛나 가득 참을 느끼는데, 그게 고요 속의 '텅 빈 충만'입니다. 그 충만이 계속되어 마음이 절멸되면 모든 게 본래의 빛으로만 빛날 때 드러난 본래실재는 영원하여, 그럼 '항상 충만'의 자각으로 실재의 '나'가 드러나 평안의 지복이 세상 모든 것에도 본래대로 드러나 무한 영원합니다. 이런 충만함이 바로 자각으로 스스로 빛을 내 자신의 존재를 드러내는 순수의식인 진지이며 침묵의 삼매여서, 에고인 이 몸을 통해서 드러날 때는 최고의 기도로서 축복이고 순복이며, 외부의 스승께서 드러낼 때는 최고의 가르침이자 은총입니다.

이렇게 충만함이 드러난 침묵 아래 모든 게 하나의 동질성인 '나'로 드러나 평등성지를 나타내는 게 자각의 직접적인 형태입니다. 이런 충만은 외부로부터 주고받는 게 아니고, 내 스스로가 주의집중의 내적주시로 내면으로 들어가면 자연스레 본래대로 드러나는 자각의 빛입니다. 또한, 삼매 시 자각의 충만으로 드러나게 되는 평안입니다. 이 전 과정은 탐구에 의해서 드러나는데 각 단계를 거치면서 순차적으로 알게 되지만, 이 몸에 익숙해지면 자각의 빛 안에 전체가 하나로 순간적으로 드러납니다. 그때까지는 끊임없는 주의집중의 주시노력이 필요합니다.

주의집중 ➡ 주시 ➡ 자각 ➡ 침묵 ➡ 삼매 ➡ 충만 ➡ 평온

17

우리에게 진정 자유의지가 있을까?

우리는 세상을 살면서 누구든지 자기 마음껏 생각하고 행위 할 수 있는 자유가 있다고 생각하며, 누구나 절대 포기할 수 없는 인간의 신성한 권리로 간주하여 국가란 테두리 안에서 보장까지 받습니다. 그래서 내 마음대로 해보지만 세상만사가 실지로 내가 원한 대로 이루어지지는 않습니다. 그 이유는 원광으로부터 온 내 마음은 실재의 본래성품을 가져 의식으로 생각하는 데까지는 제한 없이 자유가 있지만, 습과 업으로 인한 몸의 행위로 연결되면 산란되어 생각처럼 자유가 따르지 않아, 결과는 절대 내 자유의지대로 되는 것이 아니라는 게 인간들에게 주어진 숙명입니다. 그래서 우리가 어떤 의지의도의 생각을 가지고 하는 모든 행위는 자유의 범위를 벗어나면서 방종이 되어 인과가 형성되므로, 에고로서 인간행위에는 거기에 대한 대가의 업보를 현생에서도 치르고, 업과 습으로 남아 윤회합니다. 그래서 내가 한다는 행위자의 생각으로 하는 행위에는 인과가 있어, 항상 나의 행위에 대한 결과로 나뿐만 아니라 후손까지 대가를 치르게 된다는 것을 절대 잊어서는 안 됩니다. '자유'란 본래 인과가 전혀 없어서, 행위에도 행함이나 의도함의 생각 없이 그냥 이루어집니다. 우리가 그토록 찾는 자유란 외부로부터 얻거나 쟁취하는 것이 아니고, 내 안에 있어 내재적이고 본래적이라 인과에 구애받음이 없는 지복의 하나로, 내적실재에 의해 드러날 때는 생각함이 없는 행위로 나타나므로 '무위'입니다. 그러나 일상에서 자유의지는 습과 업으로 마음이 산란되어 다양성의 생각으로 오염된 것이므로, 행위로 연결될 때에는 본래의 자유가 아닌 방종이 되어 인괴의 대가로 업보를 치릅니다.

생각하는 에고로서 세상을 사는 우리에게 자유의지란 본래 없는 것이라, 마음으로 세상에서 내가 무언가 이루겠다는 생각을 포기한다면 생각 없이 보는 세상은 그냥 본래 있는 그대로가 드러나므로 모든 게 실재이고, 그럼 비로소 실재 안에 지복의 하나인 본래의 참자유가 드러납니다. 그러므로 생각함 없이 나에게 지금 이 순간에 주어진 있는 그대로를 받아들이고 단지 나를 주시하고 자각하고 사는 게 진정한 지혜가 됩니다. 그래서 내적주시의 자각 안에 그냥 행하는 행위는 생각함이 없이 주어진 대로 하는 행위라 결과에 대해 연연함이 없고 구속됨도 없어, 어떤 책임이 따르거나 대가를 치르지 않는 진정한 자유 행위가 되므로 인과 없는 무행위입니다.

우리는 평소 잘하는 일도 어떤 때는 사소한 행위 하는 것조차도 내 마음대로 잘 안됩니다. 그것은 때에 따라 나의 생각이나 상황사정 등 주변 사회적인 여건들이 뒤엉키며 나의 행위를 구속하기 때문입니다. 이렇게 많은 이유들로 세상일들이 나의 자유를 방해하는데, 그런 상황들에서 나에게 주어진 자유가 진정 있을 수 있겠습니까? 우리가 그토록 누리고자 하는 자유란, 자유의지란 말뜻 그대로 에고–내 생각 속에만 있지, 생각하는 마음과 몸으로 행위 하며 사는 인생에서는 절대 없다는 것을 알고, 평소 생각과 행동하는데 항상 겸손해야 합니다.

참 자유는 본래 '나'인 실재 안에만 있는 지복의 하나입니다. 자유는 단지 '참나'만이 지니는 고유품성인데, 그 빛의 반사광인 에고인간에게도 본래 품성대로 같이 있는 것이라고 에고-내가 착각하는 것입니다. 에고는 반사광이지만 시작은 '참나'의 빛이어서 의식으로 생각하는 자유까지는 주어졌는데, 이 몸의 생각이 행위로 이어지면 산란되어 인과(因果)가 생기므로 책임과 심판이 따르도록 제한되어 있다는 것을 우리는 항상 명심해야 합니다.

우리 인간은 절대자로부터 주어진 운명대로 일하고 심판받도록 돼 있는 것이 비록 숙명이지만, 이 운명만은 내가 극복할 수 있게 주어진 것인데 바로 여기에만 나의 자유의지를 행위로 발휘할 수 있는 유일한 것이기도 합니다. 이 운명을 극복할 수 있는 자유의지는 잠재된 습이 발현 업으로 나타나는 운명을 차단하는 것인데, 그러기 위해서는 에고마음이지만 생각의 자유이며 나의 의지인 지성으로 내 안인 내면으로 들어가야 한다는 것입니다. 그러면 내면에서 업을 활성화시키는 '나라는 생각'의 에고마음은 고요해지고, 고요해진 마음은 고향인 가슴심장 빛으로 흡수되어 되돌려 보내지는 것입니다. 그럼 에고-나라는 생각이 사라지므로 업도 같이 사라져, 에고로 가려졌던 본래 '나'와 세상도 실재로서 같이 본래 있는 그대로 드러나는 것입니다.

이처럼 우리가 세상을 통해 이루려 하는 운명의 극복은 절대 있을 수 없는데, 나의 운명이란 실재의 빛에 의해 순간순간에 세상이 나타나면서 같이 나타나고 그 순간이 지나가면 함께 사라지는 빛의 잔영이므로 이루어질 수 없는 환상 속의 바람입니다. 우리가 할 수 있는 길은 습과 업을 활성화시키고 세상에 투사하여 운명을 일으키는 에고를, 본래 나온 고향인 가슴심장으로 되돌리는 길뿐입니다. 이것만이 나의 자유의지로 이루어질 수 있는 유일한 길입니다. 왜냐하면, 세상을 향해 있는 에고를 역으로 내면으로 되돌리기 위해서는 에고의 지성, 즉 세상을 살려는 의지만이 가능하여 세계를 향한 지성의 의지를 반대로 본래 나온 방향으로 되돌리면 바로 나의 내면으로 향합니다. 방법은 바른 자세로 지속적인 날숨의 흡인을 위한 삼킴의 미소로 내적주시합니다.

우리가 이루고자 하는 마음의 욕망으로 내가 한다는 행위는 인과가 생기므로, 이런 습과 업을 벗어나는 길은 항상 의식을 주의 집중하여 호흡내면주시하고 본래의 '나'인 실재를 자각하는 것뿐인데, 이것이 몸과 마음의 에고―나를 포기하는 것이라서 생각은 없어져 내면은 고요해집니다. 그러면 마음으로 가려진 근원인 본연의 실재가 드러나고, 따라서 심안이고 단안인 자각의 주시자가 드러나면, 근원의 미세한 점이 열리면서 스스로 빛을 발하는 실재가 무한의 단면으로 드러납니다. 어둠도 밝음도 아닌 이 표현키 어려운 단일성의 단면은 심안인 주시자의 자각에 의한 고요와 침묵인데, 밝고 입체적인 무한을 보면 아직 무언가 찾고 보고자 하는 마음이 있단 걸 알아야 합니다.

우리 몸은 미세한 물질인 마음이 물질로 형상화된 것이라, 마음이 녹아 소멸되면 내 몸이라 생각했던 육신도 같이 소멸됩니다. 이런 현상은 마음이란 의식의 빛이어서 마음이 본래의 근원에 흡수, 합일, 소멸되면, 같은 의식인 몸 의식도 사라져 몸에 대한 생각도 같이 없어집니다. 이것이 바로 마음이 녹아 빛으로 타오를 때 몸도 녹아 빛으로 사라진다는 의미입니다.

그런데 실지로 우리가 표현하는 녹는다는 것은 물리적인 열이 있다는 것으로 영적인 의식의 빛과는 다른 현상적인 열이라 타당성이 부족하고, 영적 의식에 의한 열은 단지 빛의 의식이라 녹는 것은 육신 자체가 아닌 몸의식의 소멸을 가져오고, 그런 몸에 대한 에고의식이 실재의 빛으로 돌아가 소멸된다고 보아야 합니다. 몸에 대한 인식의 사고개념인 미세한 마음이 사라지는 것이지 몸이 증발하여 없어진다는 것은 아닙니다. 부활이란, 결코 몸이 다시 사는 것이 아니고 심장합일로 마음소멸하면 영적생명으로 이 몸이 다시 깨어나 본래의 실재로서 인생을 살기에, 몸이 소멸하는 사후에도 영적생명으로 영생한다는 것과 같은 맥락이라 봅니다. 몸과 마음에 대한 과도한 에고욕심으로 집착하지 마십시오. 에고마음이 사라지면 몸과 마음에 대한 의미는 전혀 없습니다. 몸의 부활이나 영생에 대한 생각은 에고생각에 의한 것입니다.

우리 몸이나 세상의 본질은 근원의 실재에 의한 빛(의식)과 소리(입자)입니다. 이 빛이 생명으로 형상을 이루었을 때는 입자로서 순간 모습을 나타내고 그 순간이 지나면 바로 입자는 소멸되어 형상은 순간 사라짐이 되풀이하는데, 생명의 빛은 영원히 순간순간 빛나기 때문에 형상이 마치 지속되는 것처럼 착각하는 것입니다. 그러다 생명이 때가 되어 영혼으로서 몸을 떠나면 목숨은 끝나고, 이 몸은 무생물이 되어 물질로서 분해를 거쳐 소멸되고 다시 본래의 빛으로 돌아갑니다. 이렇게 현상계의 자연법칙은 실재인 주시자의 질서와 조화 속에 흘러 원점으로 돌아갑니다. 이렇듯 모든 물질은 보는 그 순간에는 이전의 특성이 상실되고 다시 새롭게 탄생하는데, 목숨이 있든 없든 모든 물질은 이런 과정을 거치면서 분해나 노화가 되어 결국은 소멸되는 것입니다. 이것은 모든 물질이 지금 매 순간순간에 이루어지는 빛과 입자로 동시에 존재하는 양자역학적인 현상과도 같습니다. 순간적인 분해나 소멸 후 그것은 다시 본래대로 빛과 소리로 돌아가고 영원한 실재의 빛으로 다시 새로운 형상을 나타내는데, 그런 생성과 소멸의 순간적인 현상은 되풀이되어 계속됩니다. 이렇게 순간생멸이 동시에 이루어지니 그 현상 자체는 없는 것이나 같아, 실재에서는 불생불멸이고 또한 에고에게는 환상이라고 밖에 달리 표현할 길이 없습니다. 이런 순간의 생멸이 계속되는 것을, 우리에고의 시야로는 생명체의 진화와 인간의 역사, 문명문화의 발전, 혹은 과학의 발달이라고 표현하기도 합니다. 우리 몸의 목숨이 끝나면 모든 것이 끝나는 것이 아니고, 모든 것은 순간의 빛이라서 순간에 본래대로 돌아간다는 것을 아는 것도 바로 깨달음입니다. 또한, 순간을 안다는 것은 순간은 사라지고 영속된다는 것이고, 인식 아닌 바로 자각상태입니다. 이 자각의 침묵이, 본래의 신비음인 '옴'이고, 하나님의 빛인 'WORD'로부터 온 원초적인 빛과 소리로, 빛은 자각하는 순수의식이고 소리는 입자와 같아 모든 존재의 미세한 마음과 몸으로 표현합니다.

양자역학에서도 모든 물질은 파장인 빛과 진동하는 미세한 입자로 동시에 존재한다고 합니다. 그래서 볼 때는 입자로 형상을 나타내고, 보지 않을 때는 빛인 무형상으로 존재한다고 합니다. 이같이 볼 때는 영속되는 생명의식(불성성령)인 빛에 의해 원소입자들을 규합해 물질로서 모습을 나타내므로, 형상을 우리가 순간순간 볼 수 있는 것입니다. 그래서 우리 모두와 세상 모든 것은 바로 본래 있는 그대로의 실재로서 근원의 빛인 자각의식으로 영원 무한히 빛나는 찬란한 빛이라는 것이 절대적인 진리입니다. 단 이 몸에 나-에고의 생각의식이 없을 때 한합니다.

이 몸으로 세상을 내 마음대로 살아가는 것이 나에게 주어진 자유라고 생각하겠지만, 사실은 내 마음이 몸을 통해 뒤돌아서 내면을 보고 심장인 근원으로 돌아갈 때 비로소 근원 안에 드러나는 실재의 빛에 의한 지복의 평안이 우리가 찾는 진정한 자유입니다. 세상에는 모든 것을 할 수 있는 자유가 주어진 것처럼 보이지만 생각 안에만 있기 때문에 실지로 내가 세상 모든 일에 부딪히게 되면 모든 상황과 조건이 속박과 제약으로 다가와 이 몸을 억압합니다. 그러나 참 자유란 본래의 실재 안에만 있어서, 자유의지인 그 마음으로 마음의 근원인 가슴심장의 고향으로 되돌아갈 때야 비로소 실재 안에 지복으로 드러나게 되는 자유로, 진정한 자유는 고요와 자각의 침묵 안에 있으며 모든 '생각으로부터의 해방'이 깨달음으로 참 자유입니다.

우리가 생각하듯이 사회나 종교적인 억압 등이 나를 구속하는 것이 아니고, 그것들을 생각하는 나의 마음에 의한 사유와 개념들이 나를 속박하는 것이라서, '해방'이란 그것들에 대해 얽매이는 나의 생각들로부터의 자유를 의미합니다. 해방신학도 역시 같아, 우리가 종교적으로 구원 은총 등을 기원하여 하나님으로부터 받는 것이라고 생각하는 우리의 마음을 포기하여, 우리 생각으로부터 먼저 하나님을 자유롭게 해방시켜 드리므로, 하나님에게 얽매인 생각으로 속박된 내가 해방된다는 데 뜻이 있다고 봅니다.

구원과 은총은 스스로 내면으로 들어가 내 안의 하나님을 만나고 순복할 때 비로소 이루어지는 것이지, 무언가 이루고자 간구하는 기원의 기도로 혹은 외부로부터 주어져 이루어지는 것은 절대 아닙니다. 내 안으로 들어가십시오. 그 내 안에 우리가 찾는 모든 것이 있습니다. 생각하는 마음이 내 안으로 사라져 빈 마음으로 몸이 다시 사는 것이 '부활'이며, 그럼 본래대로의 실재인 '나'로 되돌아가는 것이고, 그래서 생각 없는 마음으로 본래의 빛을 주시 자각하는 것이 바로 영원한 삶인 영생(永生 靈生)입니다.

우리에게 주어진 모든 것에 구분 구별함 없이 단지 근원인 하나님께서 주신 모든 것에 대한 감사기도만이 축복받는 기도로, 그 축복으로 내면으로 들어가는 것이 내가 나를 구원하는 길입니다. 그래서 이 몸으로 인한 원죄에 대해 참회의 침묵기도를 위한 내적주시가 항상 끊이지 않도록 하십시오. 그럼 내 안에서 바로 하나님을 만날 것입니다. 오! 하나님! 이 몸과 마음의 죄를 깨닫고, 나라는 생각의 이 몸이 원죄임을 알게 하소서.

18
창조와 파괴

우리는 창조하면 신에 의한 천지창조를 먼저 생각하는데, 사실 신은 완전하고 일자인 실재여서 창조란 본래 있을 수 없는 것이라 창조 또한 없다는 것이 진리로, 단지 에고인 인간생각 안에서만 일어나는 것입니다. 단지 순간순간에 변하는 빛의 조화 속인데 우리는 마치 신의 창조와 현상계의 진화와 파괴가 계속 진행되고 있다고, 시공 속에 제한된 인생을 사는 속박 받는 에고인 마음으로 생각하여 착각하는 것입니다. 이렇게 세상만사가 에고라는 나의 마음 하나에 의해, 생각 속에 일어나고 지나가면 사라지며 단지 에고마음의 기억 속에 잠재됩니다. 그래서 마음소멸로 생각이 없다면 이런 세상 모든 상황들은 착각인 환상으로 일거에 모두 사라져 남는 것은 단지 여기 지금 이 순간뿐이며, 이러한 지금의 현존으로 존재하는 것이 이 몸을 포함한 모든 것들의 존재 이유입니다. 우리 모두는 단지 지금에만 머물 수 있지, 생각 속의 과거나 미래 속에는 존재로서 도저히 있을 수 없고 존재할 수도 없습니다. 그런데도 우리 생각은 잠시도 쉬지 못하는데, 생각이 멈추면 에고로서 인식이 없어 나라는 존재인식이 사라지므로, 마음은 안절부절못하고 생각의 꼬리를 물고 지속적으로 다시 무언가 찾아 생각하는 존재로서 인식을 되풀이합니다. 지금이란 시간

개념을 떠나서 정지된 순간의 연속이라, 한정된 생각으로는 존재할 수도 없고 생각할 필요 없이 단지 존재합니다. 지금의 존재는 내면여기인 가슴심장에 빛나는 실재인 '참나'뿐이라, 내적주시로 항상 '나'를 자각하면 생각마음이 사라져 모든 것이 지금의 실재로 본래대로 드러납니다.

우리의 일상에서 사람들의 생각에 의한 행위들, 즉 문학예술 작품과 사상이나 발명품 등 새로운 걸 만드는 것이 창조라고 생각하겠지만, 그런 행위를 위한 생각하는 마음은 실지로 내면의 실재인 '나'를 가리므로 내적평온으로 드러나는 나의 지복을 파괴하는 행위가 되고, 또한 세상의 실재를 가리는 파괴행위가 됩니다. 그러나 그 생각을 없애려고 우리가 노력하는 행위는, 내적주시에 의한 마음소멸이라 가려진 실재를 드러내는 초월적 행위입니다. 그래서 세상을 포기하고 노력 없이도 마음이 일어나지 않는 실재가 드러날 때까지는 이 몸의 노력이 절대 필요합니다. 어떻든 평온의 지복을 회복하기 위해서는 나의 생각하는 마음이 없어야만 하는데, 우리 사는 일상에서는 에고마음을 없앨 수는 없어 그 마음이 나왔던 본래자리인 내면가슴의 근원으로 되돌려 보내는 것입니다. 강렬한 주의집중으로 에고―나의 마음이 뒤돌아서 흡인의 내적주시로 내면가슴으로 향하면, 에고마음은 근원심장의 빛에 흡수되어 사라지고 본래대로 실재가 드러나 원초적 지복인 중도의 평온이 드러납니다.

마음의 빛이 두뇌를 비추어 생각이 이루어지지만, 마음은 가슴심장에서 시작되므로 가슴 안에서 나의 마음이 어디 있는지 찾아보십시오. 그럼 삼킴의 내적주시로 두뇌생각은 자연스레 내면을 향해 사라지고, 마음도 내면가슴에서 연기처럼 사라져 머릿속은 고요합니다. 나라고 생각하는 이 마음과 몸은 근원의 실재이며 가슴내면심장인 '참나'의 빛에 의해 드러나는 현상계의 한 부분으로 세상과 같이 나타난 것이라 단지 '나'의 일부입니다. 그래서 비록 에고—나지만 이 몸과 세계는 '참나'의 일부로서 동격입니다. 그런데 내가 세계 안에 있다고 생각하는 오류를 일으키는 것은 나를 생각하는 마음과 몸으로만 제한하기 때문입니다. 그래서 이 몸과 마음이 나라는 생각을 포기하면 세계와 부분으로서 나는 사라지고, 전체로서 진정한 본래의 '나'는 있는 그대로 드러나, 나도 세상도 현존하게 되는 것입니다. 가슴심장인 '여기 나', 현존하는 있음인 지복의 '지금 나'를 주시하십시오. 수억 겁 동안 에고로 살아와 몸과 마음이 나라는 생각으로 굳어 있어서 어렵겠지만, 본래대로 진정한 '나'를 드러내기 위해선 걱정하시지 말고 이 몸과 마음의 에고—나를 포기하십시오. 에고는 '나라는 생각'의 의식이므로 단지 생각만 없애면 되므로, 이 생각하는 마음이 세상으로부터 뒤돌아서서 내면가슴으로 향하도록, 바른 자세와 삼킴의 미소로 호흡내면 주시하면 마음은 흡인되어 가슴심장 빛에 흡수 합일되어 사라지므로, 가려졌던 본래 '나'가 고요와 침묵으로 드러납니다.

삼킴의 미소 = 흡인 = 들숨유지 = 호흡내면주시 = 에고소멸 = 실재

생각이란 외부대상이 내는 오감을 이 몸의 오관으로 받아들여, 두

뇌의 육의식계가 그것들을 인식하는 마음의 사고개념입니다. 이런 인식과정은 '수상행식'으로 대상에 대한 이미지를 합성하므로, 과거의 기억장치를 빌려야 하고 예측을 위해 상상의 미래를 들락거리므로 지금의 순간에는 머물 수 없습니다. 또한, 오관을 통하지 않고 두뇌로만 과거 기억의 회상이나 미래에 대한 예상의 상상으로 희로애락을 느끼는 것도 생각에 속합니다. 그런데 존재란 자각의 빛(의식)으로 여기 지금 순간에만 존재할 뿐이라서 생각 속인 회상(과거)과 예상(미래) 안에는 실존할 수가 없습니다. 그래서 존재가 존재하기 위해서는 나의 생각하는 마음을 포기할 때, 즉 나의 생각이 아닌 본래존재로서 자각할 때 영속되는 순간의 존재로 실존할 수 있는 것입니다. 이 몸을 포함한 세상 모든 존재는 반사광이라 찰나(순간)에만 존재하는 빛입니다. 이런 찰나의 빛으로 된 순간의 세상이, 대상의 오감(육경)과 이 몸의 오관 및 두뇌의 육의식계에 의한 18계가 '수상행식'으로 어우러져 마치 세상과 내가 지속되는 것처럼 보일 뿐입니다.

본래 세상은 실재의 빛으로 지금 이 순간에만 존재할 뿐이라 현상계에 대한 창조도 파괴도 없습니다. 그래서 나의 생각만 없다면 모든 게 사라지므로 단지 지금만이 존재할 뿐입니다. 그런데 이런 현상들은 이 몸의 호흡 시 날숨 중에는 에고마음이 생각으로 같이 나가 세상을 헤매므로 세상에 대한 에고의 재창조가 있고, 들숨에는 에고가 흡인되어 내면에 머물러 세상에 대한 생각이 없으므로 재창조된 세상은 사라져 파괴라 합니다. 그래서 삼킴의 지속되는 흡인으로 이런 나의 생멸하는 생각만 없앤다면, 지금 이 순간에 존재하는 세계는 본래대로 실재인 빛의 세상입니다. 이 실재인 세상이 나라는 생각인 에고출현으로 재창조되면서 환상으로 바뀌어 생로병사와 희로애락의 인생으로 바뀌니, 에고마음을 본래 나온 가슴심장으로 되돌려 본래실재를 회복하자는 것입니다. 그러면 드러난 실재 안에 존재하는 모든 것은 근원인 심장 안에, 여기 내 안에, 지금 이 순간에, 항상 있음으로 그냥 있을 뿐입니다. 불교에서 말씀하시는 세상을 이루는 18계를 포기하라는 것은, 이처럼 오온인 '색 수상행식'에 의한 대상 인식을 포기함으로 본래 나(진아)인 실재로 돌아가라는 것으로, 나의 감각기관의 지각과 두뇌의 인식하는 사고과정으로 재창조된 세상이 나타나니 그런 생각하는 마음을 포기하라는 말씀입니다.

햇빛이 끊겨 밝음이 사라진 골방에는 이 몸의 시야에 보이는 것은 어둠만이 있지만, 햇빛 속에 존재할 수 없었던 어둠도 내적 자각의식의 빛 안에서는 뚜렷이 존재하게 됩니다. 그래서 밝음의 빛이 전혀 없는 어둠만의 골방에 있어 보면, 어둠에 먹힌 이 몸은 빛이 없어 전혀 인식이 안 되지만 시간이 지나면서 인식할 게 없는 어둠마저 잊어버리면, 무언지 존재한다는 느낌만이 고요 속에 있습니다. 그 느낌이 바로 스스로 존재함을 아는 순수의식인 자각인데, 그런 자각의 빛인 침묵상태에 머물면 인식할 게 없어 에고는 사라져 생각이 없어지면 고요와 침묵만이 있는데, 그것을 지속적으로 주시하고 느끼면 본래대로 실재자각이 드러나게 됩니다. 이렇게 내 마음을 몸 안에 가두어 보십시오. 그럼 생각은 사라지고 가려진 본래실재가 드러납니다. 그런데 생시의 밝은 대낮에도 이런 자각의 실재가 나의 이면에 생시-잠으로 존재하는데, 이것을 드러내기 위해 내적주시로 내면가슴심장인 여기와 이면에 무한의 실재를 자각해야 합니다. 그래서 예수께서는 이처럼 인적 없고 생각이 끊어진 어두운 골방에서 홀로 기도하라고 했습니다. 기원이나 생각함 없이 하는 침묵기도는 바로 내적주시에 의한 자각으로 본래침묵이 드러나며, 그곳이 바로 하나님의 거소인 이면실재로 주시자입니다. 이면에 보이지 않는 영의 '나'를 드러내는 자각상태가 바로 침묵의 실재로서, 이 침묵은 바로 근원의 스스로 빛나는 빛인 원광에 의한 자각으로 홀로 존재하는 원초적인 존재의식인데, 현대과학인 양자역학의 미시세계에서도 에너지 없이 자체 발광하여 빛과 소리로 동시에 존재하는 원초적 원광을 엿볼 수가 있습니다.

양자역학에서 양자(量子, quantum)란 현상계에서는 더 이상 나누어지지 않는 에너지의 최소상태로, 빛의 복사에너지에서 처음 발견되어 에너지양자(입자)라 불렸으며, 이것이 본래대로의 빛으로 변할 때는 광양자(빛)라 한다고 합니다. 이렇게 양자는 영적인 WORD와 같이 빛과 입자(소리)의 상태로 동시에 존재할 수 있으며, 이런 양자의 특성을 이용해 서로 중첩되고 되먹임과 얽힘 등의 성질로 현대과학에서는 무한정의 연산(스핀의 중첩상태에 의한 2의 N 제곱)이 가능한 양자컴퓨터, 도청이 불가능한 양자암호통신, 순간에 원격이동이 가능한 공간이동 등의 연구(양자정보과학, 양자IT)가 한창 진행되고 있다 합니다.

'스핀(spin)'은 소립자인 전자로서 스스로 자전하여 존재할 수 있는 최소치의 에너지를 갖는 양자(量子)인데, 입자의 존재로서 기본성질을 가지지만 이차원적인 단면성의 파동성(빛)을 동시에 가짐으로, 마치 근원의 스스로 빛나는 빛과 같은 상태(WORD)와 같아 빛과 입자의 상태를 동시에 들락거리는 불생불멸의 원초적인 빛입니다. 이것은 마치 창조에 관여하는 원광인 불성성령의 자각의식(빛)과 반사광인 에고로서 인식의식(입자)과 같은데, 현상계에서 스핀은 빛과 같이 중첩에 의한 산란을 일으킴으로 무한정의 다양성으로 나타나 물질적 창조의 기본단위가 됩니다.

　현상계에서 우리가 대상을 본다는 것은, 태양 같은 발광체의 빛이 대상물질에 비치면 그 빛은 반사, 굴절, 간섭, 회절 등의 성질들을 가져 산란되므로 빛들이 서로 겹치는 '중첩'현상으로 형상과 오감을 내어 우리 눈에 대상물로 보이게 되는 것입니다. 그런데 양자 상태의 순수한 밝은 빛은 순수의식과 같아 이런 성질 현상 없이 단지 비추일 뿐이어서 우리 눈에는 인식이 되지 않습니다. 그래서 이 몸이나 자연계의 현상들이 보인다는 것은, 실재의 순수한 빛은 항상 비치고 그 원광에 의한 밝음의 현상적인 빛이 수많은 현상들의 성질로 중첩현상을 일으키므로, 원소들이 규합되어 물질로서 보이는 현상계가 나타나서 우리가 인식을 하는 것입니다. 이렇게 현상계가 나타나는 현상을 양자역학에서는 '측정', 즉 우리가 대상 인식하는 상태를 의미하는데, 영적실재의 빛에 의한 순간창조입니다. 세상은 실재의 'WORD(옴)'란 고유진동이 있어 이 진동이 파동의 빛과 소리로 나누이면서 겹침의 중첩현상이 일어나면서, 측정효과로 가시적인 현상과 사물들이 있어서 현상계인 세계로 나타납니다. 그래서 고유진동을 벗어나 겹쳐지면(중첩) 산란되어 변형된 진동이 되므로 다양성의 현상계가 등장합니다. 그런데 이렇게 중첩이 일어난 진동의 빛은 다시 본래고유상태인 진동으로 변환되어 본래대로 돌아가게 됩니다.

　미시세계에서는 진동의 중첩에 의해 나타나는 소리(입자)가, 현상계처럼 다양하게 각기의 소리로 나타나는 것이 아니고, 본래대로 원초적음의 한소리로만 나타나는데 이걸 '되먹임 현상(Feedback)'이라고 하며, 원래 상태로 다시 되돌아가는 과정을 의미합니다. 우리 사는 거시세계는 모든 음정이 서로 제각기 다르게 나타나는데, 미시세계에서는 모든 음이 본래대로 하나의 같은 음으로만 나타난다는 것(음 되먹임, negative feedback)입니다. 그러나 현상계에서 표현되는 수많은 소리들은 같은 도에서도 한 옥타브 높은 도가 확률적으로 더 존재비율이 높아 그 높은 도의 소리로 나타난다는 것(양 되먹임, positive feed-back)입니다.

그래서 미시세계에서는 하나만이 존재하므로 고요합니다. 마치 나의 내면세계가 실재인 빛의 자각으로 하나만의 고요와 침묵만이 존재하듯이 말입니다. 하나만이 존재할 때는 존재의 유무를 따질 수 없고 실지로 소리도 없습니다. 그러나 우리 사는 현상계는 양의 되먹임으로 항상 고음의 소음들로 가득 차 있습니다. 이처럼 이해하기 어렵다는 양자역학의 미세한 내용들을 영적 세계에 적용해보면, 실지로 미시세계는 영적실재와 맞다 있어 비슷한 면이 너무 많아 이해하는 데 서로 많은 도움이 됩니다.

그런데 양자역학을 연구하고 이해하는 데 어려움이 많은 것은, 세상을 사는 우리의 인식과 사고의 개념으로는 미시세계나 영적세계를 표현하거나 접근이 어렵다는 데 있습니다. 또한, 우리 사는 세계도 똑같이 영적 세계와 바로 맞닿아 있는데, 그걸 간과하고 단지 현상적인 측정으로만 보기 때문에, 나의 이면에 또한 현상계의 저변에 장막처럼 가려진 영적실재를 놓치고 있다는 것입니다. 에고-나의 노력으로 내면 이면을 주시하면 이 몸과 바로 맞닿아있는 영적실재가 드러나고, 따라서 현상계의 실재마저 드러나 있는 그대로 모든 게 하나로 드러난다는 것입니다.

또한, 양자역학이 어려운 것은, 영적세계와 같이 시공 없고 인식으로는 측정 불가한 미시세계를 수학적인 계산으로 측정하려는데 문제가 있다고 봅니다. 양자역학으로는 빛이 측정되면(나타나면) 그 빛은 나타난 순간 소멸되고 새로운 빛으로 다시 나타나 측정됨이 되풀이된다는 것이 밝혀졌듯이, 현상계에 진동에 의해 나타나는 존재란 것도 순간순간의 것이지 지속되는 것이 아니라는 것입니다. 그래서 실지 측정되는 진동의 빛은 이미 본래를 벗어나 순간에 소멸되었는데, 에고의 기억과 생각의 사고개념으로 계속된다고 착각하는 것입니다. 그것은 마치 실재의 원광은 영원한데, 반사광인 세상과 나는 순간에 나타나고 그 순간에 사라짐과 같습니다. 그래서 에고마음의 생각을 버릴 때 가려진 실재의 원광이 나타나듯이, 지금 순간 생각 없이 비어 있는 단순함이 존재로서 실재인 단 하나만의 자각 상태가 드러나는데, 이것이 바로 본래상태로 되돌아가는 음의 되먹임 현상과 같아 양자역학의 다른 의문점들을 풀 수 있는 방법이 될 수 있다고 봅니다.

19

보이지 않는 그것이 진리이다

참된 존재란 본래대로 고정되고 정지해 있어 움직인 바 없고 그러면서도 무한하고 영원한데, 주관은 하나 행위한 바 없어 관여하지 않고 모든 것을 있는 그대로 자각의식으로 주시하며 침묵 속에 있는데, 자각으로 존재하여 스스로가 바탕이 되므로 존재를 위한 바탕이 따로 필요치 않지만, 자각으로 모든 것의 바탕이 됩니다.

이런 표현의 대상으로는 이 세상에서는 도저히 있을 수 없는데, 그 참된 존재는 현재 나타나고 있는 현상세계와 이 몸의 표현과 마음을 넘어섰을 때 비로소 본래대로 드러나게 됩니다. 그것은 원초적이고 자체발광의 본래적인 상태로 '나'의 참된 존재 상태인 근원의 실재입니다. 그런 '참나'는 현상계인 세계와 나라고 생각하는 에고와 모든 존재들의 바탕이 되고 자각의 빛(불성성령)을 주어 순간순간에 존재하게 하며, 또한 그 안에 지나가는 군상과 세상 모든 것의 바탕이 되어 주관 주시합니다.

받아들이기 힘들겠지만, 이 몸을 포함한 형상 있는 모든 존재는 빛으로 순간에만 존재한다는 것을 알아야 합니다. 이 몸과 마음이 깨어 있다 생각하는 태양 아래 생시의 존재 상태는 실지로는 무지로 덮여있어 본래의 자각 없는 상태라서 본래의 '나'가 가려져 죽음과 같은 상태이지만, 밝은 빛이 없어 죽음과 같다고 생각하는 잠의 상태는 움직인 바 없이 고정되어 항상 스스로 빛나는 본래의 '참나'와 같이 고요 순수한 상태입니다.

그런데 수없이 오랫동안 몸과 마음의 경험적 체험으로 얻어진 습과 업으로 인해, 나라는 에고는 감각기관들을 통해 보고 듣는 것만이 사실이라고 생각하고, 또한 그렇게 지각되어 두뇌로 인식하는 세상만이 실재인 진리라고 받아들입니다. 그래서 인간의 생각으로 나타나는 현상계인 세계는, 원초적이고 영적인 본래상태와는 항상 정반대로 나타납니다. 우리는 살고 있는 세상이 실제라고 믿고 있지만, 생시인 현재란 보는 순간만 보는 자와 함께 나타나는데, 그래서 단지 보는 자의 인식에 의해서만 우주와 현상이 나타나는 것입니다. 그래서 자연이란 순간적 현상으로 나타나는 현상계는 생각하는 마음 따라 흐르고, 우리의 목숨이 끊임없는 호흡으로 연명되듯이 쉼 없는 변화란 흐름 속에 지나갑니다. 알든 모르든 자연이나 생각하는 인간들에게 멈춤이나 정체란 전혀 없이 순간순간으로 그냥 흘러갑니다.

그러나 영적세계(실재)는 보든 안 보든 보는 자와 상관없이 항상 자각으로 존재하고 있는데, 세상을 향해 인식하는 몸과 마음인 에고는 오히려 그 영적세계를 가로막고 있는 장막이 되어 '나'의 본래 참모습인 실재를 덧씌우고 가리므로, 몸으로 사는 에고인 나로서는 절대로 볼 수 없고 인식할 수 없어, 또한 자각을 모르므로 본래의 '나'인 실재 자체를 망각하게 만듭니다. 그런데 우리에게 보이는 것 모두는 순간에만 존재하는 일시적인 것이라 지나가는 현상적인 환상이지만, 모든 것의 보이지 않는 저변과 이면은 항상 변하지 않고 무한으로 영원히 고착되어 빛나고 있는 바로 절대 진리인 근원의 실재라는 것입니다. 그래서 우리가 보고 있는 모든 것들의 내면과 후면인 이면과 저변에 있는 것은 감각기관으로는 절대 지각되지 않고 인식되지 않지만, 그것이 바로 자각하는 침묵이고, 진리이고, 근원입니다. 그 진리의 실재인 자각의 침묵이 원광으로, 생명의 빛을 내어 세상을 밝히고 바탕이 되어 모든 것을 존재케 하는 바로 '나'입니다.

우리는 잠 속에서 몸과 마음이 없는데도 내가 편안했다는 것을 아는 것은 비록 잠재된 에고지만 잠 속에서는 인식 아닌 고유품성의 자각의식으로 고요의 평안 속에 있었다는 것을 생시에 깨어난 에고가 자각 아닌 생각으로 잠 속의 평온을 어렴풋이 기억하기 때문입니다. 꿈속에서는 순간 창조되는 세상이 펼쳐지고 새로운 나라는 인식자가 꿈의 세상을 경험하지만, 깨어나면 그 꿈의 세상과 꿈속의 나는 사라지고 어디에도 없습니다. 그러나 꿈 또한 자각하는 실재인 '나'를 바탕으로 과거기억으로 이루어지며 에고는 잠재되어 있지만 깨어나기 직전이라, 깨어난 생시에는 에고가 꿈 경험을 생각함에 잠보다는 더 잘 아련하게, 혹은 생시처럼 또렷하게 기억하기도 합니다.

이렇듯 내가 현재 살고 있는 생시도 꿈과 같이 그때만 나타났다 사라지지, 절대 계속되는 것은 아닙니다. 단지 나의 생각하는 마음으로 인식하여 기억 속에서 드라마처럼 연결되어 인생으로 계속될 뿐입니다. 그래서 이런 환상 같은 생시의 에고-나를 포기하는 것만이, 몸과 마음인 에고로 가려진 '나'의 실재를 찾아가는 길이 됩니다. 방법은 두뇌의 인식하는 생각과 잠재된 기억들을 없애는 길인데, 이 모든 것들이 나라고 생각하는 에고마음에 의한 것이라 마음소멸만이 유일한 방법입니다.

　평소 우리가 보고 있는 물질의 겉모습이 스스로의 속에 것을 가리고, 뒤에 있는 것조차 가리고 있다는 명확한 사실을 우리는 잊어버려 실재를 놓치고 겉모습의 환상만 볼 수밖에 없는데, 단지 앞에 보이는 형상인 모습만이 전부인 양 매달리는 마음이 바로 그 실재를 가리고 환상으로 만드는 에고라는 것을 알아야 합니다. 그래서 누구든지 내 적주시로 생각하는 마음만 버리면, 자연스레 드러나는 자각으로 보이지 않고 인식되지 않는 이면과 저변에 그것이 바로 실재인 본래의 '나'란 것을 알게 되어 생각으로 감추어진 실재인 진리를 드러내게 됩니다. 나라는 생각의 에고마음만 없다면 세계도 있는 그대로 실재인 '나'입니다.

　에고-나와 시공 있는 현상계인 자연이란 세계를 포기하면 바로 지금 이 순간에 생명의 진리인 본래 '나'가 바로 실재로서 드러나고, 그럼 고요와 침묵으로 세상과 이 몸 역시 있는 그대로 실재입니다. 현재란 지금이 아니고 이 몸이 나타난 현상들의 시공 있는 세상에 대해 비교 분석 판단 등의 생각하고 있는 시점의 상태입니다. 생각 없이 자각으로만 존재하는 현재의 시간은 바로 '지금'으로 영속됩니다. 삼킴의 미소로 마음을 흡인하여 생각만 멈추십시오. 그럼 나와 세상은 본래대로 실존이고 현존입니다.

20

본래 '나'는 하나뿐이라
두 번째가 없는 일자, 진리

가장 원초적 상태이며 모든 것의 시작점이며 원점인 근원은 단지 하나뿐이고, 단 하나밖에 없다는 것은 두 번째 것이 없이 하나만 있다는 것이라, 없음이 있음이고 이것저것 구별할 게 없고 좋고 나쁨이나 선악 등의 분별대상 없이 단지 존재하는 상태라서 에고 마음에게는 아무것도 없는 것이나 같습니다. 그래서 불교에서 말씀하시는 '공'은 본래대로 하나만이 존재하는 것이라서 본래 없음이고 바로 비어 있음의 '무'와 같은 것인데, 두 번째 것이 없이 단지 하나만이 있음이라 있고 없고를 따질 수도 없고 그럴 필요도 없습니다. 그래서 '천상천하유아독존(天上天下唯我獨尊)'은 설화적인 것이 아니고, 세상 모든 것은 자각의 빛으로 본래 있는 그대로 오롯이 홀로 있어 하나뿐인 원광의 실재 '나'가 스스로를 비추어 존재하고 있음을 극명하게 드러낸 부처님의 말씀입니다. 누구든지 세상에 나올 때는 홀로 각기 나타나며, 인간도 모든 사물도 홀로 존재할 뿐이며 단지 하나라서, 누구나 모든 사물조차도 똑같이 세상에서 가장 존귀(尊貴)한 존재입니다. 이 세상의 모든 종류 안에는 모래알맹이 하나까지도 조금씩은 각기 다 달라 똑같은 것은 전혀 없이 끝없는 다양성으로 펼쳐졌지만, 모든

것들은 홀로 하나인 존재로서 본래 품성대로 원광인 불성성령 자각의
식의 빛으로 실재로서 존재합니다.

원초적 본래상태인 '공', '무'는 하나인 일자만이 존재하고, 에고인 우리
의 몸은 흘러가 사라지지만 하나인 '나'는 본래부터 있고 항상 있고 영원
히 있음입니다. 그 '나'는 단지 있음의 자각으로 존재하는 근원의 스스
로 빛나는 순수의식의 빛으로 실재입니다. 이처럼 모든 것은 하나이고
홀로라 에고표현으로는 단지 고독 자체입니다. 고독이란 단어가 인간의
심적 표현이지만 '원초적 고독'은 자각의 있음으로 홀로 존재하는 실재
'나'의 본래적 상태를 의미하는 '천상천하유아독존'의 다른 표현입니다.

하나만이 있을 때는 나라는 표현조차 없으며, 있다 없다 할 것도 없
고, 단지 자각으로 존재로서 존재하고 있음을 압니다. 이런 자각은 본
래 시공 없는 원점인 내면심장의 고요함 속에 말 없는 침묵의 언어가
끊임없이 이어지는 무염송인 '옴'으로 드러나는데, 침묵은 근원의 지고
함에 의해 스스로 빛나는 원광으로 빛나며, 이 빛은 스스로를 자각하
는 의식의 빛인 'WORD'입니다.

몸이 깨어나는 생시에, 본래의 '나'인 원광이 원습에 반사되면서 반
사광으로 '나라는 생각'의 마음인 나−에고가 탄생하고, 이 마음의 빛
이 두뇌를 비추면 잠재된 습이 업으로 활성화되면서 실재인 세상 위로
비추어집니다. 그럼 그 빛은 반사와 산란을 되풀이하여 실재세상을 덧
씌워 무지개 같은 세계로 만들고, 이 몸의 나−에고는 그런 세계를 대
상 인식을 하므로 다양성의 세계로 나타나므로 시공이 펼쳐져, 환상
인 세계 안에 이 몸의 생로병사와 마음에 의한 희로애락으로 인생드라
마가 연출됩니다. 그래서 나의 마음은 세상 따라 흔들리며 '수상행식'

으로 수많은 생각들을 만들어 내고, 그 생각은 과거와 미래만을 오가므로 지금이란 존재할 수가 없습니다. 그런데 그런 존재할 수 없는 환상인 생각으로 행위까지 이어지면서, 이 몸은 세상이란 무지개 같은 찬란한 빛의 환상에 빠져들게 됩니다.

이런 일련의 과정이 일자인 근원의 원광에서 온 반사광의 산란이라는 것을 깨달으면, 그 앎으로 환상은 바로 거치고 세상은 지고함의 비춤에 의해 드러난 실재라는 것을 알게 되는데, 그럼 에고-나는 침묵하는 본래 '나'인 실재로 돌아가게 되므로, 모든 게 하나인 일자로서 본래대로 드러나게 됩니다. 이것을 이해하는 것은 마음의 한 작용인 지성에 의한 것인데 바로 내적정신으로부터 옵니다. 그래서 세상에 존재하는 예술작품이나 발명품은 두뇌에 의한 생각보다는, 생각 없이 실재인 '나'의 빛으로 자각하는 순수하고 머무르는 마음인 청정심의 정신작용에 의한 것입니다. 이런 청정심으로 주시하여 세상은 실재인 내 안에서 이 몸과 함께 흘러 지나간다는 것을 알게 됩니다.

모든 물질의 기본입자인 원자나 양자의 구조와 역할에 대한 현대과학의 연구는 마음에 의한 두뇌의 생각에 의한 것인데, 사실 우리의 마음이란 게 양자보다 더 미세한 것이라 마음에 의한 미시세계에 대한 연구가 가능하고, 실지로 이 마음보다 더 미세한 것은 마음의 근원이며 모든 영혼들의 이면에 바탕으로 본래부터 있는 근원의 실재인 '나'입니다. 그 미세함 속에 모든 것이 다 들어 있어, 하나의 실재인 내 안에는 이 세계뿐만 아니라 존재하는 모든 것들이 다 있습니다.

모든 시작이 하나인 극히 미세한 점에서 시작되므로, 모든 것들이 시작인 점 안의 것이듯 우주와 세계 역시 빅뱅이란 점 하나에 불과한 것인데, 그 모든 시작의 점이 원점으로 근원이며 세상의 중심점으로 바로 두 번째가 없는 일자인 바로 '나'입니다. 그래서 모든 것이 나의 심장중심점 안에 하나의 동질성인 그것으로, 원점으로부터 스스로 빛나는 자각의 빛인 불성성령입니다.

그런데 생시에는 나라는 에고마음이 생각을 작동하므로 장소와 시간을 따지는데, 먼저 쌍으로 이루어진 눈, 코, 귀 등의 감각기관들이 작동하면 지각과 인식으로 거리감과 입체감이 생기므로, 동시에 우리의 생활 속에 공간이 생기고 그 안에 시간이 흘러갑니다. 이것은 마치 진동근원지에서 파동이 일면 파장이 퍼지면서 거리가 생기고, 두 거리 안에는 시간이 흐르듯이 시공이 생기게 됩니다. 그러나 본래 없던 시공이라 나에게 생각하는 마음만 없다면 모든 것이 본래의 있는 그대로여서 시공도 없고, 시공 없는 상태는 거리감 입체감도 없는 단순한 면과 같은 단면이고 점이어서, 존재로서 확인되는 것은 본래 있는 그대로의 하나뿐이라 단지 자각으로 빛나는 침묵뿐입니다.

또한, 시간은 태양 빛에 인해 되풀이되는 잠과 생시의 하루라는 일상으로, 생명체로서 탄생의 시작과 죽음의 끝을 생각의 마음으로 인식하므로 우리 인간에게 각자의 시간이 흘러갑니다. 그래서 에고로서 내가 살아가는 시공 있는 세상은 생각하는 마음으로 나타난 것이라, 그런 입체의 세상에서는 현상계에 대한 생각하는 나의 대상 인식만이 있습니다. 그러나 본래의 '나'는 단면이나 점의 하나로서 나타나는 실재라서 스스로의 자각만이 있습니다. 그 자각으로 드러난 영적인 점은 근원으로 무한영원하고 영속적인 표현불가의 단면이고, 그 점의 자체발광인 원광으로 드러난 침묵은 본래대로인 무한 영원한 자각의식의 빛입니다.

우리가 할 수 있는 바른 자세 안에 삼킴의 미소로 지속적인 흡인을 하면 마음은 내면에 머물게 되므로, 주의 집중하여 내적주시의 직관(直觀)으로 이면을 직감(直感)으로 느끼면, 직접지각(直覺)의 자각으로 실재가 본래대로 드러납니다. 그럼 모두가, 세상 모든 것들이 있는 그대로 하나로 드러납니다.

직관 ➡ 직감 ➡ 직각 ➡ 실재
주시　　느낌　　자각　　일여내관

III

탐구, 청문(聽聞)과 성찰(省察)

- 구도에 대하여 -

21

실재(實在)는 어디에 있는가?

　　　　　실재란 가상(假像)의 반대의미로 인간의식인 대상 인식에서 벗어난 것이라 보이지 않아도 항상 실제로 존재하는 것입니다. 우리는 이 몸과 마음만이 나의 모든 것으로 알고 세상을 살아가므로, 이 몸에 보이고 인식되는 세상 모든 것이 실재인 양 착각하게 됩니다. 그런데 영적세계에서는 에고-나와 세계란 것은 영화영상(映像)과 같이 지나가면 이전장면이 사라지는 허상이라 생각에 불과한 것이고, 영화 영상으로 바탕화면이 가려지듯 영상 같은 이 몸의 나로 가려진 바탕으로서 화면인 본래 '나'가 따로 있으며, 그 실재 '나'는 세상의 바탕으로 변하지 않는 영원한 것이라 하여, 에고-나는 혼동에 빠지게 됩니다. 억겁의 세월동안 에고-나는 생각하는 마음의 혼으로 윤회하며 몸과 마음을 나로 알고 살아왔고, 또한 이 몸의 성장과정에 에고-나에 혹독하게 세뇌되어 세계 안에 에고로서 드라마를 펼치며 몸으로 직접 경험하니, 두뇌인식의 사고개념으로 인생을 사는 나는 인식된 몸으로 실재세상을 살아가고 있다고 생각하게 됩니다.

　사실 우리는 실재 안에서 실재로서 살아가지만, 생존을 위해 몸과 마음으로 세상을 살아간다는 생각을 가진 에고-나의 덧씌움으로 가려져 진정한 '나'인 실재를 보지 못하고 알지 못하기 때문에, 실재를 생각이나 인식조차 못 하고 살아갑니다. 그런 실재를 모르는 에고-나의 생각 속에 우리는 이 몸이 직접 체험하는 생로병사와 이 몸의 마음으로 세상에 대한 희로애락을 겪으며 살게 되는데, 이것들은 실재 안에는 본래 전혀 없던 것인데, 단지 나라고 생각하는 마음과 이 몸으로 세상을 사는 에고자아에 의해 창조되어 실제인 양 부딪히며 겪는 것입니다.

그래서 이런 에고생각인 몸과 마음이 나라는 생각을 포기한다면 그것들로 가려진 본래의 실재가 있는 그대로 드러나고, 그럼 이 몸도 근원인 지고의 영으로 가득 찬 본래대로 실재로서 드러나므로, 있는 그대로의 실재인 '나'는 일체에 두루 하고 시작도 끝도 없이 하나인 일자로 무한하고, 세상 모든 것의 바탕이며 근원으로 항상 지속되는 영원함으로 존재하게 됩니다.

우리는 나의 몸과 마음으로 본래의 근원을 망각하여 인간으로서 에고-나의 탄생이 있고, 그 망각으로 근원인 아버지 하나님을 잊어버리고 부정하는 근친살해의 원죄를 짓게 됩니다. 이런 원죄를 씻기 위해 기도하는 예수 초상을 보면, 예수께서 고개를 들고 위를 바라보며 온화하고 경건한 자세로 두 손을 모으고 기도합니다. 이 자세는 에고소멸을 위한 흡인하는 삼킴의 자세인데, 우리가 이 자세로 삼킴을 해보면 머리의 생각이 없어지면서 머리 안에서 아랫배 안까지 하나로 드러나며 동시에 아랫배가 단단해짐을 느낄 수가 있습니다. 그럼 내면에 단단한 반석으로 고정된 내적주시가 이루어지고 자연스러운 미소와 지속적인 흡인으로 마음은 가슴심장인 근원에 합일 소멸되므로, 고요와 침묵의 자각이 평안 속에 드러나게 됩니다. 이것이 이 몸의 내면에 계신 하나님과 하나 되는 합일자세입니다.

부처님 불상은 연꽃좌의 바른 자세로, 두 눈은 가늘게 떠 있으면서 눈동자는 중심에 있으면서 시야는 약간 외측 아래로 넓게향해 있는데, 이 자세 역시 목 안에서 하단전까지 하나로 연결되는 방하착을 이루며, 이런 넓은 시야는 대지성을 통해 이면을 자각하는 본연삼매자세로 지복의 평안상태입니다. 약간 무섭게 보이는 표정으로 표현된 것은 미소는 가볍게 보인다는 동양적인 사고로 인한 것이라 추측되며, 본래는 감로수가 샘솟는 삼킴의 미소 안에 중도의 평온으로 온화한 표정이라 봅니다. 이미 부처님과 가섭존자와의 염화시중의 미소가 있지 않습니까?

우리도 마음이 내면에 머물도록 지속적인 강렬한 흡인을 위한 삼킴의 미소로 '나'를 찾으면 내적주시로 이면에 자각하는 침묵의 실재를 드러낼 수 있는데, 삼매의 미소와 함께 '옴'의 내심염송이나 '나는 누구인가'를 내면에 묻고 찾으면, 내면하단전은 다듬잇돌과 같아 횡격막을 고정시켜 지속적인 흡인을 하므로 마음은 소멸되어 일어나지 않고, 내면주시자각으로 모든 경계는 사라져 이면과도 하나 되므로 본연 삼매와 같은 실재를 드러내게 됩니다. 이런 실재의 깨달음은 바로 여기, 지금, 이 순간에 어디에나 항상 있는데 단지 나의 생각하는 마음인 에고가 그것을 가리고 있으므로, 생각하는 마음인 나—에고만 걷어내면 바로 세상모든 것이 본래대로 실재이고 진정한 '나'입니다.

우리가 인생을 사는 과정에 현상계를 대상 인식하여 생각이 있는 한 마음이 있으나, 생각이 없으면 마음도 없으므로 인식에 의한 세상도 포기되어 인식할 게 없어서 세상은 사라집니다. 세상을 포기한다는 것은 몸이 나라는 생각을 포기하여 갖고자 하는 욕망 욕심을 버림으로 마음을 비우는 것이지, 몸을 포기하는 것은 아닙니다. 마음을 비우는 것은 삼킴의 미소로 마음을 흡인하여 내면가슴으로 향하면 심장합일로 사라져 '참나'만 자각되는 실재가 드러나고 세계까지 내 생각의 환상에서 벗어나므로, 그럼 모든 것이 자각의 실재로서 하나로 드러납니다.

22

에고-나는 왜 과거와 미래에만
집착하는가?

　　　　　　세상을 생각하는 마음으로 살아가는 우리는 현재에
버거운 고통이 닥칠 때는 그 시간을 피하고 싶어 과거에 즐겁고 행복
했던 시간을 기억하며 회상에 잠기거나, 혹은 미래에 찾아 올 행복을
기대하며 상상에 빠져 고통스러운 현재를 벗어나려 애를 씁니다. 또
한, 현재가 즐거운데도 더 나은 미래를 갖고자, 그 즐거움은 내팽개치
고 닥쳐올 미래에 대한 계획으로 고민에 빠져들기도 합니다. 그러나 미
래는 내가 원하는 바 생각대로 펼쳐진 적은 별로 없습니다. 그럼 그 결
과로 바로 고통이 따르므로 고통을 피하고자, 또 생각은 과거에 대한
후회와 미래의 희망을 오가는 악순환을 되풀이합니다. 이처럼 끊임없
이 일어나는 많은 생각들로 세상에 빠져 사는 우리 인생은, 생각 때문
에 여기인 근원실재의 가슴심장과 지금에 머물지 못하여 바로 이 순
간인 지금에 현존할 수 없게 되므로, 세상사에 대한 마음의 생각으로
인생의 갈등과 근심 걱정의 고통이 항상 뒤따르게 됩니다.

　이렇게 과거미래의 생각에만 매달리는 마음은 잠재된 습이 활성화
되어 업으로 나타난 것이라 지나가면 사라지므로 지금의 순간에는 머
물 수가 없습니다. 우리 인생은 실재 빛의 반사광으로 펼쳐져 지금이

란 순간의 찰나에만 존재하는데, 그 순간순간의 존재함을 에고는 딴 생각으로 놓치고, 찰나인 세상을 단지 기억 속의 잔류인상으로 지속되는 인생이라 착각하므로, 사라지는 세상과 나를 실재라고 믿는 오류를 범합니다. 또한, 생각하는 에고마음은, 생각 없는 고요한 상태에서는 자신의 존재가치를 찾을 수 없어 두려워하며, 자신의 존재확인을 위해 계속적으로 생각을 유지할 수밖에 없으므로 생각은 꼬리에 꼬리를 물고 계속됩니다. 그래서 본래 '나'인 실재가 드러나 지속되는 고요한 침묵 상태를 에고는 참을 수 없어 본래의 자신을 스스로 파괴하고 망각합니다.

환상인 세상 안에 우리는 직접 몸으로 부딪치고 몸만이 나라는 생각의 마음으로 살다 보니 원치 않은 힘든 일이나 고통이 이 몸 앞에 닥치게 되는데, 만일 그 고통을 거부하지 않고 있는 그대로를 받아들인다면 처음엔 몸의 고통을 느끼게 되지만, 그 느낌은 바로 지금 이 순간이라 고통 느낌 때문에 다른 기억과 생각들이 유지되지 않아, 생각이 사라져 지속되던 고통이 멈추고 잠시 멍한 상태가 됩니다. 이때 이 몸에 고통의 원인을 내가 생각으로 찾으려 하지만 않는다면, 몸을 주시하고 느끼는 마음은 생각이 없어 내면을 향하게 되고, 그러면 생각이 멈추므로, 고요 속에 고통이란 착각도 깨지므로 환상에서 벗어나 우리는 비로소 생각 없이 현존할 수 있게 됩니다. 이때 나의 마음은 고통 때문에 밖이 아닌 안으로 향하게 되어 생각은 없어지고 고요해지므로, 그럼 고통도 생각이라 자연 소멸되는 것입니다. 그래서 고통이 오면 피하려거나 극복하려 생각하지 말고, 어렵지만 기꺼이 맞이하여 몸으로 느끼십시오. 어느 영화에서 총격으로 주인공 대신 그의 딸이 죽는 일순간, 주인공에게는 고통으로 그 현실을 받아들이지 못해 생각이 멈추므로 세상 모든 것도 같이 멈춰 잠시 고요 속에 잠기는 장면을 떠올리면 이해가 될 것입니다. 이처럼 그 멈춘 지금의 순간은 고요함이라 에고-나는 잠시 멍한 상태가 되는데, 에고는 이 지금의 멍한 상태를 참지 못하고 다시 생각을 일으키므로 마음은 다시 헤매게 됩니다. 우리가 그 멍한 고요상태를 지속적인 내면주시의 미소로 자각한다면, 내면에는 몸이 아닌 형상 없는 본래의 '나'가 드러나는데, 이것은 단지 직관에 의한 직감의 느낌으로 알 수 있는 자각입니다. 그 체험으로 내면 안에 허공이나 빛이나 공백을 보기도 하는데, 그런 보이는 것조차 포기하고 계속 내면의 '나'가 누구인지 주시하고 느끼면 침묵이 드러나는데, 그것이 바로 실재이며 본래 '나'인 자각으로 스스로 빛나는 원광입니다. 물론 '나'는 이 몸 안에만 있는 것이 아니고 모든 것의 안에도 같이 있으나, 먼저 이 몸의 내면에 본래의 '나'를 먼저 자각해야만 모든 것의 안에 있는 것도 불성성령의 빛으로 같은 '나'가 존재한다는 걸 깨달을 수 있게 됩니다. 그래서 모든 존재는 형상과 인식으로 존재하는 것이 아니고, 단지 빛나는 자각의식으로 스스로 존재하는 것이라, 세상 모든 것이 본래 '나'란 것을 알게 됩니다. 이러한 본래의 '나'는 무한이고 일자라, 나라고 생각하는 다양성의 에고마음으로는 본래 일자인 '나'를 찾거나 생각조차 할 수가 없습니다. 그렇지만 이 몸에 가장 가까이 있는 마음의 지성으로 세상 대신 이 몸을 먼저 주시하여 느끼면, 자연스레 마음은 내면을 향하고 가슴심장인 근원에 흡수 소멸되므로, 생각이 일어나지 않아 내면은 고요해져, 몸과 마음으로 가려진 자각하는 실재 '나'가 본래침묵으로 빛나 드러납니다.

이 '나'는 겉모습과 형상이 다른 대상인 모든 것들 안에서도 나와 동질의 생명인 진리를 느낄 것이고, 그 느낌이 바로 자각이라 자각하는 침묵 속에 비로소 모든 게 '나'인 실재로서 드러납니다. 존재로서 자각은 과거미래에서는 할 수 없고 있을 수도 없는데, 단지 지금 이 순간에만 자각하여 침묵으로 존재하는 것입니다. 그 침묵이 현상계에 드러난 게 바로 허공입니다. 그런데 말이나 생각으로 이 침묵이 깨지면 바로 시공이 나타나 실재에서 벗어나므로, 우리는 지성으로 이 몸을 의도적으로 주시자각함으로 항상 침묵을 지켜야 합니다. 그래서 생각 없는 침묵 상태를 위해 일상생활 중에도 딴생각 없이 고요히 있고, 꼭 필요시에만 의도함이 없는 행위인 무위를 해야 합니다.

인간의 모든 행위는 몸의 사지에 의해서 이루어지는데, 사지 행위는 인식하는 두뇌의 작용인 지성에 의해서 이루어집니다. 그런 두뇌작용은 마음의 빛에 의해서 작동 조정되고, 그 마음은 가슴심장의 실재의 빛에 의해 나타나는 것입니다. 이런 일련의 과정으로 이 몸의 행위의 원천을 안다면, 역으로 거슬러 들어가 내 마음의 근원인 가슴심장까지 도달하여, 에고마음으로 가려진 본래의 '나'라는 실재의 빛을 자각하게 됩니다.

우리가 세상을 볼 때는 에고마음이 생각하며 보려는 습관이나 시선은 절대 피해야 하며, 생각 없이 단지 보면 볼뿐입니다. 왜냐하면, 나-에고는 몸의 감각기관을 통한 지각을 인식하는 과정에는, 두뇌의 비교분석, 기억, 의지 등의 과거와 미래에 대한 생각들을 통합해 의도적인 행동을 일으키므로, 그런 생각들로는 지금 이 순간에 의도함 없이 머물 수가 없습니다. 물론 이런 행위결과에 대한 성취의 일시적인 기쁨도 있지만, 인과에 의해 항상 책임과 반성이 뒤따르고 인간으로서는 감당할 수 없는 일들이 벌어지면서 고통이 뒤따르게 됩니다. 그래서 세상 모든 일에 마음생각으로 의도함 없이, 단지 지금 주어진 상항만을 주시하여 직관으로 행함이 없는 행위를 하라는 것입니다. 내 앞에 주어진 현상과 상황을 생각함 없이 있는 그대로를 그냥 겸허히 받아들이면 됩니다. 내 앞에 놓여 있는 것을 이 몸의 나를 위해 새롭게 만들려거나, 조작 변경하려 하지 마십시오.

세상의 밝고 어둠을 볼 수 있는 것은 감각기관과 두뇌를 통한 에고의식이지만, 이 에고의식을 밝히는 '나'의식 이전의 '원광'은 모든 것을 비추어 밝음만이 아닌 어두움까지 똑같이 비추어 동시에 같이 존재케 하는 주시자각의 원초적의식입니다. 이 '나' 의식인 청정심의 순수에고는 자각으로 모든 것을 '나'로 의식하는데, 문제는 두뇌를 비추어 세계현상과 대상들을 다시 '수상행식'으로 분별의식인 '몸' 의식을 일으켜 많은 생각과 고민으로 의도하여 행동하므로, 인과에 따른 결과로 고통과 쾌락을 불러오게 만듭니다. 그런 나의 생각이란 게 세상대상물을 향한 인식이라서 생각으로는 본질인 근원에 접근할 수 없고, 생각하는 마음이 없는 상태가 되어야만 비로소 생각으로 가려진 여기 지금인 원광의 본래실재가 있는 그대로 상태로 드러나는 것입니다.

또한 '지금'이란 시공이 멈춘 상태여서 개념이나 생각이 필요 없고, 단지 존재로서 생각 없이 자각으로만 존재하는 평온의 현존상태입니다. 그래서 생각 없는 마음이 되기 위해서 나에게 필요한 것은 내향심인데, 지속적인 흡인으로 날숨마저 들숨화되면 마음은 근원인 내면의 가슴심장에 머무르고, 그런 마음은 심장 빛에 자연스러운 합일로 소멸됩니다. 그럼 마음이 사라진 내면은 고요 속에 침묵의 자각이 드러나는데, 그 자각의 빛을 발하는 가슴심장의 내면이 바로 '여기'이고, 이 근원의 실재가 자각의 깨달음으로 드러나는 이 순간의 세상이 '지금'입니다. 잡을 수 없는 지금 이 순간은 바로 여기로 인해 드러나니, '여기'인 가슴심장을 주시와 자각으로 드러내는 길만이 나의 현존입니다.

삼킴과 미소로 흡인하고 내면에 십자가를 그어 '나'를 자각하십시오. 삼킴의 흡인은 '옴−'으로 상중하단전이 하나 되고, 미소는 가슴심장을 주시자각하므로 십자가가 만나는 가슴심장 중심에 드러나는 본래 '나'가 실재의 중심이고, 이 시공 없는 중심은 시작점인 원점이고 근원이라 원초적 본래 빛인 원광으로 빛납니다.

원습에 의해 나타난 '나라는 생각'의 마음이 밖을 향하면, 몸이 나라는 무지의 망상으로 이 몸에 매듭을 지어 나를 몸으로만 한정 짓고, 실재의 '나'를 가리고 몸과 마음으로 스스로를 속박하게 됩니다. 그런 내가 생각하는 마음으로 찾는 깨달음이란 에고의 환상일 뿐이지만, 에고−나가 생각 없음의 여기, 지금 이 순간을 깨닫게 되면 모든 것이 본래의 깨달음 상태인 실재라서, 깨닫지 못한 사람도 없고 깨달을 것도 없는 본래상태라는 것입니다. 생각 없는 지금 이 순간에는 모든 것들에서 겉모습의 서로 다름이 인식되지 않아, 세상 모든 게 나와 똑같은 생명인 근원 빛의 빛나는 자각의식인 원광으로 드러나므로, 본래대로 자각의 침묵인 실재가 순간순간인 지금으로 영속됩니다.

23
'나'는 본래실재로 원광이다

　　　　　잠에서 깨어나는 생시에 이 몸이 나라는 생각과 함께
일어나는 세상은 바람 따라 흘러가는 구름같이 나의 생각과 함께 현
상세계로서 흘러갑니다. 그러다 바람이 멈추면 구름도 흐름을 멈추고
고요하듯이, 나의 생각이 멈추면 세계도 멈추고 본래대로 고요합니다.
바람은 이유 없이 일어나 세상을 흔들듯이, 생각 또한 업 따라 갑자기
일어나 제멋대로 떠돌며 평지풍파를 일으키고, 더 큰 바람이 오면 그
바람에 묻혀 이전 바람은 정체조차 없듯이, 생각 또한 어느 순간 새
로 나타난 더 큰 다른 생각에 의해 이전 것은 흔적조차 없이 사라집니
다. 이렇듯 생각의 마음이란 본래정체가 없고, 실재인 '나'의 빛이 내재
된 습에 반사되어 일어난 일시적 순간의 빛으로 나타난 것인데, 내면
에 머무르면 자신의 정체가 사라지므로 두뇌를 통해 바로 바깥을 향
해 비추므로, 이 마음은 이 몸의 호흡 따라 밖으로 나가 생각이란 의
식으로 세상을 헤매며 인생이란 드라마를 연출하게 됩니다. 또한, 실
재 '나'의 비춤이 반사와 산란으로 일어나는 자연현상은 이 몸과 함께
세계로서 나타납니다.

　　우리 인간들은 생각이 있어야만 자신의 존재를 인식으로 확인할 수

있고, 그래서 존재로서 자신의 생각 안에서만 존재할 수 있다고 생각하여, "나는 생각한다. 고로 존재한다."라고 표현한 서양 철학자의 말씀은 "인간은 생각하는 에고다."라는 말을 직설적으로 설파한 말씀입니다. 즉, 인간에게 생각 없는 존재는 존재로서 의미가 없다고 생각하여 세상을 향해 대상을 인식하는 생각만이 인간으로서 존재케 한다는 것이고, 우리는 이런 '인식론'을 사실로서 당연한 것으로 받아들이고 있습니다. 사실 우리 마음이 움직이지 않고 조용히 있으면 생각은 사라져 나 자신의 존재 유무를 모릅니다. 그래서 진정 생각 없는 인간은 존재로서 존재할 수 없는지 살펴보면, 오히려 나라고 생각하는 에고마음이 없어지면 내면은 고요해져 본래평안의 존재인 '참나'가 지복으로 드러나게 됩니다. 이것이 인식과 생각하는 에고로서 사라지는 존재와, 생각 없이 자각하는 실재인 영원한 존재로서 차이로, 에고인 반사광과 실재인 원광의 차이입니다. 물론 에고도 실재와 같이 나지만, 에고는 실재인 '나'의 빛에 의한 반사광으로 나의 일부로서 그림자일 뿐입니다. 그림자로서 에고의 인생은, 지나가면 사라지는 몸의 생로병사와 마음의 희로애락에 의한 영화 같은 찰나의 영상인데, 그런 순간적 환상인 에고-나로 사는 것보다는 영원하고 무한한 바탕으로 실재인 원광의 '참나'로 사는 게 본래대로라서 평온하므로 더 좋지 않겠습니까?

내면에 머무는 청정심인 정신은 근원의 빛이 원습에 반사되어 나온 미세한 마음인데, 내적정신으로 밖을 향한 에고마음의 지성을 발전시켜 내면으로 향하게 하면, 내면청정심은 더욱 강하게 끌어들여 거친 마음의 무지를 녹여 없애므로, 자체발광의 원광이 본래대로 드러납니다. 이것이 순수자각인 진리의 실재로서, 누구나 안에 내재해 있는 극히 미세한 '지고아'로서 본래의 '나' 의식입니다. 이 이면에 실재인 '나'로부터 모든 존재가 나오고, 또한 그 안에 존재로서 머무르다, 그 안으로 해소됩니다. 그래서 누구든지 또 모든 것은 이 실재인 '나'를 벗어날 수 없고 단지 이 안에서만 존재하는데, 우리가 모르는 것은 생각하는 마음인 에고가 장막같이 실재인 '나'를 가로막고 대신하기 때문입니다. 이런 나−에고가 존재할 수 있는 것은, 나의 뒤에 바탕으로 가려진 이면에 본래 '나'인 실재의 원광에 의해서입니다.

우리가 바른 자세의 삼킴과 미소로 흡인하여 이면을 주시 자각하면 고요와 침묵이 드러나는데, 그것이 바로 본래 '나'인 실재이고 생시−잠입니다. 그러나 우리가 실재라고 굳게 믿는 생시의 현재는, 보는 자인 내가 주체로서 인식하여 보는 그 순간에만 존재하는 대상세계로, 이 몸의 나와 함께 내가 볼 때만 나타납니다. 그래서 창조란 본래 없고 보는 자인 에고인식에 의해 그 순간에만 이 세계는 나타날 뿐이라, 인식과 생각하는 에고−나의 마음속에 창조와 진화가 되풀이되어 습으로 윤회합니다.

이처럼 창조의 세계는 생각하는 마음이 '혼'으로 윤회를 되풀이하므로, 세상에 나타나는 모든 것은 내 안에 있던 습이 업으로 나타난 것인데, 이 에고의 몸과 마음으로는 누구나 처음 겪는 것이라 새롭다고 인식하는 것입니다. 그러나 깨달음의 실재에는 생각하는 마음이 없어, 대상세계도 없고 윤회도 없습니다. 단지 스스로 빛나는 근원의 원광인 자각하는 침묵의 '참나'뿐입니다.

우리의 인생이란 세상과 에고—나 사이에 대상 인식으로 이루어지는데, 현상계의 대상세계로서 표현인 오감의 질서를 관장하는 불성인 법의 육감(경계)과 주체로서 이 몸의 다섯 감각기관(오관)들의 작용을 마음인 의(意)로 서로 조화를 이루어 두뇌의 육의식계들이 지각인식(의)하는데, 생각하는 에고—나는 사리판단과 사고개념이 어우러진 '수상행식'으로 대상 인식하므로, 세상은 자연과 인공이란 현상계의 다양성으로 펼쳐져 감정 덩어리인 이 몸의 행위를 일으키고, 나와 세계는 신의 안배인 '법'의 질서와 '의'의 조화라는 하나의 흐름 안에 같이 흘러갑니다. 이처럼 입체적 시공으로 펼쳐진 세계를 타자—대상 인식하여 지나가면 사라지는 환상인 세계를 참으로 받아들여 행동함으로, 생각하는 나에 의한 인생드라마가 세상 안에 펼쳐지게 됩니다.

에고인 나와 세계를 환상이라고 하면 물론 믿지 못하고 미쳤다고 생각하겠지만, 나와 세계가 덧씌움의 환상을 벗어버리고 생각하는 마음 없는 본래의 실재로서 드러날 때까지는, 나—에고에 의한 세계는 환상일 뿐입니다. 그러다 실재의 '나'에 대한 탐구로 생각하는 마음이 없어져 참나와 실재의 세상을 볼 수 있게 될 때, 비로소 '아 그 말이었구나.' 하면서 에고—나는 처음으로 본래 있는 그대로의 경이로운 실재를, 마음의 생각 없는 고요 속에 본래대로 드러난 참세상을 보게 됩니다. 이처럼 내가 환상을 떨치는 길은 환상 뒤에 가려진 실재인 참을 보는 것뿐인데, 먼저 이 몸과 마음의 생각으로 가려진 이면에 참인 실재를 먼저 보아야만 전면세계의 가려진 참도 같이 보게 되어, 본래 '참나'인 스스로 빛나는 원광을 보게 됩니다. 그럼 세상 모든 것이 본래대로 실재로 빛나는 참세상을 보게 됩니다.

바른 자세로 주의 집중하여 미소와 삼킴의 흡인으로 호흡 및 내면주시하면, 에고-나의 마음은 가슴심장인 근원을 향하여 흡수 합일되어 소멸됩니다. 그럼 이면에 참인 본래 '나'가 자각의 침묵하는 실재로서 본래대로 드러납니다. 이런 실재에는 원래 생각하는 마음의 에고가 없으므로, 보이는 세상에 대해서도 생각이 없어 동질성의 '나'로 보게 되어 단지 보면 볼 뿐입니다.

대지성		원습		업	
근원의 빛	➡	무형상	➡	본래형상	➡	현상계
자각(순수의식)		우주의식(마야)		에고의식(순수에고)		대상 인식
의식허공		의식허공		마음허공		원소허공
이면(실재)		저변(실재)		내면(나의식)		전면(몸의식)
불성성령(원광)		침묵		청정심(정신)		몸과 마음
원광(본래면목)		반사광		재반사광		산란광

　실재원광이 몸으로 인한 근본무지(원죄)인 대지성을 통과하면서 자체산란으로, 본래 빛은 다소 감소하나 원광처럼 무형상의 우주의식을 이루는데 이것을 마야(환)라고 합니다. 이처럼 투사의 자체산란으로 환을 품고 있는 원광이 비추어 세상을 이루고, 이 빛이 원습에 반사되어 최초 '나라는 생각'의 에고의식으로 나타나면, 바로 잠과 생시의 중간단계인 순수에고로서 청정심이며 내면에 머무는 마음인 깨어있는 '나'의식으로 나타나는데, 이것이 몸과 마음으로 사는 에고-나의 본래형상입니다. 물론 '나'의 본래면목은 원초적 자체발광인 원광입니다.

에고는 '몸' 의식의 생각으로 세상을 헤매는데, 깨달음의 '나'의식을 회복하면 내면에 머무르는 고요한 마음(청정심)이 되어, 실재인 본래의 '나'를 회복합니다. 그러나 이 에고의 빛이 밖으로 비추면 이 몸과 세계가 반사되어 대상으로 나타나 세상을 이루는데, 이때 세 허공(의식, 마음, 원소) 모두 원광에 의한 같은 침묵허공으로 이루어집니다. 이런 앎이 바로 자각의 깨달음이고 본래부터 세 허공이 하나인 '공'의 침묵허공이라, 우리가 찾고자 하는 깨달음은 항상 어디에나 본래대로 있기 때문에 찾을 것이 없다는 것이고, 실재인 세 허공을 가로막는 생각하는 마음만 걷어내면 되는데 바른 자세와 강렬한 삼킴과 미소에 의해서입니다.

24
잘못된 모든 것은 에고-내 탓이다

　　　　　우리는 직장이나 가정 등의 일상에서 하는 일이 잘못
되면 무조건 남의 탓이고, 잘되면 내 탓으로만 생각하는 아만으로 가
득 차 있습니다. 하지만 주위의 남을 탓하거나 비판하기 전에 먼저 나
부터 돌아봐야 하는데, 미리 남부터 들먹이고 책임을 전가시키는 게
일반적인 습관으로 에고마음입니다. 사실 잘되든 잘못되든 모든 게 나
의 습과 업에 의한 행위로 인과가 나타난 것이라 내 탓이고 또 내 탓
입니다. 특히 높은 자리에 있는 사람들은 잘되면 내 탓이고 못되면 무
조건 주위의 탓으로 돌리는데, 높은 자리에 있을수록 잘된 것은 주위
사람들의 덕분이고 잘못된 것은 다 나의 부족임을 깨닫고 겸손해야
합니다.
　그래서 우리가 세상을 살면서 정작 필요한 것은 높은 실력이나 풍부
한 부나 잘난 외모가 아닌 주위에 대한 양보와 겸손 배려와 나눔인 베
풂인데, 세상이란 나와 같은 모든 사람들이 더불어 사는 것이라 아만
의 에고로서 생각을 버려야만 본래 하나인 동질성의 '평등성지'로, 참
평화와 평등의 세상을 이루게 됩니다. 이런 베풂은 바로 나의 포기에
서 시작됩니다. 베푼다고 생각하고 행하면 진실한 베풂이 될 수 없고,
단지 내가 한다는 생각의 행위인 에고-나를 포기하는 베풂이 사

심 없는 행위로 생각 없이 이루어지므로 청정심에 의한 참 베풂이 됩니다. 이런 청정심은 이 몸이 세상 속에 있어도 마음은 고요히 내면에 머무르는 생각 없는 상태라서, 본래자각이 드러나 모든 것이 바로 나로 자각되므로 내 안에 있는 바로 '나'여서, 누구에게나 하는 배려와 나눔이 바로 나에 대한 것이라 생각할 필요도 없는 기본적인 베풂이라서 인과 없는 무위입니다.

우리 사는 세상의 일상은 끝없는 사건과 상황이 되풀이되는데, 사실 그것들은 쉼 없이 계속되는 나의 수많은 생각들에 의해 일어나, 그런 생각들에 의한 세계가 내 앞을 지나가면서 나를 그 안에 묶어 구속하고 현상들의 혼돈 속에 빠지게 합니다. 이 속박에서 벗어나려면 에고―나의 산란된 생각으로 이루어지는 세계 안에서는 안 되고, 나의 생각만 없으면 모든 사건현상들은 인식되지 않아 세상사가 이 몸에게는 아무 의미가 없으므로 그 생각하는 마음을 근원인 가슴내면원점으로 되돌려 마음소멸하면, 생각이 없어지므로 잠과 같이 아무것도 생각할 것이 없이 구속속박도 없고 단지 고요함인데, 이 고요함이 끊임없이 자각하는 침묵인 근원의 실재로서 에고―나의 이면에 항상 존재하는 본래의 생시―잠입니다. 나의 마음이 이 근원에 고정되면 비로소 영속의 순간에 머물러 생각 없는 평안과 자유 안에, 세계의 모든 사건상황은 영화 장면들같이 잠시 스쳐 지나간다는 걸 알게 됩니다. 그러면 나는 세계를 경험하는 에고체험자가 아닌 단지 주시 주관하는 주시자인 실재 '나'로서 드러납니다.

나의 마음은 '나라는 생각'의 실체 없는 생각의 덩어리로서 습에 의해 나타난 것이므로, 이 생각들이 일어나는 원인이 무언지 찾아보면 이 몸의 호흡 따라서 바깥세상을 향해 움직이는 에고의식에 의해 일어난 것임으로, 호흡을 주시하여 호흡이 멈추면 생각도 같이 멈추게 된다는 것을 알게 됩니다. 그래서 '나는 누구인가'를 물어 최초의 '나라는 생각'이 어디에서 왔는지를 이 몸의 나에게 직접 찾으면, 찾는 생각 자체가 먼저 몸을 느껴 내면을 향하므로 자연스레 호흡은 밖을 향하지 않고 멈추고, 마음도 내면에 멈춰 머물러 생각이 없어지므로 내면은 본래의 고요함으로 드러납니다. 이것이 좀 어렵기는 하지만 가장 직접적인 방법으로, 마음은 고향인 내면가슴을 향하고 본래의 청정심인 머무르는 마음이 되어 고요해지게 됩니다. 나라는 생각이 어디에서 생기는지 내 가슴 안에서 꼭 한번 찾아보시면 찾는 마음과 함께 생각은 바로 사라지고, 그럼 마음도 내면에 머물다 사라져 나와 세상 모든 것이 고요와 침묵입니다. 가슴심장에서 생긴 최초의 나라는 생각의식이 두뇌를 비추면 상습이 활성화되어 18계에 의한 수많은 생각들로 일어나게 됩니다. 이런 에고-나의 모든 생각들은 수시로 변하면서 내 앞을 지나 사라지지만, 항상 변치 않고 고정된 가슴심장 여기에 있는 '참나'를 느끼면 그 본래의 진정한 나를 꼭 붙잡아야 합니다. 생각들은 사라지지만 끊임없이 새로운 생각들이 일어나 계속하여 '나'를 가리고 '나'의 존재를 망각하게 만듭니다. 그래서 사라지지 않는 본래의 '나'를 가리고 있는 생각들이 어디에서 일어나는지 찾아보면, 바로 내 안 가슴심장에서 마음이 일어나고 마음의 빛이 두뇌를 비추어 활성화되면 생각이 일어나 세상을 인식하게 되므로, 내적주시로 거슬러 되돌아가면 처음 그 빛이 일어나는 곳이 마음의 근원이며 원점인 가슴심장이란 것을 알게 됩니다.

　이 심장으로 가는 길은 삼킴의 미소를 머금고 지속적 흡인을 하면 호흡내면주시의 내적주시가 되어 마음은 내면에 머물게 되고 그럼 근원인 실재의 빛에 합일되는데, 지속되는 합일고착으로 완전한 원습제거가 이루어지면 비로소 나와 세상 모든 게 근원의 실재로 고정되어 본래대로 하나로 드러나므로, 모든 게 평온 안에 지복으로 넘칩니다. 이때까지는 끊임없는 노력이 필요하고, 이후에는 실재로서 고착되어 자연스레 지속됩니다. 그럼 나라는 생각의 에고의식은 사라지고, 세상은 본래대로 원초적인 있는 그대로여서 따로 인식할 게 없는 일자만이 존재합니다. 여기엔 너나가 따로 없어 분별할 게 없는 평온뿐입니다.

25

나라는 생각의 에고가 만일 없다면?

천진난만한 어린아이를 미숙하다고 하는 것은, 몸과 마음인 에고가 덜 성숙되어 어른처럼 판단, 사고, 개념 등의 인지가 덜 발달되어 꾸밈이 없다는 것이고, 그래서 세상으로부터 받아들이는 게 적어 덜 오염되어 있고, 또한 생각이나 의도적인 행동이 적어서 어린아이들은 순진하고 순수하다고 말합니다. 그런 어린 에고마음이 몸의 성장과 함께 발전되어 성숙하면, 본래의 실재인 자신을 가리고 대신하여 근본을 망각하게 되면서 순수함이 깨지게 됩니다. 그래서 이십세가 되면 성숙된 에고로 인해 실재자신이 철저하게 완전가림이 되어 본래 '나'를 망각한 것을 기념하는 성인식을 치르고 축하해줍니다. 이처럼 인간의 모든 외적 행위 및 사건들은, 본래자신인 실재 '나'에 대한 철저한 망각과 부정 속에 치러집니다. 그럼 남는 건 이 몸과 마음만이 나라는 생각의 에고뿐으로, 나─에고가 마음으로는 인생의 희로애락을 체험하고 몸으로는 육체적인 생로병사의 고통을 감내하며, 세상이란 파도 속에 흔들리며 인생을 살아갑니다.

몸이 깨어나는 생시에 근원의 실재이며 나─비춤의 원광이 내재된 원습에 반사되어 일어나는 최초의 나라는 생각이 에고─자아인데, 이 에고 빛에 두뇌가 활성화되어 습을 업의 생각으로 투사하면 산란되어 나타난 세계는 무지개 같은데, 에고마음은 그런 환상세계를 대상 인식의 생각으로 얻고자 하여 몸의 행위를 이끕니다. 원습으로 등장한 나-에고는 근원실재인 '참나'로부터 진리의 생명 빛을 이 몸에게 연결하면서 이 몸만이 실재의 '나'라는 전도망상으로 몸 안에 매듭을 지어 생명 빛을 이 몸까지만 비추어, 그 빛의 생명력은 나에게 목숨을 주어 몸의 활기로 활동을 하고, 마음에게는 생각의 원천인 '나라는 생각'의 에고의식을 주어 세상을 살아가도록 생각하는 사고력을 줍니다.

우리 몸이 생명체의 유전인자인 무수한 DNA를 가지고 있어 몸 형상으로 표현되듯이, 습은 에고마음의 정보인자인 무수한 업을 수많은 생각들로 표현됩니다. 몸이 깨어나면 단일하며 무색의 원광인 실재 빛이 원습반사로 에고마음인 반사광을 내는데, 프리즘이 단색광의 빛을 많은 색깔로 분해하여 나타내듯이 이 반사광은 두뇌프리즘을 비춰 상습 안에 잠재된 무수한 정보인자들을 마음의 생각인 업으로 표출하므로, 세계는 수많은 모습의 다양성의 상(想)들을 짓게 됩니다. 그래서 DNA는 몸에 대한 수많은 정보인자를 가지고 있어 몸을 통해 나타내고, '습'은 업으로 나타나는 마음생각들의 수많은 정보인자를 가지고 있어 이 몸의 인식으로 세계를 나타내어, 그 안에 에고인생을 표현하고 이끌어 '나의 인생'이란 한 편의 드라마를 만듭니다.

이런 에고를 나타내는 원습들은 실재의 빛이 빛나는 곳은 어디에나 같이 있어, 생시에는 가슴심장으로부터의 마음의 빛이 머리두뇌를 비추면 미세한 습들이 활성화되어 확장되면 오관을 통해 수많은 상들로 나누어져 세계를 비추게 됩니다. 그런 세상의 상들은 다시 이 몸의 오관과 마음이 활동하는 자리인 두뇌를 통해 받아들여져 에고마음에게 는 대상 인식이란 생각들로 나타나게 되는데, 이 생각들의 덩어리가 바로 나의 마음인데 많은 인식의 생각들은 서로 혼재되어 연결되어 있 습니다. 그러다 하나의 대세적인 생각이 자리 잡으면 다른 생각들은 잠재되고, 이 대세적인 하나의 생각이 세계를 향하여 표출되어 에고의 이 몸을 주도하게 되는데, 그러다 다시 더 큰 새로운 생각이 등장하면 이전 생각은 새로운 생각에 묻혀 사라지게 됩니다.

이렇게 내가 생각하는 모든 것은 내 안에 잠재된 원습상습들이 실 재인 나−비춤에 의해 활성화되어 나타나는 투사물인 업이라서 세상에 는 실제로 새로운 것은 절대 없지만, 이 에고는 몸을 통해 세계를 처 음 겪기 때문에 모든 게 새롭다 느끼게 됩니다. 발견이란 게 과거부터 현재에 걸쳐 있던 것을 우리는 몰랐다가 처음 나타난 것이라 새로운 것이 아니듯이, 세상의 사상들이나 발명들이란 것도 우리가 집중을 통해 다른 생각들이 억제될 때 습으로 내재된 것들이 내 안에서 뛰어 나와 두뇌를 통해 나타난 것을, 에고의 우리는 생각하는 마음으로 새 롭게 보여 독창적이고 혁명적이라 감탄하여 보게 되는 것입니다.

이런 집중하는 마음으로 우리의 욕망을 충족시켜주는 능력이 있는 데 성취(싯디, 총체)라고 하며, 초능력을 나타낼 수 있는 방법이기도 합니다. 이런 초능력은 집중주시로 에고가 억제될 때 드러나는 실재 안에 내재된 습에 의한 능력인데, 주시로 에고 소멸되어 설사 초능력 이 나타나도 초능력에 의한 세상과의 주객관계가 바로 다시 형성되어 인식하는 에고는 되살아나므로 초능력은 사라지게 됩니다. 그래서 인 간에게 초능력은 일시적일 뿐 지속적은 아니어서, 이것 또한 지나가는 것에 불과한 것이라 에고마음의 장난이 될 수가 있으므로 거기에 빠지지 않도록 조심해야 하며, 결코 우리가 드러내고자 하는 본래실재는 절대 아니고 실재로 가는 길(탐구)도 아니며, 오히려 에고마음의 자만과 오만을 일으켜 집중을 흐려 탐구를 방해합니다. 초능력이 계속되려면 본인의 행위에 대한 인식이 없는 무위가 되어야 하고, 초능력 자체가 행위에 의한 것이라서 지속되려면 인식 아닌 자각 안에 이루어져야 하는데, 그런 지속되는 자각은 침묵 이외에는 이루어질 수 없고, 또한 그 침묵 안에는 행위란 이루어질 수는 없습니다. 초능력이란 단지 일과성인 행위라서 지나가면 사라지는 것입니다.

우리는 매일같이 몸의 치장을 위해 거울을 보는데, 전면의 거울에다 몸 뒤에 거울 하나를 더 놓으면 몸의 앞뒤에 거울이 놓이면서, 우리는 두 거울 안에 반사되어 무한히 되풀이되는 이 몸의 앞뒤의 모습을 보게 됩니다. 그런데 두 거울 사이에 놓인 형상인 이 몸을 없앴다면 계속되어 보이는 거울 안에 몸의 형상은 사라지므로, 몸 형상으로 가려진 무형상의 본래 '나'인 실재의 본 모습이, 무형의 허공으로 앞뒤 없이 하나의 무한으로 펼쳐져 있다는 것을 알 수 있습니다. 그래서 나라는 에고의 몸은 본래 무한이고 무형상이며 본래의 '나'인 실재의 허공 안에 존재하며 그것을 가리고 있듯이, 세계도 일체가 그와 같이 무한허공인 실재 안에 존재하면서 본래의 세상을 가리고 있습니다. 이와 같이 에고인식으로 보이던 나의 몸이 지성에 의한 주의집중의 내적주시로 몸에 대한 인식이 소멸되어 생각이 없으면, 에고마음으로 가려져 보이지 않던 내면에 진정한 '나'인 실재 주시자가 본래 무(無)인 허공형상으로 자각의 침묵으로 드러납니다.

보이는 전면에 나는 에고지만, 보이지 않는 이면에 '나'는 바로 주시자인데 자각함으로 존재를 드러내고 침묵함으로 모든 것을 실재의 '나'로 주시 자각합니다. 그래서 에고-나가 내면으로 사라지면 생각하는 마음도 사라지므로, 나도 없고 너도 없고 모든 것이 사라져 단지 실재의 '나'만이 본래대로 드러나 홀로 존재합니다. 그래서 이런 몸과 마음이 나라는 생각의 에고를 포기하는 것이 헌신이고 순복이며 진정한 무욕입니다. 이렇게 실재의 '나'를 드러내 평온과 자유의 지복 안에 실재로서 살기 위해서는 내적주시로 에고-나와 세계에 대한 생각을 포기하면 마음이 사라지고 무형상인 침묵의 '나'가 드러나게 됩니다.

우리가 살고 있는 세상은 자연이란 현상계인 세계와 무한공간인 우주로 표현되는데, 이 외적 표현은 본래실재인 자각의식의 빛으로 나타나는 오감(색성향미촉)에 의해서 존재로 나타납니다. 이런 실재의 빛에 의해 나타난 태양이 빛나면서 밝음과 어둠이 뒤섞인 생시가 등장하면, 모든 존재는 이 오감을 통해 형상 있는 존재로서 자신을 나타냅니다. 이때 오감을 나타내는 모든 존재는 역시 태양과 같이 실재의 빛에 의한 오감으로 빛을 내어 존재를 나타내면, 태양의 밝은 빛을 받아 반사산란에 의한 명암과 색체로 자신의 외적모습을 표현하게 됩니다. 그런데 이 오감을 나타내는 빛은 지고의 영으로부터 온 본래의 순수의식의 빛이라, 진동과 파동으로 빛과 소리를 나타내어 존재로서 자각하는 것이므로, 지금 이 순간에 존재하는 세상의 모든 것은 본래의 빛에 의해 있는 그대로 실재로서 드러나게 됩니다. 그래서 이 본래의 빛인 원광을 이 몸이 자각한다면 그것이 바로 삼매이고, 그럼 나는 자각의 빛인 WORD로서 근원인 원초적 침묵의 빛 안에 아버지와 하나 됩니다. 물론 이 빛은 자각의식입니다.

26
정신 차려

       우리가 흔히 말하는 정신(精神)은 세상 사는 데 필요한 사리 분별하는 올바른 마음이나 내적두뇌의식으로 참된 영혼이라 생각하는데, 본래 의미는 우주의 근원을 이루는 비물질적 내면의 실재로서 스스로 빛나는 자각의 침묵인 본래의 '나'를 뜻한다고 합니다. 그래서 우리가 알고 있던 두뇌의식으로 정신의 근본은, 머리가 아니고 모든 빛의 시발점이고 원점인 가슴심장입니다.

  우리는 종종 주위 사람들로부터 정신 차리라는 질책이나 충고의 말을 듣기도 하고, 혹은 살면서 세상사 일이 잘 안되어 힘들거나 고통스러울 때 스스로 정신 차린다고 마음을 챙기려고 자신에게 직접 사용하기도 하는데, 그것은 내적정신인 청정심의 빛이 두뇌를 비추어 일어나는 마음의 지성에 의해서입니다. 이렇게 주변인에게 듣거나 타인에게 하는 그 충고의 말뜻은 '너 스스로를 보라'는 의미이고, 자신에게는 직접 '나 스스로를 보자'는 말을 무의식중에 쉽게 정신 차리라고 표현된 것입니다.

  이런 나의 정신은 내 안에 깨어있는 자각의식의 빛으로 바로 진정한 본래 '나'여서, 그런 정신인 '나'를 찾으려면 나의 내면으로 들어가야만 합니다. 세상에서 아무리 찾아봐야 나의 정신은 결코 찾을 수 없고, 또한 우리가 찾고자 하는 진정한 정신은 나의 머릿속에 있는 것도 아닌데, 머릿속에서만 찾으려 애를 쓰는 게 문제의 발단입니다. 사고 작용하는 머릿속에서 정신을 찾으려 하면 생각만 더해지고 두뇌활동은 더 심해져 생각들로 혼란스럽게 되어 머릿속은 엉망진창이 되고 두통이 심하게 옵니다. 우리가 잘못 생각하는 머릿속의 정신이란 마음작용에 의한 두뇌활동이라 인식을 위한 에고의 마음작용인 '몸'의식이고, 실지 찾고자 하는 정신은 내면가슴에 머무르는 마음인 청정심으로 생각 없이 맑게 깨어있는 '나' 의식으로 근원은 가슴심장인 원점입니다. 그래서 누구나 나의 정신을 차리려면 머리가 아닌 청정심이 있는 자신의 가슴내면으로 들어가야 하는데, 찾으러 들어간 마음은 청정심의 내적정신에 의해 내면의 근원인 가슴심장 빛에 흡수 합일되므로 걱정 근심 고통 등의 생각은 모두 사라지게 되고, 그럼 본래의 고요함과 평안함이 드러나게 됩니다.

이렇게 나란 본래존재는 몸이 아닌 참 정신이므로, 이 몸이 있고 없음에 얽매이지 말고 세상사를 어지럽히는 에고의 생각하는 마음만 포기하면 되는데, 정작 우리는 나의 마음을 이용해 정신 차린다고 두뇌에 많은 생각으로 지새우니 오히려 악순환만 되풀이되고 있는 것입니다. 그뿐만 아니라 정신을 차리고 싶어도 우리는 본래정신이 자리하는 내면가슴으로 들어가 본 적도 없고 배운 적이 없어 너무 생소할 뿐입니다. 그래서 '나'의식인 정신이 진정 무엇이며 어디에 있는지 알기 위해, 우리에게 청문과 성찰하는 탐구의 마음공부가 필요한 것입니다.

평소에 우리가 일이 잘 안되고 생각이 복잡하여 정신을 차리려면 나의 마음이 명상처럼 하나에만 집중할 대상이 필요한데, 집중대상은 가장 가까이 있는 이 몸의 나로 정하는 게 좋습니다. 주의집중 하여 이 몸 전체를 단지 나 하나로만 느끼며, 눈앞 코 안의 허공을 느끼고 빨아 삼키듯 지속적인 삼킴의 자세로 입 안에 머금으면, 날숨은 멈추고 들숨만 지속되는데 날숨 따라 밖을 향하려던 마음도 들숨으로 흡인되어 내면으로 향하고 내면가슴에 머무르게 됩니다. 이때 내면가슴에 머무는 마음이라 마음작용은 없어져, 두뇌의 많은 생각작용들은 자연 사라지므로 내면은 고요 속에 청명한 기분이 듭니다. 그러다 호흡이 미세해지고 멈추면, 머무는 마음조차 본래고향인 실재의 빛에 흡수 합류되어 소멸되므로 생각은 아예 없어져 내면가슴은 본래대로 고요해지면서, 시공 있는 바깥세상과는 전혀 다른 본래의 단일(單一)한 단면성인 허공의 침묵이 드러나는데, 그 침묵이 바로 자각하는 본래의 '나'로 순수의식인 실재입니다.

이 실재의 빛이 내재된 원습에 반사되면 '나라는 생각'의 순수에고인 청정심이 반사광으로 나오는데, 그 빛이 최초의 '정신'으로 두뇌를 비추어 활성화되면 지성으로 발전하여 외적정신으로 세상을 향하게 되고, 그럼 대상들을 인식하는 중에 양가감정의 이분적인 사고로 정신은 오염되는 것입니다. 그래서 정신은 혼미해지고 흐려져 올바른 판단을 못 하므로 정신을 차려야 하는데, 내가 차리려는 본래정신은 바로 근원인 가슴심장원광의 반사광으로, 최초의 나라는 생각의 순수에고인 청정심으로 내면에 머무는 순수한 마음인 '나'의식이라는 것입니다. 본래 원광인 실재 안에는 모든 것이 하나고 다 '나'여서 타자 인식할 게 없어 전혀 생각할 것도 없는데, 나의 생각만 없으면 반사광인 세계도 본래실재로서 모든 게 순리와 조화 속에 있는 그대로 잘 진행됩니다. 이것이 이 몸의 안팎에서 드러나는 이 정신의 진정한 상태인데, 이것이 계속되려면 바른 자세로 지속적 흡인을 위한 강렬한 집중과 주시가 필요합니다. 그럼 이 몸과 세계도 본래 있는 그대로 단일성의 실재로서 드러나 현존하고 실존하게 됩니다. 우리 모두 에고–나대신 본래실재인 '나'를 드러내 본래대로 평온하게 살도록, 집중내적주시로 내면가슴의 본정신을 차립시다.

나라고 생각하는 마음이 몸을 인식하여 에고인 개아로서 세상을 살게 되면, '몸'의식의 에고로 인해 실재인 세상이 가려지면서 은폐된 상황이 일어나, 세계는 많은 오류들을 일으키게 됩니다. 또한, 가려져 잃어버린 실재 '나'로 인해 에고–나는 항상 막연한 분리 감으로 불안에 떨고, 상실감으로 많은 고통을 겪게 됩니다. 이렇게 많은 생각과 인식으로 에고 빛이 반사와 산란을 일으키면서 어두워지면, 밝은 본래의 실재인 세상은 에고로 가려지고 어두워져 은폐되므로 단지 보이는 현상계인 세계가 마치 실재인 양 착각하게 됩니다. 이것은 어두운 상황에서는 대상 인식이 흐려져 잘못 보므로 밧줄꾸러미를 무서운 뱀으로 착각하는 오류를 범하게 되는 현상과 같습니다. 그러나 정신을 차리고 깨달음으로 밝아지면 착각은 깨지고 뱀은 본래대로 밧줄로 보이듯이, 마음이 몸을 집중주시로 자각한다면 은폐는 사라지고 본래의 실재가 드러나므로, 실재자각으로 가려졌던 세상이 있는 그대로 드러나 본래대로 볼 수가 있습니다.

불교에서 말씀하시는 '공'은, 본성이 연기가 아닌 '있음'의 자각인데 바로 빛나는 빛의 자각의식으로 실재로서 드러나고, 그 자각의 비춤으로 세상과 나를 본래실재로 드러내 나타냅니다. 그러나 밝은 빛이 비칠 때는 비춤의 확산과정에 빛의 미세한 산란이 일어나듯이, 언표불가의 근원인 공이 스스로를 밀어내면서 빛나는 비춤인 실재 안에도 비춤으로 순수의식에 미세한 산란이 일어나 잠재되는데, 그것이 바로 환적인 요소인 '마야'입니다. 그래서 공의 비춤인 실재 빛 안에 잠재된 마야(환)는 그림자와 같아, 공의 비춤으로 침묵허공인 세상에 영상 같은 그림자로서 이 몸과 현상계란 대상세계가 같이 비추어져, 본래실재인 세상 안에 그림자 같은 환적인 연기(緣起, 12인연생기因緣生起)를 덧씌워 나타내 에고마음의 우리들까지 환에 빠지게 합니다. 우리의 심성을 흐리게 하고 항상 변하는 그런 환적인 연기로 인해 인과를 받아 고통에 빠지게 하는 환에 속지 않도록 정신을 차리려면, 우리는 바른 자세와 흡인하는 삼킴의 미소로 호흡내면 주시하여 실재의 '나'를 항상 직각으로 자각해야 합니다.

12연기란 전생 현생 후생을 통해 일련의 사건들이 고리 모양처럼 꼬리를 물고 이어지는 인과(원인결과)인 업의 과보로 우리 인생은 펼쳐지고 윤회합니다. 먼저 '과거 생'에서 진리를 모르는 무지의 무명(無明1)때문에 윤회하여 몸으로 다시 사는 나는 삶의 행(行2)인 행위인과로 업보를 받는데, 깨우침으로 생사의 무명을 깨트리지 못하는 한 윤회를 끝없이 되풀이하게 됩니다.

그래서 '현생'에 발현 업으로 '나라는 생각'의 에고마음으로 윤회하여, 기억과 생각의식인 식(識3)으로 현생을 위한 몸을 받게 되면, 육감(육경 육근)의 명색(名色4), 육감각기관의 6입(入5), 육의식계인 촉

(觸6)으로 18계의 세상을 이루어 업보로 에고의 대상 인식의 세계가 나타나고, 그럼 에고–나로서 감정의 수(受7), 욕망의 애(愛8), 집착의 취(取9)에 의한 '수상행식'의 생각으로 행위하며 인생을 살다, 다시 삶의 인과로 잔재의 흔적인 업(유, 有10)의 습을 혼(魂)으로 남기고 인생을 마감합니다.

그럼 습을 가진 혼이 다시 윤회하여 '미래 생'에 새로운 몸과 마음을 받아 에고–나는 생(生11), 노사(老死12)의 인생을 되풀이하는데, 진리를 모르는 한 무명(無明1)으로 다시 12연기가 서로 인과로 연결되어 꼬리를 물고 되풀이된다는 것입니다.

이런 윤회를 벗어나는 길은 12연기의 각 과정 중의 한 단계만 깨뜨려도, 인과의 연결 고리가 깨져 망상의 인생 굴레를 벗어나고 깨달음으로 본래실재인 자각의 침묵 상태로 돌아간다는 것입니다. 현생에서 쌓게 되는 인과의 업에서 벗어나는 길은 내적주시로 실재를 드러내 생각 없음의 무위를 이루는 것입니다. 우리가 관여할 수 없는 전생과 후생은 놔두고, 내가 살아 숨 쉬고 있는 이 '현생'의 생시에서 이 몸의 에고–나를 구해내는 것이, 내 인생에 주어진 막중한 책임이고 몸으로 사는 의미입니다.

27
허공과 우주

무한하고 영원한 것으로 보이면서 어떤 막연한 꿈을
갖게 하는 우주는, 우리가 살고 있는 땅 위에서는 하늘, 창공, 허공 등
으로 불리는데, 본래는 단일성의 하나만이 존재하는 단면성의 무한한
허공에 원소결합에 의한 무한정의 물질들이 만들어지면서 입체적이고
다양성의 공간으로 변형되고 한정되어 나타난 것입니다.

그런데 사실 허공이란 자각의 침묵으로 표현되는 실재인 '나'의 비춤
으로 세상에 드러난 것이라, 허공인 우주와 그 안에 있는 모든 것도
바로 본래대로 '나'여서, 허공의 우주는 에고-나에게 뭔지 모를 향수
와 기대감을 갖게 만드는 것입니다. 그래서 허공의 우주인 밤하늘을
바라보면 고향 생각 등의 회귀본능이 나타나기도 하는데, 허공의 우주
속에 내 마음을 뺏겨 마음이 본래대로 귀향한다면 생각이 없어지는
것이라, 밤이든 낮이든 하늘을 보는 것은 허공을 보는 것이라 이 몸
은 별생각 없는 맑은 상태가 됩니다. 그런데 내 앞의 빈 공간인 허공도
같은 하늘입니다. 그래서 평소에 세상을 향해 현상계의 대상물과 땅
만 보지 말고, 눈앞 공간인 허공과 고개 들어 같은 허공인 하늘도 보
세요. 비어 있는 허공을 인식하게 되면 빈 공간에는 볼 대상물이 없어
자연스레 마음은 내면으로 향하여 흡인됩니다. 이것이 호흡내면내적주

시로 이면에 실재인 본래의 '나'를 찾아가는 자각의 첫 시작입니다.

　우주구성은 우리에게는 아주 낯설고 과학자들도 정체를 잘 모르는 암흑물질과 암흑에너지가 대부분(96%)을 차지하여, 이것들이 보이지 않는 바탕으로 허공인 우주공간을 이루고 여기에 중력렌즈가 작용해 물질을 이루어 수많은 은하수의 행성들(4%)을 이룬다고 현대과학은 말합니다. 그런데 사람들은 보이는 대상만을 실재라 인식하므로 대부분이 비어 있어 보이지 않는 바탕인 허공우주에는 관심 밖이라 잊어버리고, 단지 4%뿐인 보이는 물질인 행성들만을 우주 전부라고 생각하여 연구합니다.

　그런데 이런 과학적 이론들이 일부는, 실재인 본래 '나'의 비춤이 보이지 않는 빛과 소리를 통해 세상을 이룬다는 영적인 면과도 거의 상통한다고 보는데, 빅뱅이 극히 미세한 한 점에서 시작하여 스스로를 밀어내는 척력으로 순간순간 무한 확장해 우주를 이루는 것이, 공인 근원의 한 점에서 스스로 빛나며 그 빛이 비치도록 스스로를 밀어내며 무한 확장하는 허공을 바탕으로 세상이 등장하여 신 우주 개아가 나타나는 것과 같습니다. 이런 것으로 보아 양자역학 등의 현대물리학이나 우주과학 등의 현대과학이 밝히고자 하는 모든 이론의 토대들이, 진화과정이나 우주의 시작 등의 과거사를 밝히려는 것을 제외하고는, 근본적으로 우리가 찾고자 하는 본래적인 영적세계와 결코 다르지 않다는 것을 우리는 알게 되는 데, 결국 세상 모든 것이 근원의 원점인 하나에서 온 것으로 표현만 다르다는 것입니다.

우주가 실재 '나'의 비춤이고, 이 몸 또한 '나'의 비춤으로 나타난 것이라, 우주와 함께 나타난 세상 모든 게 바로 '나'입니다. 그래서 모든 게 '나'라는 이런 실재의 자각이 항상 '나'로 머물게 하는 최고의 선입니다. 이런 자각은 단지 지금 이 순간에만 이루어지는데, '지금'이란 지나가는 시간이 아니고 시공을 떠나 항상 존재하는 고정된 실재가 드러난 것입니다. 나의 생각들은 우주공간의 세상을 오가지만, 내가 생각을 멈추면 세계우주란 시공도 사라지므로 '나'는 지금만이 존재하는 자각의 실재입니다. 세상을 이루고 있는 신, 우주, 개아 모든 것이 단지 존재로서 존재할 뿐인데, 개아는 에고-나로서 존재함이고, 우주는 세계란 다양성으로 존재함이고, 신은 모든 것 안에 존재함입니다. 그래서 모든 게 존재함이지만, 개아인 나와 다양성세계의 모든 것은 지나가면 사라지는 것이라 실재하지 않고, 단지 본래의 신 하나만이 실재합니다. 그것이 바로 절대존재인 '내가 있다'인 있음의 자각이고, 바로 실재의 '나'로서 '여호와'인 신입니다.

　　이 몸 앞에 펼쳐져 보이는 허공의 공간인 우주와, 나와 세상 모든 것의 이면과 저변에 보이지 않는 침묵의 허공인 초기우주가 있습니다. 전면에 보이는 우주는 원소허공으로 순간순간 변해가는 물질의 현상계를 이루지만, 이면과 저변에 보이지 않는 우주는 변치 않는 의식허공으로 원초적 초기우주의 바탕이며 본래 '나'인 근원의 실재입니다. 결국, 이 몸으로 인해 보이는 전면세상과 보이지 않는 이면실재를 마음의 생각으로 구별하게 되는데, 몸을 180도 회전하여 뒤돌아서면 앞에 있던 세상이 뒤바뀌어 이면실재가 되고, 이전 이면실재는 세상으로 지금 내 앞에 펼쳐집니다. 이처럼 세계도 본래대로 실재인데 몸으로 인한 에고생각으로 실재를 가려 환상으로 만들어 버립니다. 그래서 에고 마음만 제거하면, 보이는 전면세계도 이면실재와 같이 저변을 바탕으로 항상 똑같이 본래대로 실재로서 드러나게 됩니다.

우리가 할 수 있는 일은 나의 생각하는 마음만 제거해주면 됩니다. 그래서 마음 제거를 위해 날숨까지 흡인하여 마음이 세상 아닌 내면으로 향하도록, 삼킴의 미소로 주의 집중하여 호흡내면주시의 내관을 하는 것입니다. 그럼 마음소멸로 가려진 본래의 실재가 드러나므로, 드러난 실재는 모든 것을 '나'로 자각하는 단일하고 동질성인 하나만으로 존재하게 되므로, 결국 세상 모든 것은 실재인 내 안에서 나와서 내 안으로 돌아가 사라집니다. 이것이 세상 흐름이고 그 흐름은 실재인 내 안에서 이루어집니다.

이런 청문과 성찰의 탐구로 일여내관하면, 세상과 에고–나에 대한 포기로 인식하는 마음이 사라지므로, 내 안에 본래의 원초적 자각으로 지복인 중도의 평온이 드러나게 됩니다.

28

내 앞에 나타난 세계는 나의 업보다

우리 사는 현상계의 바탕인 허공 안에는 단일한 실재의 빛과 함께 자체산란된 원습 상습들이 잠재되어 한없이 생멸을 거듭하고 있습니다. 원습은 몸이 깨어나는 생시에 실재의 원광이 비추면 반사광인 '나라는 생각'의 에고마음으로 변해 몸을 이끌고 등장하여, 세계를 대상으로 에고인 개아로서 살게 됩니다.

또한, 과거행위의 인과가 업으로 쌓여 잠재된 많은 상습들은, 반사광인 에고마음이 두뇌를 비추어 활성화되면 생각과 행위인 업과 업보를 이 몸과 세상에 투사하여 항상 과거 일들을 되풀이하게 합니다. 그래서 평소에 하는 우리 인간들의 모든 행위는 업을 쌓고 습으로 잠재되어 후손에게 물려주니, 평소 하나하나의 행동에 정말 조심해야 합니다. 그래서 선인들의 가르침이 지적하는 것은, 선업을 쌓거나 인과가 없어 업을 쌓지 않는 행위로 생각함 의도함 행함이 없는 행위인 무행위를 하라는 것입니다.

주체인 에고-내가 세상을 대상으로 바라보며 탐욕으로 이끄는 업의 활성화는 생시에 몸과 마음이 세상을 향해 있을 때 일어나는 것이고, 에고마음이 내면에 머물 때는 활성화가 일어나지 않습니다. 그래서 항상 마음이 내면에 머물도록 나-에고가 외적정신의 지성으로 내면주시하는 것입니다. 몸과 마음이 집중하는 호흡내면주시는 가슴심장을 향한 내적주시가 되어 몸에 의한 원습의 활성화를 막아주므로, 원광이 에고마음으로 반사되는 것을 막습니다. 그러다 내적주시의 자각이 이면근원에 고정되어 생각하는 마음이 절멸되면 원습 고갈로 활성화는 끝이 납니다. 그래서 에고–나의 내적주시로 원습이 고갈되는 마지막까지는, '나는 누구인가', '오 하나님!', '여기. 나(지금)', '옴', '나' 등의 각자에 맞는 내심염송으로 끊임없이 이면에 '나'를 내적 주시하여 자각해야 합니다. 내심염송 없이도 실재 '나'가 드러나 생각 없는 자각의 침묵이 지속될 때까지는 계속해야 합니다.

배는 최대한 안으로 넣고 가슴은 들숨으로 최대한 부풀리는 바른 자세 안에, 집중주시가 이 몸의 나를 벗어나지 않도록 삼킴의 미소로 날숨까지 흡인하여, 원죄인 이 몸의 내면을 끝까지 내적주시하고 자각해야 합니다. 그럼으로 드러나는 이면실재는 오고 감도 없고 경계도 없어 움직인 바 없이 항상 고정되어 있으며, 밝음 어둠도 아니며 황홀경이나 공백도 아니고 이것저것도 아닌 에고표현으로는 단지 '중도'로, 그것은 그냥 원초적인 본래 있는 그대로인 침묵이고 자각인 '있음'입니다. 이 몸을 포함해 보이는 세상 모든 것에 시선을 거두면, 생각이 포기되고 마음도 포기되어 본래대로 돌아갑니다. 그러면 모든 게 자각의 실재로서 드러나 본래의 빛(자각의식)에 잠기는 삼매여서, 앞에 보이는 것은 유상삼매, 보이지 않는 이면은 무상삼매, 그럼 나와 세상 모든 게 하나인 실재로 본래의 본연삼매로 드러납니다.

이 몸을 감싸고 있는 눈 앞 공간인 허공이나 저 하늘 우주를 감싸고 있는 우주공간허공이나, 이 마음의 바탕인 내면에 마음허공이나 이면에 의식허공이나, 허공으로서 모든 공간은 이 몸과 세상의 바탕으로 모두 똑같습니다. 이 허공들의 '침묵'이 바로 지금 이 순간의 '나'이고 자각하는 '나'이고 실재의 '나'입니다. 그래서 현상계의 모든 존재는 돌멩이나 모래알 한 알까지 단지 '나'라고 자각하는 의식인 실재의 빛으로 존재해, 모든 허공이 하나이듯 현상계의 모든 존재들도 단지 '나'로 하나입니다. 현상계의 가장 우두머리인 인간이라고 너무 자만하지 말고, 형상과 이름 가진 모든 것들의 내면에는 동질의 단일한 불성성령을 가진 똑같은 실재의 '나'라는 것을 우리는 꼭 알아야 합니다. 진정한 본래의 '나'를 모르고 나를 자각하지 못하면, 인간도 대상 인식으로 욕구충족만 하는 동물이나 같습니다.

세상에 형상으로 보이는 모든 존재는 '나'라는 자각의 빛으로 오감을 내고 자신을 나타내어 존재하므로, 내가 본다는 생각의 대상 인식이 없다면 있는 그대로가 실재입니다. 우리 인간만이 나가 아니고, 현상계의 모든 사물도 인간과 똑같이 바로 나-있음의 자각으로 존재합니다. 그래서 '나에 대한 명상'이 최선의 수행법이며 참사랑과 참 자비의 평등성지를 이루는 직접적인 길입니다. 사랑과 자비의 참 뜻은 모든 것을 바로 '나'로 아는 것입니다. 나를 벗어나 다른 대상에 대한 명상은 인식과 생각이 되지만, 단지 '나'만을 생각하는 명상은 자각이 됩니다. 물론 처음에는 이 몸을 대상으로 시작하지만, 깊어지면 내면으로 들어가 본래실재인 자각을 침묵으로 드러내고 원광으로 빛납니다.

이 몸이나 보이는 모든 존재는 실재인 '나'의 비춤으로 습이 활성화되면서 업으로 나타나는 투사물인 것을 알면, 세상 모든 것에서 인식

대상으로의 환상이 깨지므로 모든 것을 본래대로 같은 '나'로 자각하게 되는데 이것이 바로 깨달음입니다. 이런 앎으로 모든 것이 나로 자각되는데, 단 세상의 중심인 이 몸의 자각이 먼저 이루어져야 모든 것이 '나'로 자각됩니다. 그럼 우리 일상생활까지 영적자각으로 생각 없이도 행위가 이루어집니다.

 일상을 벗어난 수행은 나를 벗어나게 되고 먼 곳에서 나를 찾으려하는 것이나 다름없습니다. 나와 일상을 벗어날 필요도 없고, 벗어나지도 마십시오. 항상 내가 지금 실존하고 현존하고 있는 '지금, 여기'가 바로 나의 깨달음입니다. 이면에 '여기 나'와, 전면저변에 현존하는 '지금 나'를 잊지 마시고 동시에 자각하십시오. 인식의 생각을 벗어나서, 자각으로 지금 이 순간에 존재하는 일상이 모두 실재이고 영적 삶인 영의 세계입니다. 어딜 가나, 어디에 있으나, 습과 업의 에고-내가 사라진 지금 이 순간은, 바로 본래의 여기(나)인 자각의 가슴심장입니다. 나를 벗어나지 말고 지금 이 순간의 '나'만을 자각하십시오. 이것이 현존이고, 이 몸과 세상은 부처님 하나님이 살아 움직이는 친존인 강림입니다.

29
나는 누구인가?

　　　　너 자신이나 나 자신이나 누구나의 자신이란 분별할 것 없이 같은 하나의 본래 '나'여서, 우리 모두의 안에 있는 자신인 본래 '나'는 모두가 똑같고 단일한 불성성령인 자각의식의 빛입니다. 그런데 먼저 내면에 본래 '나' 자신을 보아야만 모든 것들의 자신이 나와 똑같은 자신이며 똑같은 하나의 '나'임을 자연 알게 됩니다. 그래서 이 몸과 마음 아닌 본래의 나를 찾는 '나는 누구인가'는, 나라고 생각하는 이 몸의 에고마음을 제어해 소멸하고 실재인 본래 '나'의 정체를 드러내는 가장 확실한 방법입니다. 먼저 나라고 생각하는 이 몸과 마음이 진정 나인지를 스스로에게 주시와 내심염송으로 물으면서, 그 마음을 이 몸 가슴 안에서 찾아보십시오. 그럼 나라는 생각의 찾는 에고마음은 반사광이고 본래 없던 것이라 내면에서는 본래의 원광에 흡수되어 자연 사라지는데, 구름에 가려졌던 해가 바람(주시)이 불어 구름(마음)이 흩어져 사라지면 다시 해(원광)가 드러나듯, 내면에서 생각의 마음이 찾음의 주시로 사라지면 가려졌던 실재 '나'인 원광만이 본래대로 드러나게 됩니다. 그렇게 드러난 근원의 빛나는 실재원광이 바로 자각의 침묵으로 빛나는 본래 '나'입니다.

246　내 안에 있는 원초적 고독

세상에 나만 존재한다면 인식대상이 없어 갈등도 미움도 없는데, 생각하는 에고–내가 나타나면서 그런 나의 인식으로 대상으로서 세계가 나타나므로, 나와 대상세계 사이에 타자–대상 인식으로 갈등과 혼란이 조성되어, 이 몸과 마음인 에고–나에게 슬픔과 불행이 초래됩니다. 그래서 세상에 대한 생각을 만드는 원습의 표출인 '나라는 생각'의 에고마음을 포기하라는 것입니다. 그럼 생각에 의한 에고–나와 대상세계는 사라지므로 모든 것이 본래대로 단일성의 '나'만으로 드러나는데, 이렇게 생각함 없이 침묵으로 자각하는 순수한 본래의 '나'로만 존재하십시오.

에고–나와 세계는, 반사광인 에고마음을 빌어 주객관계인 인식의 생각으로 세계가 나타나는 것이라서 지나가면 사라지는 일시적인 환상이라고 합니다. 그래서 그 에고마음을 본래 나온 곳인 내면근원으로 되돌리면 나라는 생각의 마음인 반사광은 원광에 흡수되어 소멸되므로 환상도 사라지고, 그럼 본래 '나'이며 원광인 실재만이 드러나게 됩니다. 이 몸과 세상이 사라지는 것이 아니고 나라는 생각과 대상에 대한 타자인식이 사라져, 세상은 본래실재로서 있는 그대로인 자각의 빛이 드러나므로 세상과 나는 하나로서, 일자인 '나'로만 홀로 존재하게 됩니다. 이것이 부처님 말씀인 천상천하유아독존(天上天下唯我獨尊)입니다.

실재의 빛에 의한 반사광으로 생긴 나라는 생각인 에고마음은, 그 근원이 나의 몸 내면가슴으로 호흡의 교차점과 같아서, 호흡 시 날숨 따라 나가 세상을 헤매며 대상을 취하여 인식합니다. 그래서 그런 마음을 본래 나온 근원인 내면가슴심장으로 되돌리려면, 호흡을 들숨으로만 유지하면 마음은 밖으로 향하지 않고 내면에 머물게 됩니다. 그래서 미소와 삼킴으로 날숨까지 지속적인 흡인을 하면 들숨만 있어 자연 호흡내면주시가 이루어져 마음이 내면에 머물므로, 이런 마음인 에고가 이면근원에 흡수 합일되어 절멸될 때까지는 배는 집어넣고 삼킴 미소를 머금고 지속적인 노력을 해야 합니다. 왜냐하면, 에고-나도 본래는 '나'의 빛에 의한 것이라 내가 나를 없앨 수는 없어, 본래 나온 곳인 원광에 되돌려 하나인 그 빛에 자연 흡수하게 하는 것입니다. 원광은 근원이 자체발광으로 스스로 단일한 자각의식의 빛을 지속적으로 발하므로 무한 영원한 것인데, 반사광인 에고는 순간순간에 반사되어 나타났다 사라지는 빛입니다. 창조 자체가 없는 실재에서는 나와 세계도 실재인 영원한 '나'의 빛에 의한 순간의 생멸이라 본래대로 지금만 영속되는 불생불멸입니다.

또한, 현대과학인 양자역학에서도 밝힌 바와 같이, 우리가 보는 순간의 모든 물체는 이미 보기 전의 성품은 사라지고, 보는 순간순간마다 새로운 상태로 변해 나타난다는 것입니다. 그런데 이런 환상이 지속되는 것은 에고마음의 나에게 기억장치에 남아있는 잔류인상을 연결해 실상으로 계속된다고 생각하여, 이 잔상들을 실제로서 창조와 진화라고 착각하기 때문입니다. 생각하는 마음에 의한 이 무서운 착각에서 꼭 벗어나야만 윤회가 그치는데, 방법은 생각하는 마음이 내면 가슴으로 향하는 것입니다.

이 몸과 마음이 '나라는 생각'의 에고는 처음부터 시작이 잘못된 착각에 의한 오류여서, 우리는 인생의 굴레 안에 다람쥐 쳇바퀴 돌듯 계속하여 오류를 만들고 어쩔 수 없는 그 혼돈 속에 각자의 인생을 살아가게 되는 것입니다. 그래서 그것을 벗어나는 길은 에고가 '나'라고 착각하는 오류를 벗어나야만 되므로, '나라는 생각'의 마음인 에고—나를 내적주시의 자아인식으로 자각하여 본래 나온 본연인 내면가슴심장으로 되돌려 소멸하고, 본래 있는 그대로의 실재인 '나'를 드러내는 방법뿐이 없습니다.

호흡내면주시는 배는 최대한 집어넣고 가슴은 들숨으로 부풀리는 바른 자세로 삼킴의 미소를 머금으면 지속되는 들숨만으로 날숨까지 제어를 가져오는 방법인데, 그런 지속적인 흡인을 위해 코, 입, 목 안에 주의 집중하여 지속적인 강렬한 삼킴의 머금음으로 가슴심장이 느껴지고 마음은 심장에 합일되어, 내면 전체가 하나로 느껴져 내관이 이루어집니다. 그럼 고요와 침묵이 드러나고 계속되면 일여내관으로 이면 전체가 하나의 '나'만으로 자각되는 실재인데, 실재의 빛은 본래대로 하나라서 세상 모든 것도 하나인 '나'로 드러납니다. 그럼 이때 이면과 하나 되어 자각하는 여기의 '나—'가 있고, 전면에는 대지성을 자각하는 지금 이 순간의 '나'로 드러나는데, 전면과 이면에 모든 게 동시에 하나로 자각되어 느끼는 그런 '나' 의식조차 사라지면, 고요히 자각하는 침묵만이 하나로 드러나는 실재인데 이것이 본연삼매입니다. 이런 '나—비춤'의 앎이 진정한 나의 깨달음으로 끊임없이 '나'의 자각으로 빛나고 있어, 전면세계와 이면근원 모든 게 하나인 실재로서 드러나 실재인 '나'에 대한 일여내관이 됩니다. 물론 나라는 생각마저 사라지고 단지 '있음'의 고요 속에 주시자인 일자에 의한 침묵의 자각만이 있습니다.

십자가의 수직축은 삼킴에 의해 하단전의 아랫배는 단단한 반석과 같은 다듬잇돌 모양(방하착)을 이루면 이면에 자각하는 실재의 '여기 나'로 드러나고, 수평축은 미소로 나타나는 지복으로 '지금 나'로 드러나, 두 축이 만나는 가슴심장인 중심점(center)이 바로 '나'의 근원인 원점 하나로 무한 영원합니다. 항상 이 몸 안 심장 중심에 하나님의 '십자가'와, 부처님의 '나'를 안고 사십시오.

나의 마음이 깨달으면 단지 하나의 자각의식만이 있는데, 그 의식은 스스로 자신을 아는 의식이라 모든 무지를 벗어나게 해줍니다. 그래서 소크라테스가 하신 "나는 내가 모른다는 것을 안다."는 말씀은, 본래의 실재를 모르는 무지한 에고의 정체를 앎으로 에고-나는 사라져, 가려진 본래의 '나'가 드러난다는 것입니다.

'나'란 실재상태는 단지 하나이므로, 나라는 생각마저 없어 구분구별과 분별마저 없는 원초적 상태라서, 드러난 지복이 바로 평온이며 그 평안은 인식 아닌 자각만 하므로, 사리판단이나 분별할 게 없는 중간상태의 중심인 중도라 합니다. 내가 그 상태를 아는 것은 단지 느낌으로 직관에 의한 직감으로 체험되는 직각이지, 다른 사고나 기억 경험 등의 인식을 통해 아는 것이 아닌 단지 직접 느끼는 실재자각입니다. 그것은 여기의 지금 이 순간이라 본래 표현 불가한 상태인데, 이 몸의 에고로서는 체험에 대한 기억으로 단지 느낌이라고 표현할 뿐입니다.

이처럼 본래의 '나'란 존재는 표현할 수 없이 완전하고 지복 그 자체입니다. 그런데 이 몸의 에고-나는 반사광이라 의식으로서는 완전함이 깨져있어 무언가 부족감을 느끼게 되어, 그걸 보충해 본래성품인 완전함으로 돌아가려는 욕망이 생깁니다. 그래서 세상을 사는 에고-나는 보이는 세상에서 얻어진 것으로 부족함을 채우면 욕망이 충족되고 행복감을 느끼면 본래의 완전함을 회복합니다. 그러나 밖에서 얻어진 행복은 완전한 지복과 다르게 마음의 생각에 의한 충족감이라 일시적이고 지나가면 사라지는 것입니다. 그래서 그 상황이 지나가면 행복감도 같이 사라지고 다시 완전함이 깨지므로, 그럼 에고의 나는 새로운 또 다른 충족감의 행복을 위해 다시 세상을 헤매게 됩니다. 이렇듯 우리 인간은 부족감을 느끼면 본래성품인 완전함 때문에 욕구욕망이 생겨 그걸 다시 보충해 충족하게 되는데, 충족이 안 되면 불완전하여 고통을 느끼게 되므로 불행합니다.

이런 욕망에 의한 불만족의 고통이라 불안정하여 그 고통이 몸과 마음에 느껴지면 스스로를 파괴하거나 다른 대상물을 파괴할 수 있는 강력한 힘이 됩니다. 그래서 그 고통을 몸이나 외적으로 발산하지 말고, 마음의 지성으로 몸 안 내면을 향하여 스스로 이 몸을 느낀다면 바로 직관으로 연결될 수 있습니다. 이것은 밖으로 향하던 마음이 지성으로 몸을 느끼게 되면 일단 마음은 몸 안으로 방향을 돌릴 것이고, 뒤로 돌아선 마음이 몸 안 내면으로 들어가도록 의도적으로 내적 주시를 하면 바로 직관이 됩니다. 그래서 지성으로 내면을 향한 마음은 내면청정심의 끌어당김으로 내면가슴에 머물러 생각은 사라지고, 마음은 근원의 실재인 원광에 합일되어 고통도 느낄 게 없어 나는 본래대로 고요 속에 침묵으로 중도의 평안 안에 있습니다.

우리가 살아가는 인간사 모든 상황은 '나라는 생각'의 에고마음에 의해서 일어납니다. 그런데 그런 마음에 의한 생각이 없다면 세상을 이루는 신과 현상계인 우주도 또한 개아로서 나마저 아무것도 없는데, 아무것도 없어 생각 없는 상태가 바로 나의 진정한 본래적이고 원초적 실재상태로 평안의 지복입니다. 이 상태는 인간의 몸으로는 느낌이라 일시적이어서 다시 벗어나게 되므로, 한번 경험한 후에는 고착되도록 지속적인 노력으로 내적주시하면 이면에 실재가 드러나고 모든 저변까지 드러나면서 모두가 하나인 실재로 고정되게 됩니다. 그래서 근원실재 안에 마음을 일으키는 원습이 완전 용해되어 절멸될 때까지는, 강렬한 미소와 삼킴으로 가슴심장원점을 항상 내적주시해야 합니다. 에고마음은 이 본래적인 자신의 상태를 가리고 망각하므로 본래자신을 마치 남인 양 타자인식을 하므로 무한자, 전지전능자, 지고자, 신 등으로 부르는데, 바로 이것이 나의 본래적이고 원초적인 상태이며 반듯이 돌아가야 할 고향입니다. 이렇게 인간은 실재의 자신을 잊고 자각 대신 인식함으로서 타인 화하여, 본래자신을 하나님 신 등으로 경배합니다. 물론 자신에 대한 경배라 나쁠 것은 없지만, 그 경배의 대상이 바로 자신임을 알아 자각한다면 더 이상 바랄 것이 없을 것입니다. 그럼 세상의 모든 혼란과 고통이 없어지고, 본래대로 신국이고 원초적인 신천지가 있는 그대로 드러나 열립니다.

　우리가 진정 바라고 찾고자 하는 것이 저 멀리 하늘나라나 찬란한 극락에 있는 것이 아니고, 이 자그마한 누구나의 육신 안 가슴심장에 있다는 것이 너무 아이러니하지 않습니까? 그걸 놔두고 밖으로만 헤매고 있는 것은 잘못된 사회와 교육 종교적 가르침에 이유도 있지만, 원습의 에고마음으로 이 몸에만 집착하여 나만을 위하고, 행복을 물질적 대상 인식으로 착각하여 바깥세상에서 찾고자 생각하는 마음의 에고-나 때문입니다.

보이는 세계는 지나가는 현상의 빛이고 영화장면같이 찰나적이라서 붙잡을 수는 없고, 변치 않고 고정된 진정한 행복과 본래의 세상을 찾고자 한다면 밖이 아닌 이 몸인 내 안에 있다는 것을 먼저 알아야 하고, 그래서 내 안으로 가는 길을 꼭 찾아야 합니다. 그 길이 바로 '나는 누구인가?'이며, 에고-내가 스스로에게 진정한 '나'는 누구인지를 내면가슴에 물어 찾아가는 방법입니다.

이 에고-나는 순수의식인 '참나'와 지각능력이 없이 단순한 물체인 이 몸 사이를 연결 지으면서 매듭까지 짓는 의식으로, 그 매듭으로 본래 '나'를 몸으로만 한정 지어 인식하는 가짜의 나입니다. 이 가짜의 나인 몸과 마음의 에고는 찾으려 하면 사라지는 유령 같은 그림자여서 환상과 같은 것입니다. 그래서 이 유령을 찾아 소멸하고, 본래의 '나'를 드러내는 것이 내 인생의 참 목적이고 주어진 사명인데, 우리는 마음에 휘둘리며 인생살이에 빠져 직무유기하고 있는 것입니다. 단지 에고-나의 정체가 무언지를 알고 그 근원을 추적하여 에고마음을 소멸하는 것이 내 인생의 본래임무라서, 나의 참 정체를 청문으로 먼저 알고, 성찰의 탐구로 '참나'를 있는 그대로 드러내면, 비로소 에고-나는 원습과 윤회로부터 벗어나 본래실재 '나'로서 영속됩니다.

그렇다고 세상일을 등한시하라는 것은 아니고, 주어진 세상일은 하되 거기에 마음이 얽매이지 말고, 세상과 '나'와의 경계와 중심에 이 몸이 있다는 것을 알고, 에고-나의 생각하는 마음이 그 중심을 벗어나지 말고 몸 안을 주시하며 세상일을 하면 헤매지 않으므로, 모든 일은 있는 그대로 순리적으로 조화 속에 진행됩니다. 나라는 생각의 에고마음이 행위 하려는 의도나 의지로는 현재 일어나는 상황인 현상계에는 어떤 영향도 주지 못하므로, '그런가!' 하고 주시만 하십시오. 그래서 나의 일상에서 주어진 역할을 마치면, 연극을 끝낸 배우처럼 바로 주어진 배역은 잊고 내적주시로 실재인 본래 '나'로 돌아가야 합니다.

우리 인생이 흘러가는 진행과정은 나의 마음의 생각대로 세상을 조정하려고 의도해도, 에고−나의 생각하곤 전혀 무관하게 세상은 순간순간 진행되는 빛으로 지나갑니다. 인간의 마음이나 세상사는 빛과 같이 순간 지나가며 마지막 나타나는 현상이라, 붙잡거나 바꿀 수 없다는 것이 변할 수 없는 절대자의 자연법칙입니다. 인간으로서 나는 내 앞에 주어진 대로를 단지 주시만 하며 생각하는 마음 없이 단지 '그런가!' 하고 따라 지나가면 됩니다. 주어진 상황에 대해 거슬릴수록 이 몸에게 주어지는 마음과 몸의 고통은 커질 수밖에 없고, 그러나 있는 그대로를 받아들이면 마음을 쓸 게 없어 나는 그냥 편안합니다. 생각함이 없이 주어진 대로 받아들이면 마음 쓸 게 없으므로, 나는 지금 이 순간에 머물 수 있고 그것이 현존이고, 그럼 우리가 그토록 찾는 진정한 행복인 평안의 지복이 드러납니다.

우리가 찾는 순수함이란 세상에 없는 실재의 본래성품이고 자체발광의 단일한 의식의 빛으로 초월적이라, 나라고 생각하는 에고가 소멸되면 마음이 없고 또한 생각도 없어지므로, 본래대로 고요한 상태가 드러나는 '순수의식'의 자각상태입니다. 에고지만 우리가 찾고 원하는

것은 내 안에 있는 본래적인 성품만을 원하는데, 하나뿐인 순수함, 중
도적인 상태의 평안한 지복(행복), 거칠 게 없는 자유, 평등의 단일성,
자각하는 침묵, 평화 등이 바로 고유품성이라 본래의 실재로서만 드러
나는 것들입니다.

30

세계는 18계다

불교의 가르치심에 "세계는 18계로 이루어진다."는 말씀이 있습니다. 이것은 세상현상계에 존재하는 모든 것들은 내면에 불성성령인 원광 빛으로 외적형상을 보이고 자신특성으로 '색성향미촉법'의 감각인 빛들을 외부로 반사하면, 주체로서 나의 몸은 외부로부터 이 자극들을 받아들이는 '안 이 비 설 신 의' 감각기관들이 있어, 받아들인 자극의 빛을 두뇌작용의 육의식계를 통해 대상 인식함으로, 이런 18계의 작용으로 세계란 대상은 객체로서, 주체인 생각하는 나에게 인식되어 나타난다는 걸 말합니다. 그래서 주체로서 내가 세상을 생각하지 않거나 세계를 대상 인식하지 않으면 세상은 존재로서 의미가 없어 나에게 나타나지 않으므로, 내가 인식하고 생각해야만 나타나는 세계는 결국 생각하는 마음인 에고-내 안에 있다는 것입니다.

나의 얼굴에 집중된 감각기관들 중 쌍으로 된 눈, 코, 귀 등의 입체적인 역할로, 나는 먼저 이 몸을 중심점으로 대상과의 사이에 거리감을 갖게 되어, 나와 대상이나 대상과 대상 간의 거리로 인한 공간이 생기고, 그럼 그 공간 안에는 시작과 끝이 있어서 시간이 흐르게 되고 또한 태양 빛으로 인한 낮과 밤이 있어 본래는 없던 '시공'이 나의 인식으로 생기면서, 두뇌의 생각에 의한 수상행식으로 모든 사물에 대한 입체감까지 생기면, 본래의 있는 그대로인 실재는 감추어져 버리고 이런 나의 생각으로 세상의 대상물들은 합성사진과 같이 재창조되어, 에고의 이 몸은 그런 마음의 생각으로 재창조된 환상의 세계로 빠져 듭니다.

그러나 파장의 물결을 일으키는 진동의 중심과 같이 이 몸이 이런 시공 있는 세계의 중심점이란 것을 안다면, 중심점의 나는 본래원점이라 시작도 끝도 없는 원초적 있는 그대로라 시공이 없다는 앎이 바로 깨달음이고, 근원실재인 '나'의 자각입니다. 세상은 진동의 파장파동으로 흐름이라, 세상 중심인 이 몸이 깨어날 때 비로소 세계가 열리고 생시가 시작되어 흘러갑니다. 이 '나'는 원점으로 잠 속 같아 세상도 에고–나도 아무것도 없는 평온입니다.

18계의 육감 중 실체가 없는 '법'은 오감이 본래대로 불성성령 빛에 의한 실재임을 의미하고, 육감관 중에 '의'도 오관이 서로 조화롭게 활동하도록 조절하는 마음의식이며, 육의식계 중 '의' 의식계는 실재인 '법'과 마음인 '의'가 함께 어우러져 청정심의 정신으로 생각들이 질서와 기능의 조화를 이루어 세계를 인식하게 하는데, 몸 밖인 세상을 향하는 마음인 에고로 인해 이 기능이 깨지게 됩니다. 그래서 에고–나는 몸과 마음으로 인한 소유의 욕망과 탐욕으로 이끌고, 그런 환상의 세계는 나를 속박합니다. 그러나 만일 이 에고마음이 나에게 없다면, 나를 구속하는 세계의 속박에서 벗어나는 해탈로 비로소 나는 자유로워집니다. 해탈은 본래 없지만, 마음으로 인한 세상의 속박이 있어서 해탈도 있는 것이라, 생각하는 마음 없는 것이 바로 속박 없는 해탈입니다. 그래서 이런 해탈로 가기 위해 외부대상으로부터 자극인 오감을 받아들이는 얼굴의 감각기관기능을 차단하거나, 두뇌의 육의식계의 인식하는 생각을 차단하는 수행이 구도의 방법입니다.

왜냐하면, 이 몸의 안면부에 주로 분포된 다섯 개의 감각기관들을 통해 받아들여진 대상물의 오감이, 각 감각기관을 통해 각기 해당되는 두뇌의 육의식계에 작용해 대상에 대한 인식으로 생각을 일으켜 의지를 일으키고 몸의 행위로 이끌기 때문에, 그것들의 각 과정을 차단하는 것입니다. 그런 '수상행식' 하는 지각, 인식, 의지 등의 모든 생각작용들은 에고—나의 마음에 의한 것이라, 바로 이 몸의 나를 구속하는 그런 생각하는 마음인 에고소멸로 행함 없는 무위가 깨달음(해탈)의 목적입니다.

이 몸의 잠 속은 원점과 같아 몸과 마음이 없어지므로 모든 감각도 없어지고 생각도 같이 사라지므로 시공이 멈추게 됩니다. 생시에는 나의 얼굴에 집중적으로 위치하여 쌍으로 이루어진 감각기관들의 작동을 멈추게 하여 지각을 차단하거나, 두뇌 안에서 생각을 위해 작동하는 육의식계를 차단하면 작동이 같이 멈추므로, 수상행식의 생각작용도 멈추어 그럼 동시에 시공도 멈추게 됩니다. 그래서 이 몸의 얼굴과 두뇌에 의한 지각과 인식의 생각이 멈추면 세상도 멈추는데, 그럼 나는 움직임 바 없어서 현상계인 세계는 단지 있는 그대로 그저 내 앞을 흘러갈 뿐입니다. 이렇게 생각이 멈추려면 에고인 나의 마음이 고향인 시공 없는 원점의 가슴심장으로 되돌아가면 됩니다.

그래서 나는 인식과 생각을 멈추기 위해 마음이 쉬도록 지속적인 흡인을 위해 삼킴의 미소로 호흡내면주시를 하는데, 먼저 주시를 위한 생각의식을 코와 입안 목 안으로 주의집중하면, 외부에 대한 감각기관의 작용인 지각기능이 마음 따라 안을 향하므로 중단됩니다. 또한, 삼킴과 흡인의 호흡주시로 들숨만 있고 날숨이 멈추면 마음도 멈추어 내면가슴에서 움직이지 않으므로 내적주시가 되어, 두뇌의 육의식계가 생각하는 기능이 멈추게 되면서 세상에 대한 인식도 멈추고 그럼 시공도 사라지므로, 나의 내면은 두뇌가 쉬므로 생각할 게 없어 고요해집니다. 이렇게 육감관계와 육의식계의 기능이 중단되면 외부로부터 들어오는 오감도 차단됩니다.

그럼 내면에 고요 속에 본래대로 자각하는 주시자가 침묵으로 드러나면 이면경계마저 사라지고 모든 게 하나로 드러나는데, 바로 자각하는 실재의 '나'입니다. 이처럼 에고인 이 몸의 생각하는 인지작용이 그치므로, 내면의 주시자가 드러나 자각으로 보고 들을 뿐이라 생각 없이 고요합니다. 이 주시자인 내가 항상 세상 모든 것을 주시하고 있지만, 몸과 마음의 에고-나가 가리고 있어 이 몸이 본래의 '나'인 주시자의 정체를 모른다는 것이 내 인생의 불행입니다. 불행을 벗어나는 길은 에고마음의 소멸로 원초적인 '주시자'를 드러내는 것인데, 이 몸이 할 수 있는 것은 나라는 생각인 에고마음의 근원이며 원점으로 중심점인 가슴심장에 대한 내적주시뿐입니다.

이렇게 대상에 대한 지각과 인식이 그치면 생각도 같이 그쳐 나의 내면은 고요하게 되는데, 이때 만일 지속적인 자각이 뒤따르지 않으면 에고는 대상에 대한 인식이 없더라도, 바로 인식 대신 마음속의 상상으로 과거에 대한 추억이나 기억을 회상하거나, 불확실한 미래에 대한 추측이나 예상의 막연한 생각들로 고요는 깨지면서 마음은 다시 바빠집니다. 그래서 고요 속에 생각이 그치더라도 가슴심장을 계속 주시하는 일여내관으로, 자각의 침묵인 실재를 지속적으로 드러내야만 합니다. 생각만 없앤다고 실재가 드러나는 것 아니고, 끊임없는 주시자각이 있어야만 본래 자체발광인 빛나는 실재 '나'가 드러나 지속됩니다. 생각 없고 자각도 없는 진무의 상태는 공과 같지만 '참나'를 드러낼 수 없고, 공의 자체발광이 있을 때 비로소 본래면목인 '참나'로서 실재가 드러나므로, 자체발광을 위한 주시자각이 항상 같이 있어야만 합니다. 실재로서 본래의 나인 '참나'는 반사광인 마음이 생기기 이전의 원광인 절대의식인데, 여기에는 봄도 앎도 없는 지고함만이 존재합니다. 이것이 바로 나의 본래면목으로 진아, 부처님, 지고자, 무한자, 절대자로 표현되는 근원의 '비춤'으로 '드러냄'인 실재입니다.

부처님 불상을 보면 나의 본래면목인 원광을 자각하시는 삼매 상태이신데, 바르게 앉은 상태에서 배는 들어가 있지만 아랫배는 도톰하고 가슴은 부풀어 있는 바른 자세입니다. 이때 눈은 가늘게 뜨고 눈동자는 정중인데, 시야는 약간 외측 아래를 향해 있는 본연 삼매로서 이면에 여기인 근원의 실재와 저변에 지금인 대지성을 동시에 자각하시는 평안의 미소와 무아지경인 삼매상태입니다. 여기 지금 이 순간 부처님의 가슴심장이 바로 진동의 중심점으로 시작점인 원점이므로, 온 누리에 자각의 빛이 파장으로 퍼져나가 세상은 있는 그대로 밝아집니다.

근원 / 이면	본연 / 내면	세계 / 전면
빛(원광)	빛(반사광)	빛(재반사광)
옴 WORD	빛과 소리	마음과 몸
절대의식	청정심	활동적 마음
진아(나)	순수에고(나)	에고(나)
있음	침묵	언어와 행위
주시자	정신	현상계
본래면목	주체	대상
자각	자각	인식

31
바다 같은 본래의 '나'와, 물방울 같은 에고의 나

우리 각자는 몸과 마음이 나라는 생각으로 인생을 살아감으로, 개아(個我)로서 나라는 존재는 바다에서 한 방울 떨어져 나온 물방울 같은 외톨이로 세상의 일부가 되어, 이 몸을 이끌고 에고-나는 세파에 시달리는 피곤한 삶을 살게 됩니다. 그런데 모든 물방울들의 기본성분은 단 하나인 물로 되어있듯이, 세상 모든 것들이 겉모습은 서로 다르지만 동일한 성분인 불성성령의 빛으로 나타나므로, 모든 것 형상들의 안팎에 있는 허공이나 나의 안팎에 있는 허공이나 단일한 불성성령으로 빛나는 침묵의 허공이라는 것을 안다면, 그 허공인식의 앎은 바로 깨달음이어서 본래자각이 되므로 나라는 인식의 생각은 사라져 나와 세상은 고요해지므로, 세상은 본래 있는 그대로 드러나고 이 몸은 생각 없이 평안한 인생을 즐길 수 있게 됩니다. 이런 본래의 '나'를 아는 자각으로 세상 모든 게 하나의 실재로서 드러나면, 대상으로만 보았던 세상 모든 것이 나와 동질성이라 구별할 게 없어, 모든 것들이 바다 같은 실재인 내 안에 있게 되어 강물이 바다에 합쳐지듯 본래대로 하나 됩니다.

우리는 내 앞에 펼쳐져 보이는 세계를 실재의 실상이라 생각하는데, 사실 보이는 세계인 자연의 현상계는 산란된 찰나적 반사광이라 원광인 실재를 밑바탕 삼아 그 위를 일시적으로 지나가는 현상으로 바탕인 실재를 장막같이 가리고 있는 영상일 뿐 본래의 실상은 아닙니다. 그래서 현상계에 보이는 모든 것과 상황들은, 고정된 바 없이 이 몸의 인식 안에 지나가는 일시적 현상들이라서, 에고–나의 생각 안에만 존재하는 환적인 것입니다. 이 몸과 그런 환적인 현상들이 그림자처럼 지나가며 가리고 있는 화면인 바탕은 바로 실재인 '나'입니다. 그래서 내가 생각 없이 있는 그대로만 볼 수 있다면 세상사에 휩쓸리지 않고, 영화화면같이 단지 바탕으로서 본래대로 실재의 '나'로 존재합니다.

그런데 현상들을 인식하는 생각은 마음의 움직임인데, 그 마음은 습에 의한 원광의 최초반사광으로 '나라는 생각'에서 옵니다. 그래서 본래의 '나'는 원광으로 반사광인 에고–나를 비춰 나타내는 본래주체인데, '나라는 생각'의 에고는 몸과 마음을 거느리고 세상을 향하므로 자신이 주체인 양 나의 몸 나의 마음이라고 착각하여, 이 몸과 마음은 실재인 주체가 아니고 에고의 대상물이 됩니다. 이 에고는 본래 내면에 머무는 '나' 의식인 순수에고인데, 주체로서 재재반사광을 비추어 몸과 생각하는 마음을 나타내면, 몸을 인식하여 실재 '나'로 착각한 에고가 세계를 향하고, 너와 대상물이란 나와 다른 존재들이 등장하게 됩니다. 이런 에고의 나는 어디에서 왔습니까? 처음시작은 본래의 '나'로부터 왔습니다. 그럼 본래의 '나'는 누구입니까? 바로 원광으로 스스로 빛나는 자각의식으로 침묵인 근원실재입니다.

원광('나') ➡ 반사광(에고) ➡ 산란광(몸과 마음, 대상세계)

그런데도 우리는 대상인 몸과 마음이 주체인 양 '나'라는 착각 속에, 본래실재인 '나'를 에고의 생각하는 마음으로 세상도 함께 가리고 망각하여, '나'라고 착각하는 몸과 마음인 에고-나의 생각과 행위의 삶에 의해 세계 속으로 흘러 들어갑니다. 이 에고는 바다와 같은 '참나'인 실재에서 반사광인 개아(에고-나)로 하나의 물방울 같이 떨어져 나와, 처음에는 자각하는 자신의 존재유지를 위해 보이는 대상인 이 몸과 마음을 빌어 자각 대신 인식으로 존재하게 됩니다. 그럼 에고는 본래실재가 주체란 걸 망각하고, 에고자아는 몸과 마음이 본래실재라고 착각하는 전도망상을 일으키고, 그럼 '나'를 자칭하며 몸과 마음의 주체가 되어 세계를 대상으로 이 몸의 인생을 펼쳐나갑니다. 이같이 바다와 같은 실재의 '나'로부터 한 방울 떨어져 나온 에고-나는, 본래 '나'를 망각하고 거친 세상 풍파 속으로 흘러 들어갑니다.

그럼에도 한 방울의 개아가 마치 실재의 '나'처럼 착각함으로 하나의 주체가 되어 열심히 세상을 살아가는데 그것 또한 세계를 향한 에고로서 아만의 생각일 뿐입니다. 왜냐하면, 개아인 우리나 세상의 대상물이나 모든 것의 겉모습 안에는 단 하나인 단일한 빛으로 되어있는데, 대상 인식으로 탐욕의 에고는 그 빛을 자각할 수 없어 모두 같다는 것을 모른다는 것입니다.

그러나 에고-내가 지성의 탐구로 호흡내면주시하면, 실재를 드러내 자각으로 일체가 단일성의 실재란 것을 알게 되어, 대상과의 주객관계는 사라지고 단지 자각으로 모든 게 본래대로 단일성인 하나의 '나'로 드러나게 됩니다. 그럼 나는 개아로서 한 방울이 아닌 대양의 무한성 같은 실재를 회복하는데, 바로 본래의 침묵하는 원광입니다. 이런 내 적주시로 원점이며 중심점인 나의 심장 안으로 대양 같은 세상이 다시 흡수 합일되어 본래를 회복하므로, 모든 게 실재로서 본래대로 드러남입니다.

이 몸을 의지해 세상을 사는 물질적 인식의 삶을 그치고, 세상을 향한 에고–나의 의지를 포기하여 주시자로서 본래 '나'인 신의 의지에 맡기십시오. 방법은 가슴을 팽창시키는 바른 자세 와 삼킴의 미소 안에 지속적인 들숨으로 날숨까지 흡인하여 마음이 내면가슴에 머물게 하고, 근원인 영적심장에 합일시켜 마음이 다시 일어나지 않도록 노력하는 길밖에 없습니다.

세계나 나의 인생이나 근원의 심장 빛에 의해 순간에만 존재할 뿐이라 본래 생멸이 있는 것은 아닌데, 원광의 반사광이라서 반사되는 순간에만 생과 멸이 동시에 생기는 것이라 인생은 순간의 생멸이고, 세상도 찰나에 나타나고 소멸한다는 것을 알면 모든 것을 알게 됩니다. 그래서 하나의 물방울이 아닌 생멸 없는 대양 같은 실재자체로서 세상을 사는 게 생멸 없는 본래의 진정한 '나'로 사는 것이고, 본래대로 지복의 평온 속에 사는 것입니다. 그러려면 순간에 생멸하는 몸 의식을 포기하여 몸으로 세상을 산다는 생각을 버리고, 항상 흡인으로 가슴심장을 주시 자각하여 본래대로 세상을 비추는 빛의 중심점으로 살면, 본래대로 세상도 내 안에 있어서, 나와 세상 모두 하나입니다.

32

'나'는 육신이 아닌 영(靈)이다

이 몸을 나라고 생각하면 세계도 단지 물질적으로 보게 되어 대상 인식에 의한 탐욕으로 나를 구속하게 되지만, 내적주시로 나를 빛인 영으로 자각하면 나와 세계가 일체가 되어 모두 같은 하나의 영일뿐이라 인식할 게 따로 없어 생각하는 마음은 아예 없고, 단지 자각 안에 일체가 실재로서 드러나 하나입니다. 그래서 육신이 나라는 생각인 에고마음의 무지를 제거하면, 나는 실재로서 영이라는 진지만이 본래대로 드러나 남게 됩니다. 이런 앎이 바로 자각으로, '있음'인 '내가 있다(I AM)'라는 진리입니다.

우리는 몸과 마음이 나라는 생각으로 세상을 향한 상대적인 앎인 타인과 물질들에 대한 대상 인식에 길들어 있어서, 자기를 스스로 아는 자각(Self Awareness)은 망각하고 있습니다. 그래서 나의 마음이 타자-대상 인식을 거두기 위해, 나의 내면으로 향한 내적주시로 본래실재 '나'를 스스로 자각한다면, 자각으로 세계와 나는 본래대로 하나 되므로 바로 실재로서 드러납니다. 또한, 내가 한다는 생각으로 행위 하면 인식에 의한 것이라 대상에 대해 상대적이 되지만, 생각함 없이 하는 행위는 실재의 자각에 의한 것이라 일자의 절대적인 무행위입니다.

밝은 생시에는 나의 몸이 외부를 향해 열려있어 호흡 따라 마음은 세상을 향합니다. 그래서 외부세계를 대상 인식으로 생각하는데 그럼으로 본래의 자각하는 실재의 '나'가 감추어지고, 나라는 생각의 에고 마음이 세상에 대한 희로애락을 느끼며 이 몸의 생노병사로 고통을 느끼고 주인 행세하며 인생을 삽니다.

현상계의 자연은 변화라는 흐름 속에 쉼 없이 흘러 지나가며 사라집니다. 또한, 나의 에고마음도 생각이라는 변화의 흐름 속에 지나가 사라집니다. 그런데 그런 마음을 쉬게 하면 내면에 머무는 마음이 되어 안에서는 인식할 게 없어 본래 품성대로 자각하므로, 지나가는 세계에 대해서도 동시에 자각하여 세상일체에서 실재의 '나'를 보게 되는 것입니다. 그런데 세계로서 자연현상이나 에고인 나의 마음은 반사광으로 같은 순간의 흐름 속에 지나가는 것이라, 이처럼 에고인생인 대상 인식의 세계에서는 모든 것이 지나감으로 사라지는 것이라서 일시적인 환상입니다. 우리 육신의 눈은 이런 환상인 세계를 향하고 인식하는데, 만일 마음의 눈이 뜨게 된다면 내적주시로 내면가슴심장을 보게 되어 나는 본래의 영으로 거듭나고, 머무르는 본래의 미세한 마음으로 자각하게 됩니다. 그래서 우리는 인식 아닌 자각하는 마음의 눈을 떠야 비로소 실재존재로 드러나고 그럼 세계는 단지 보일 뿐이라, 나는 내적주시로 항상 지속되는 주시자의 침묵인 무염송을 자각하여 본래의 평온을 되찾게 됩니다.

이렇게 자각하는 침묵인 주시자가 소리 없는 염송으로 무염송인 WORD이고, 실재로서 세상을 이루는 빛과 소리입니다. 이런 본래의 '나'를 드러내기 위해선 이 몸과 마음이 세상을 향한 생각으로 흐트러지지 않고 마음이 뒤돌아서도록 흡인하는 삼킴의 미소로 주의집중하고 끊임없는 호흡내면주시를 해야 합니다. 그럼 이면이 열리고 모든 경계는 사라져 자각하는 침묵의 무염송으로 근원의 실재를 직접 드러내게 됩니다. 침묵은 끊임없는 자각이라 쉼 없는 염송과 같아서, 이 원초적이고 영원하여 끊이지 않는 본래적인 자각의 상태를 무염송이라고 합니다. 침묵, 자각, 무염송이 모두 실재인 '나'를 가리키는 말이고, '나'에 대한 명상과 내적주시에 의한 일여내관도 끊임없이 지속되는 자각이라 무염송과 같은 실재상태입니다. 세상사 괴로움, 고통, 불행 등 같은 나쁜 일들 모두가 나의 생각 안에 있습니다. 그래서 이런 생각들을 물리칠 수 있는 것은 나의 강렬한 주의집중의 주시와 내관으로, 그런 생각들을 일으키는 마음이 뒤돌아서서 내면가슴으로 사라지게 하면 생각 없는 나와 세상 모든 것은 본래 있는 그대로의 실재로서 드러나게 되므로, 모든 세상 나쁜 일들은 자연 사라지게 됩니다.

　내관은 나 스스로를 하는 것이지 남이 하는 것도 아니고 남을 내관하는 것도 아닌, 단지 내관자인 내가 스스로의 이면을 내관하는 것이라 자각이 됩니다. 그래서 내관이란 에고–나가 노력하여 강렬한 내적주시의 자각으로 마음을 근원의 실재에 의도적으로 합일 소멸하여 진정한 '나'를 드러내 본래대로 되돌아가는 것입니다. 그래서 나란 이 몸의 존재가 에고에서 본래의 영으로 되돌아가려면 몸과 마음으로서는 많은 노력을 해야만 합니다. 왜냐하면, 수억 겁 동안 쌓인 많은 습과 업이 이 몸과 마음을 뒤덮고 있어서 머리에서 발끝까지 하나하나 완전히 씻어내고 본래 '나'로 거듭나려면, 힘이 들지만 끊임없는 노력뿐이 없습니다. 몸과 마음이 동시에 집중하여 완벽하게 가슴심장을 향하여 합일 소멸될 때까지는, 바른 자세의 끊임없는 삼킴의 미소인 호흡내면 주시가 필요하며, 노력 없이 이루어질 때까지는 계속되어야 합니다. 바른 자세나 주시 중 하나라도 흐트러지거나 빠지면 집중이나 내관에 문제가 생기거나 벗어나게 되므로, 머리에서 발끝까지 모든 게 하나로 벗어남 없는 일여내관이 완벽하게 이루어져, 모든 게 본래대로 실재의 빛으로 드러날 때까지는 이 몸과 마음의 에고인 나로서는 지속적으로 노력해야 합니다.

일시적 깨달음의 기쁨이 아닌, 지속적인 지복의 평온 속에 내심으로 '바로 이것이구나.' 하고 환한 미소 짓는 그날까지, 우리는 바른 자세와 흡인하는 삼킴의 미소로 여기 지금 이 순간, 끊임없는 호흡내면주시로 일여내관해야 합니다.

33
신비주의와 플로티노스에 대하여

플로티노스와 동서양의 신비주의를 접하게 된 것은 전작 『나』의 출판을 위한 수정편집 중이었는데, 신비주의란 단어 자체가 낯설고 이상스러웠지만, 그분들의 가르침이 "하나인 근원의 실재로 돌아가야 한다."는 말씀에 그저 놀라울 뿐이었고, 그분들도 그런 실재를 체험한 것을 알 수가 있었습니다. 또한, 그분들의 말씀들이 문화와 환경의 차이로 표현의 차이는 있지만 똑같이 하나인 근원의 실재만을 향하고 있다는 것입니다. 그 말씀들을 여기에 요약해보았는데, 어려운 말씀들이 많이 있어 이해를 돕기 위해 저의 주관적인 해설적 내용들이 많이 포함된 것에 너그러우신 양해 말씀드립니다.

이분들의 말씀 내용인즉 우리가 세상을 살면서 판단을 중지하고 철저하게 수동적으로 살아가라는 것인데, 이것은 생각하는 마음을 포기하여 에고–나를 포기하라는 말씀입니다. 왜냐하면, 인간의 '영혼'이란 개아로서는 내면에 머무는 순수한 정신인데, 생시에는 그 마음이 '몸' 의식으로 세상을 향해 열려있어 능동적으로 세계를 창조하게 된다는 것입니다. 본래 정신이란 내면에 머무르는 '나' 의식이라 머무는 마음인 청정심으로, 근원 빛의 실재인 순수의식과 같습니다. 그런데 나의 마음이 나서서 세상을 살게 되면 능동적이라 대상 인식의 생각으로 부딪혀 마음 편할 날이 없이 피곤한 인생이 되고, 그러나 주어진 있는 그대로를 받아들이면 세상에 대한 인식의 생각함이 없는 수동적 삶이라 평안함으로 고통이 없다는 것입니다. 수동적 삶으로 세상을 향하던 영혼이 내면의 정신을 향해 눈을 돌린다면, 영혼은 청정심과 하나 되어 본래를 회복하지만, 만일 영혼이 내적정신을 만나지 못한다면 세상을 향하고 세계창조는 계속됩니다. 그래서 영혼의 외적정신인 지성으로 나를 집중 주시하여, 에고-몸과 바깥세계로 가려진 내면실재인 영을 깨달아 하나 되는 것이 나에게 주어진 사명입니다. 그러려면 영혼을 정화하고 그 영혼 중 혼의 마음이 가진 자유의지인 지성으로 내면청정심으로 향하도록 유도해야 합니다. 인간정신의 지성(知性)인 자유의지는 일상에서는 허용되지 않고, 진정 이때만 허용됩니다.

우리 사는 세상은 같은 종(種) 안에서도 결코 똑같은 것은 하나도 없이 서로 각기 다른 다양성을 가지면서, 모든 것은 단지 각기 하나로만 존재하는 특성을 가져 무엇이든지 모든 각자는 일자로서 존귀한 것입니다. 본래 하나는 근원인데 그럼 각자각기도 하나뿐이라, 세상 모든 것 일체가 근원의 품성을 가진 하나라는 것입니다. 그래서 누구든지 비록 몸이지만 하나뿐이라, 이 몸이 세상의 중심점이 되는 것입니다.

그는 실재를 근원의 다음가는 두 번째 실체라 하였고, 하나인 첫 번째 실체와 하나 될 때 실재는 근원과 똑같은 신으로 해석하였습니다. 이것은 성경에서 "WORD가 하나님과 함께할 때 비로소 하나님이다."라는 말씀과 같은 의미이며, 모든 신비주의 정점의 맥과 일치합니다. 사실 예수 부처께서의 본래 가르치심은 종교적인 관점을 떠나서 모든 신비주의 최고봉으로 정점입니다. 그 정점은 에고마음을 벗어나 내면

실재로서 자각하는 본래의 '나'이며 근원의 빛인 불성성령을 드러내는 길입니다. 단지 그분들의 가르치심이 직접적인 표현으로는 곤란하여, 낯선 비교나 은유적이어서 제자들이나 후세에 많은 혼선이 있었다고 봅니다.

또한, 다양성은 우리 인체에서도 보는바 모든 골격과 근육 등이 같은 모습은 하나도 없이 제각기인데, 그 제각기 모습으로 각기의 기능 운동형태가 모두 다르다는 것입니다. 이런 다양성의 형상과 기능을 나타내는 것은 바로 근원의 생명 빛의 비춤에 의한 것인데, 빛이 비추면서 반사 산란됨으로 형상과 기능을 나타내는데 의식빛의 산란에 의한 것이라 우리 사는 세상에는 똑같은 것은 전혀 있을 수 없다는 것입니다. 그러나 그런 빛의 본질이며 근원은 모두 같은 하나여서, 모든 형상 안에는 불성성령인 동질성의 빛(생명)으로 단일성을 가지므로 모두가 하나입니다.

하나인 일자는 우리가 인식하는 세상으로 가려져 바로 그 너머에 자리하여 인간의 의식으로는 알 수가 없습니다. 그렇다고 세상을 떠나 저 멀리 딴 세상이나 저 먼 하늘 끝 우주에 있는 것이 아니라는 것입니다. 왜냐하면, 그것은 세상 어디에나 같이 존재하는 것인데 세상을 사는 나의 몸과 마음이 단지 그것을 가리므로 보이지 않아 지각되지 않고 인식도 안 되는 것뿐입니다. 그것은 가려져 내재적이라, 나와 모든 것 안에 그리고 보이지 않는 저변 어디에나 항상 영원히 존재하고 있는데도 말입니다. 그래서 생각의 에고-나를 포기하면 몸과 마음의 지각과 인식작용이 그치므로, 가려진 본래자각인 침묵이 실재로서 이면에 그리고 전면세계에도 같이 드러나는 것입니다. 존재란 외적모습이 아닌 단지 자신의 앎인 자각으로 존재하는데, 세상도 드러난 실재의 자각에 의해서 모든 것이 '나'로 본래대로 드러나는 것입니다.

불교에서 말씀은 세상대상물들의 육감과, 세상을 향한 이 몸의 육감각기관과 두뇌의 육의식계의 생각으로 나타나는 세계를 포기했을 때, 비로소 나의 지각과 인식으로 가려진 그 너머에 있는 그대로를 볼 수 있고, 그것을 안다는 것은 마음의 인식이 아닌 단지 무아(실재)로서의 자각에 의해서라는 것입니다. 보았듯이 인간이 세상을 산다는 것은 대상을 향한 지각과 인식의 생각에 의해서인데, 이것을 포기한다는 것은 인생과 세상을 포기하는 것으로 목숨을 끊는 것과 같아 받아들이기도 힘들고, 또한 어떻게 해야 포기하는지도 전혀 모릅니다. 그래서 그 포기하는 이유와 방법부터 알아야 하는데, 그것은 지각과 인식기능을 가진 의식(생각)인 마음이 전면 세상 반대로 뒤돌아서 내면으로 향해야 한다는 것입니다. 그러면 그 마음은 본래 나왔던 곳인 내면가슴 심장 빛에 흡수 합일되어 소멸되는데, 그럼 마음으로 인식되어온 세상도 마음이 없어 인식이 안 되므로 세계도 같이 소멸됩니다. 그러나 이것은 결국 나의 마음에 의한 생각의 소멸이지, 존재조차 말살되는 것은 아니니 너무 걱정하지 마십시오. 생각하는 마음이 소멸되면, 세상 인식하는 나의 생각들로 가려진 이 몸과 세계는 본래상태 무아(無我)인 실재 '나'로 드러납니다. 이처럼 세계나 나의 인생이란 게 마음 하나에 의해 나타나고 사라지는 것이라 불교에서는 내내 마음을 강조하여, 이런 마음인식에 의해 찰나에 생멸하는 세계는 환상이라고 합니다.

그래서 마음 소멸되면 대상 인식에 의한 환은 그치는데, 그럼 무엇으로 세상을 살 것이냐고 나라는 에고는 걱정을 합니다. 그러나 마음의 인식이 그치면 본래의 자각이 드러나 일체의 세계까지 자각하게 되어, 그럼 모든 게 실재의 '나'로서 있는 그대로 드러나 '나'만 자각되는데 무슨 걱정이 있겠습니까? 이것이 직관에 의한 직감으로 이루어지는 체험으로 직각인 자각인데, 바로 근원의 실재를 드러내고 본래의 '나'를 찾아가는 길입니다.

우리가 일상에서 말하는 '존재'란 나의 몸과 마음의 지각과 인식으로 보이고 생각하는 대상을 말하는데, 하나의 존재가 주체와 객체 양쪽으로 동시에 존재하므로 스스로가 주체로서 타자를 인식하거나 객체로서 타자에게 인식될 수도 있는 물질적 상태를 말하며, 양자역학적으로 말하면 보는 순간만 입자 상태로 존재하는 것을 말합니다. 그러나 영적세계의 존재란 형상 없어 보이지 않음에도 바로 '있음'인 자각의 빛이어서 자신의 존재를 아는 순수의식으로 양자역학적으로는 빛의 상태입니다. 그래서 우리가 알고 있는 세상의 대상물들이 항상 보이는 형상으로 존재하는 것은 아니고, 볼 때와 보지 않을 때 각기 다른 상태로 존재하는데, 모든 존재는 입자와 빛의 특성이 하나에 동시에 존재하고 있어서, 우리가 대상 인식으로 볼 때는 물질적인 특성인 에너지(열)의 입자로 존재하고, 인식하지 않고 보지 않을 때는 광자와 같이 영적인 빛(순수의식)으로, 에고-나의 인식함에 따라 각기 달리 존재하는 양자역학적 특성을 가집니다.

그래서 우리가 존재라고 믿는 현상계의 모든 대상물인 물질들은 실지로는 항상 실재 빛의 상태로 자신의 존재를 표현하고 있는데, 우리 몸의 오관에 의해 입자인 물질로 받아들여져 마음이 대상물의 외형을 인식하는 것입니다. 이런 현상계에 모든 것들의 본래바탕은 의식의 빛입니다. 이렇게 현상계의 바탕으로 근본이 되는 실재인 빛의 상태는, 자각으로 존재하는 순수의식이라 우리 인식으로는 알 수 없고 보이지 않는 미시세계와 같아, 실재는 단지 '있음'으로만 표현됩니다. 그래서 우리 일상의 삶에서 보이지 않는 것들인 바로 이면과 저변이 나의 본질인 근원의 실재라는 것과, 그것이 순수의식으로 빛이며 자각의식이라는 진리가 우리에게는 너무 생소하고 낯선 것이라서 먼저 청문을 통해 알고, 그것을 경험하기 위해서 '나'의 본질과 근원을 탐구의 성찰로 접근하는 것입니다. 이것은 내관인 내적주시를 통해서 일상에서도 직접 경험할 수 있는데, 이 몸의 에고-나가 호흡내면주시로 직관하여 느낌인 직감으로, 몸의 감각기관을 통하지 않는 직접지각인 직각의 자각으로 체험하게 되는 것입니다.

방법은 에고-나의 자유의지인 지성으로 흡인의 삼킴과 미소를 머금으면 마음은 뒤돌아서 전면세계 대신 이 몸의 내면인 숨길 음식길 따라 호흡내면주시하고, 그럼 반사광인 마음은 근원인 내면심장을 향하여 원광인 실재 빛에 흡수 합일되어 소멸된다는 것입니다. 그래서 생각 없는 고요 속에 본래대로 스스로 빛나는 원광만이 빛나는 침묵으로 드러나는데, 그것이 바로 실재의 자각이라는 것입니다. 여기에는 우리 인식이 실지로 이루어질 수 없기 때문에 불교의 말씀대로 본래는 씨앗(습)도 나무도(인과) 아무것도 없는 무이지만, 단지 직접지각인 직각의 자각으로 없음(무)이 바로 '있음'이라는 것을 스스로 알게 됩니다.

실재인 원광이 잠재된 씨앗 같은 원습에 반사되어 '나라는 생각'의 마음(청정심)이 나타나는데, 이 단색광인 빛이 프리즘 같은 이 몸을 비추면 산란되면서 습이 활성화되어 많은 업들을 밖으로 투사하므로, 인과에 의한 나무로서 업보인 다양성의 세계가 순간순간 비칩니다. 여기에 나의 마음이 밖의 세계를 향하면 외향 심으로 인식대상인 세계는 빛이 아닌 물질로 나타나면서, 이 몸 또한 주체 같지만 세계와 함께 대상으로 에고—나에게 인식되는 것입니다. 이때 대상이 되는 것은 내가 자각 대신 인식하기 때문인데, 원광을 깨달으면 모든 게 자각 안에 원광만이 빛날 뿐이라, 그 안에는 인식은 없고 단지 자각뿐입니다. 그래서 내가 내면을 향하여 본래의 '나'를 아는 것은 일원성이라 자각이고, 내가 세상을 향해 대상을 아는 것은 이원성의 인식이 됩니다. 형상 있는 모든 존재는 보이지 않는 이면과 저변에 원광으로 빛나는데, 그 빛이 잠재된 원습에 반사와 산란으로 형상이 나타나면서 자신의 외적인 모습을 오감으로 보이고, 우리는 산란된 에고마음으로 그 몸(형상)을 이끌고 세상을 살게 됩니다.

그런데 이 근원의 실재인 원광은 불생불멸이고, 움직인 바 없어 시작과 끝이 없이 고정되어 있으면서 어디에나 존재하므로 시공이 없고, 전체이면서 일체가 하나뿐이라 두 번째 것이 없다는 것입니다. 근원은 표현 불가이고, 실재는 불멸이라 불생과도 같아 항상 본래대로 '있음'이고 순간순간의 영원함입니다. 이 있음의 드러남이 스스로 빛나는 빛으로 원초적인 생명의 진리입니다. 생멸이란 에고적인 시야에서 비롯된 말이고, 실재에는 본래 생각이나 아무 개념이 없어 단지 순수하고 영원한 존재—의식—지복으로 자각만의 '있음'입니다. 이 원광의 근원을 우리는 절대자 지고자 하나님 일자 근원 등으로 부르지만, 언어 자체는 생각에 의한 것이라 그것을 떠나있고, 원광(元光)은 근원이 지속적으로 스스로 빛나면서 나타나 비춤의 성품을 가지지만 밝음의 빛 개념과는 본래 다른 자각의식입니다. 그래서 우리는 물질적 인식이 아닌 단지 침묵 속에 내적의식의 자각만이 나의 근원의 빛인 실재에 접근할 수가 있다는 것입니다. 이 빛이 바로 근원의 표출인 실재이고 스스로 빛나는 자각의 빛으로 드러나므로, 내가 자각하면 'WORD'처럼 실재로서 바로 근원과 하나 됩니다.

우리는 몸과 마음의 인식으로 수억 겁 동안 길들어 있어서 쉽게 자각할 수 없습니다. 그래서 에고지만 이 몸의 자각을 위해 진리에 대한 청문(공부)을 하고, 그 내용을 성찰(탐구)하는 오랜 기간의 수련과정이 꼭 필요한 것입니다. 부처님이나 예수님 모든 선각자들께서는 오랜 기간 구도의 자기탐구과정을 거쳐 근원이고 진리인 실재의 빛을 밝히신 것입니다. 불교에서 말씀하시는 찰나 깨달음인 '돈오(頓悟)'는 세상 모든 게 순간순간 빛의 생멸이고 본래 없는 것이라서 불생불멸이라는 것을 아는 것인데, 여기에 에고마음이 절멸되도록 '점수(漸修)'가 뒤따라 원습까지 절멸되어, 실재의 원광으로만 항상 빛나는 상태인 '돈오돈수'가 될 때 비로소 완전함으로 완성이 된다고 봅니다. 그래서 원습 절멸되는 그때까지는 많은 시간과 노력이 필요합니다. 처음 깨달음이 바로 돈오돈수로 에고와 원습의 절멸로 찰나의 빛이 원광 그대로만 빛난다면 더 이상 바랄 것이 없겠지만, 부처님과 예수님 등 모든 선각자들이 돈오 후에도 몸이 있어 원습을 씻어내기까지 오랜 기간 수많은 수행을 거친 것으로 알고 있습니다. 그래서 돈오돈수니 돈오점수니 구분하는 것은 별 의미 없고, 나라는 생각의 에고마음이 다시 일어나지 않을 때까지 단지 자각의 원광으로만 빛날 때까지는 끝없는 노력이 절대 필요하다고 봅니다.

진리의 근원인 '그것'은 이 몸과 마음의 생각과 세상으로 가려진 것이라 저편 너머에 있는 그것이라고 표현하지만, 내가 인식 대신 자각하면 인식으로 가려진 세상 모든 게 지금 바로 하나인 실재로서 여기에 드러나게 되므로, 우리가 세계를 향한 대상 인식을 포기하면 실재가 자각의 침묵으로 지금 순간이 영속됩니다.

여기저기서 많은 표현들을 빌려 온 데다 설명을 위해 이 몸의 주관들이 많이 혼재해 있지만, 이런 플로티노스의 깨달음은 모든 종교들이 시작점에서 볼 때에 모두 같은 하나의 근원을 가진다고 봅니다. 예수가 말씀하신 '있음'과 부처의 '공'은 모두가 같은 하나의 근원이고, 일자인 하나님입니다. 그 이외의 것은 근원으로 다가가거나 드러내는 방법에 따라 모두 종교적으로 채색된 것으로 보면 됩니다. 왜냐하면 '있음'이나 '공'이나 근본적인 것은 원광의 자각 안에서 표현된 것입니다. 예수와 부처께서는 타자인식이 아닌 모든 것을 동질성과 단일성 안에서 '나'로 자각하기 때문입니다. 그래서 자각이 행위로 이어질 때는 에고 마음은 전혀 나타나지 않아 생각함이나 의도함이나 행함이 없어, 자신의 행위를 인식하지 못하는 무위가 됩니다. 이분들이 행한 모든 가르침과 기적도, 나라는 인식이 아닌 단지 자각 속에 이루어진 무위입니다. 왼손이 하는 일을 오른손이 모르게 하라는 예수께서 하신 말씀은 마음의 생각함이나 의도함이 없는 행위를 하라는 말씀이고, 나는 지금까지 아무 말도 한 바가 없다는 부처께서 하신 말씀은 실재 '나'의 생각함이 없는 자각행위인 무위를 가르치기 위함입니다. 그래서 자각으로 이루어지는 모든 것들의 밑바탕인 저변(低邊)과 내면후면인 이면(裡面)이 바로 저편 너머이고, '있음'이며 불성성령이고 실재로서 '나'이며, 본래대로 자각의 침묵인 빛과 소리의 WORD(옴)입니다.

우리 인생의 실생활에서 부딪히는 대상에 대한 인식의 세계는 입체적이라 거리에 의한 시간공간이 형성되고 이원성의 구분구별이 이루어지지만, 나의 실재로서 이면에 침묵의 세계는 점과 무한한 단면으로 표현되어 시공간이 아닌 무한영원만이 있어, 비교 불가 표현 불가이고 단지 하나뿐이라 대상을 향한 인식 아닌, 단지 '나'를 향한 직각의 자각으로만 체험됩니다.

마치 현대물리학의 정점인 양자역학이 우리가 체험할 수 없는 미시세계를 광자(光子)를 통해 빛(밝음)과 입자(열)의 동시존재성을 간접적으로 추리하여 실험적으로 입증하고 학문적으로 표현하는 것과 같습니다. 그러나 현대과학의 맹점은 빛과 입자들의 시간(과거와 미래)과 공간(위치)과의 관계를 수학적인 시공개념으로 풀려는데 있어, 인과를 바탕으로 이루어지는 데 문제가 있습니다. 현재를 나타내는 '지금'은 단지 찰나에 존재할 뿐이지, 무엇이 된다든가 본다든가 행한다는 생각이나 행위가 이루어지는 시점은 아니고, 인과의 시공개념을 떠나 '여기' 내면심장인 실재자각으로 '지금 이 순간'의 존재로 드러납니다.

또한, 인식이란 대상물질이 내는 오감과, 그 오감을 받아들이는 이 몸의 다섯 개의 감각기관들과, 받아들인 것을 생각하는 두뇌의 의식계가 작동해야 하므로, 현상계에서는 대상에 대한 지각과 인식과정에는 시간이 필요하므로 더불어 공간이 생겨, 결국 과거에 대한 생각으로 인식이 이루어지므로 지금 이 순간의 현존은 있을 수가 없습니다. 그래서 나의 현존을 위해서는 인식 아닌 단지 '여기'인 이면심장에 주시자각으로, '지금' 이 순간 현존하는 실재존재가 본래 '나'란 걸 아는 깨달음이 있어야 합니다.

세상이나 대상에 대한 인식이란, 수상행식을 통한 과거와 미래에 대한 생각일 뿐이어서 지금이란 존재할 수가 없습니다. 그래서 진리를 탐구한다는 철학이 비록 현재 시간에서 탐구하지만, 가정과 예측 과거나 미래를 바라보며 인식과 생각으로 탐구하므로, 과거나 미래가 아닌 지금 이 순간에만 존재하는 내가 실존으로 현존할 수 없다는 큰 단점이 있습니다. '나'는 시공 안에 존재하는 자가 아니고, 단지 생각 없이 스스로 존재함을 아는 자각의식입니다. 시공 안에 존재하는 자는 생각하는 에고라서, 시공의 생각 안에 지나가면 사라지는 이 몸과 현상계에는 진리란 절대 없다는 것을 우리는 꼭 기억해야 합니다. 생각이 없으면 시공이 없어, 존재의식인 본래의 자각만 있습니다.

인간의 영혼이란 무엇이며, 어디에서 오는가를 탐구하는 것은, 바로 존재로서 나의 실체를 찾아가는 길이 됩니다. 영혼이란 본래 근원의 실재인 원광이 몸에 의해 활성화된 원습에 반사되면 최초의 '나라는 생각'의 반사광이 마음으로 나타나는데, 이 반사광인 에고마음에 본래의 원광인 불성성령이 같이 혼재되어 나타나는 게 개아로서 영혼입니다. 그래서 반사광으로서 영혼이 세상을 향해 있을 때는 내재된 습이 몸에 의해 활성화되어 나타난 업으로 인해 인간으로서 몸인 동물성(혼)으로 나타나지만, 내재된 원광으로서는 성령불성의 신성(영)도 동시에 지니게 됩니다. 그래서 나의 영혼에는 신성과 동물성이 혼재해 있어서, 인간으로서 에고-나는 동물성의 에고를 없애고 본래의 빛인 신성을 회복하여 영적으로 거듭나기 위해(부활) 구도와 수행의 길을 가는 것이고, 깨달음의 부활로 영적 삶을 살게 되면 영생(永生)하게 됩니다.

만일 영혼이 세상을 향하지 않고 내면에서 원광의 신성을 본래대로 유지하고 있을 때의 상태를 우리는 '정신'이라고 하는데, 이것이 바로 오염되지 않은 청정심입니다. 그래서 마음이 내면을 향하고 정신을 차리면, 이 청정심인 정신에 의해 근원의 실재로 회귀하여 본래대로 머무르게 됩니다. 그럼 이 몸의 인식으로 나타나는 세상은 사라지지만, 내면정신에 의한 자각으로 본래실재인 '나'가 드러나 윤회 대신 영광(靈光)으로 영원합니다.

반대로 영혼이 밖을 향해 세상을 떠돌게 되면 이 몸은 에고가 되어 실존을 떠나게 되어, 인과에 묶여 몸과 마음의 고통과 불행을 겪게 되는데, 이것은 윤회로 인해 잠재된 습과 업에 의해 어쩔 수 없이 겪게 되는 피할 수 없는 인간의 운명입니다.

우리 몸의 극히 미세한 DNA(유전인자)가 몸의 표현을 잠재하고 있듯이, 마음보다 미세한 습과 업 역시 인간의 운명과 모든 생각들 등을 일으키는 마음을 잠재하고 있다가, 때가 되면 에고인 이 몸을 통해 세계로 표출합니다. 거친 것 안에 미세함이 있는 것이 아니고, 극히 미세함 안에 모든 거친 것들이 다 들어 있어서 세계는 순간에 나타나는 것입니다. 이것은 이미 내재된 인과의 업이 나타나는 것이라 누구도 그것을 막거나 방해할 수 없는 신의 의지이니, 거부하지 말고 그냥 받아들여야 합니다. 어떤 입자보다 극히 미세한 빅뱅의 포인트에서, 실재의 빛보다 더 극히 미세한 근원으로부터 빛에서 모든 것이 나오는 것입니다. 그래서 모든 것이 단 하나로부터 나오므로 모두 같은 하나입니다. 양자역학세계에서는 모든 빛은 하나의 빛이고, 모든 소리도 하나의 음뿐이라고 합니다. 그럼 우리 사는 현상계도 WORD에 의한 빛과 소리로 되어있으므로, 모든 게 분별없이 하나입니다.

불행이란 본래의 행복이 없는 상태이고, 행복이란 불행 없는 상태로 실재 안에 있을 때만 자각으로 드러나는 지복 중에 하나라서, 인식에 의한 우리 세계에는 행복이란 있을 수 없고 그래서 행복이 없으므로 단지 불행뿐입니다. 그런데 우리가 나의 습과 업으로 표출된 이 세계에서 얻어진 것을 행복이라고 생각하는 것은, 그때는 만족감의 즐거움이나 기쁨이 있지만 지나가면 기억 속에 잠재되거나 사라지는 일시적인 것이라서 쾌락입니다.

본래 행복이나 자유는 근원의 실재 안에만 있는 고유한 성품인데, 인간의 영혼이 실재의 빛에 의한 것이라서 본래 성품대로 행복과 자유를 찾지만, 세상의 행복이란 찾거나 얻거나 하여 획득되는 것이라서 사라질 수밖에 없습니다. 본래의 행복이나 자유처럼 고유한 것은 세상에는 없고, 세상 너머 이면과 저변의 실재 안에만 본래대로 있습니다. 우리가 생각하는 자유는 생각으로 항상 몸의 행위가 뒤따라서, 실재의 자유가 아닌 방종이 되어 인과가 따르고, 그럼 우리는 거기에 대한 대가를 치러야 합니다.

그래서 행복과 자유나 진리는 우리 사는 세상에서는 절대 가질 수 없는 것인데, 구원이라는 미명 아래 그렇게 찾고자 철학과 종교들은 노력합니다. 그러나 인간 역사 속에 그걸 찾았다는 소식은 못 들었고 지금도 연구 사색하며 찾고 있는 중이라 하여 결론을 못 내리고 있습니다. 그래서 철학적, 종교적 접근의 사고는 '나'의 탐구에서는 많은 걸림돌이 될 수 있으므로 조심해야 하고, 실재인 '나'에 대한 탐구는 인식의 생각에 의한 것이 아닌 나의 생각의 마음을 포기하여 삼킴과 미소의 내적주시로서, 내면실재에 대한 직관과 직감에 의한 자각입니다.

　그토록 찾는 행복과 자유는 본래대로 우리 안에 내재된 것인데, 바깥세상에서 인식으로만 찾고자 하는 데 문제가 있어 지금까지 누구도 찾을 수 없었던 것입니다. 진정한 행복이나 자유는 실재의 평안 안에 지복이라, 이분법적으로 표현할 수 없는 중도란 걸 알아야 합니다. '중도'란 찾을 것도 얻을 것도 잃을 것도 없는 허공의 침묵과 같으며, 본래대로 '있음'인 평온입니다.

　나의 마음이란 본래 없었는데 반사광으로 나타난 '나라는 생각'의 에고임을 알게 되면, 그 앎의 내적주시로 내면으로 향해 들어가면 자연스레 마음은 원광에 흡수되어 사라지고 본래의 고요함이 드러나므로, 근원의 스스로 빛나는 의식인 빛이 자각으로 실재의 침묵이 드러나게 됩니다. 그럼 세상 모든 게 실재인 '나'의 비춤으로 이루어진다는 것을 주시자각으로 알게 되며, 그 빛이 비춰 본래대로 빛나고 이 몸은 '여기, 지금, 이 순간'에 생각함 없이 주시의 자각으로 현존하고 있습니다.

지금까지 이런 수많은 말들은 하나의 실재인 그것에 대한 표현을 위해 예수와 부처의 가르치심과, 선각자와 현세의 깨어난 분들의 많은 가르침들을 빌려온 것뿐입니다. 세계는 습과 업에 의한 이 몸의 투영이라 새로운 것은 절대 없고, 설사 있다 해도 순간 사라지는 일시적인 것입니다. 순간의 세상을 포기하고, 영원무한으로 영속되는 진정한 본래의 '나'를 자각하십시오.

34

아우구스티누스에 대하여

'천주교'에서 최고의 성인으로 모시는 분으로 플로티노스보다는 약 100년 후인 서기 354년에 태어났는데, 그분의 어머님 또한 가톨릭 교에서 성녀로 추앙받는 '성 모니카'입니다. 이분들은 자신들의 종교를 통해 '하나님 만남'으로 깨달음을 얻었다고 보는데, 이 과정은 행복과 선, 그리고 덕을 추구하는 진리탐구로 일자인 하나님에게 다가선 것으로 봅니다. 그는 나라고 생각하고 인식하는 마음을 기꺼이 하나님에게 바치므로 순복하였고, 모든 죄는 인간의 자유의지(생각 마음)에 의한다고 밝혔습니다. 또한, 인간의 우월감과 지배욕에 의한 교만은 최고의 악으로 여겼습니다.

인간들이 사는 세계에서 부족함이란 항상 상대적인 결핍이지 절대적인 것은 아니며, 창조는 거의 무에 가까운 형상 없는 그 어떤 것에 의한 것이라고 하였습니다. 그럼 신의 형상으로 인간을 빚었다는 성경의 말씀은 과연 무슨 의미인가요? 그것은 인간 안에 무형상의 신(성령)이 내재해 있다는 것이 아닐까요?

존재-인식-사랑이라는 철학적인 사고에 대해서는 서양철학과 크게 다르지는 않습니다. 인간이 가지는 '의지'란 우리가 대상 인식의 사고 과정에 나타나는 마음의 '생각'이라 신과 인간에게나 별 의미가 없는

데도, 인간적인 시야에서 볼 때 그것이 마치 운명처럼 신의 의지가 있어서 나타난 것처럼 생각하는 것이라고 하였습니다. 그렇다면 프로이트의 "에고마음 가진 인간이 그의 생각의지에 따라 신을 만들었다."는 말이, "신이 인간을 창조했다."는 성경 말씀보다는 모순 없이 더 사실적이지 않을까요?

우리는 대상에 대한 생각의 자유의지를 외적행위까지 연결함으로, 즉 자유로운 생각이 행위로 연결됨으로 인과가 생겨 좋은 결과는 선 나쁜 결과는 악으로 규정하는데, 사실 인간들의 상황과 환경에 따라 선악이 뒤바뀌게 되는 수가 허다히 많이 있습니다. 그러나 인간이지만 생각 없이 이루어지는 내적행위는, 본래 신의 의지라서 인과가 없어 선악을 구별할 수 없고 필요도 없습니다. 있다면 인과가 없는 모든 행위는 신의 행위라 선입니다. 단지 인간의 생각하는 마음에 의한 의지가 행위로 연결되면 인과가 생기므로, 결과에 대한 인간의 생각하는 마음 안에 잔류인상으로 생각과 행위에 대한 원인결과를 따져 선과 악을 구분 짓는 것입니다. 그래서 세계와 대상에 대한 자유의지와 생각(마음)을 버리면 선악이 없어 죄도 없습니다. 기억을 포기하고 원인과 결과를 생각함 없이 있는 그대로 주어진 신의 의지표현인 '자각'으로 행위 하면 됩니다. 여기에서 신이란 실재인 본래 '나'입니다.

우리는 타인이나 현상계의 대상을 대할 때 먼저 상대의 외적인 형상을 보고 느껴지는 것들을 통해 그것에 대한 성격이나 됨됨이 또는 가치나 용도 등을 다양하게 생각하여 판단하게 됩니다. 이런 과정이 바로 타자—대상 인식인데, 나의 마음이 대상의 오감을 오 감각기관에 의해 받아들인 지각을 인식하여 수상행식을 거쳐 비교분석하고 구분 구별하여 판단을 하는데, 이렇게 이루어지는 긴 과정이 과연 오차 없이 정확하게 이루어진다고 그대로 믿을 수 있느냐가 문제입니다. 인간의 인식과 판단의 각 사고과정에는, 본래 있는 그대로를 보지 못하고 개인의 잘못된 생각들에 의한 수많은 오류가 일어날 수 있는 개연성이 너무 많이 널려 있고, 또한 잠재된 습이 업의 생각과 기억으로 각 과정에 수시로 간섭하여 본래상태를 흐리게 합니다.

또한, 동서양의 수많은 철학자나 사상가 종교가들은 별만큼이나 많은 말과 글들로 각기 자기주장을 펴내는데, 우리가 거기에 과연 어떻게 동조할 수 있느냐가 문제입니다. 칸트는 대상 인식하는 마음을 되돌아본다는 반성의 의미로 비평을 사용하였는데, 마음을 보기 위해서는 단지 내면으로 들어가면 되는데, 거기에 그렇게 많은 생각과 언어가 필요한지 궁금할 뿐입니다. 순수이성이나 실천이성이나 판단력이나 비판론을 통해 근본에 접근하기 위해서 시공초월, 영혼불멸 등 많은 언급을 하였으나, 실질적인 내적접근보다는 인식 등의 생각에 의한 철학적 사유의 접근이어서, 생각하는 마음으로는 오히려 가려져 접근할 수 없는 근본의 것을 생각으로 접근하려는 것이 문제의 발생이라고 봅니다. 진리의 근원과 실재인 그것은 자각 아닌 인간시야인 인식으로는 도저히 접근할 수 없으며 인간의 몸과 마음 자체가 그것을 가리고 있는데, 어떻게 에고–나가 알아볼 수 있겠습니까?

아우구스티누스 역시 진리에 대한 접근을 인간정신이 아닌 신을 통해서만 가능하다고 하였고, 행복에 대한 것도 하나님을 소유한 사람은 행복하다는 게 맞는 말씀이지만, 하나님은 자각함으로 단지 본래대로 드러나는 것인데, 자각상태를 인간 마음이 가지는 소유개념의 표현으로는 한계가 있다고 봅니다. 그럼에도 그의 "인간의 행복은 하나님을 향유할 때이다."라는 말씀이 물질적 소유로 표현되었지만, 근원인 실재의 하나님을 만나고 드러내는 것이 하나님과 하나 된다면 전적으로 동의합니다. 그것이 바로 영원한 행복을 드러내는 것이고, 그 행복은 사고 생각의 인간적인 마음에 의한 행복이 아니고, 본래대로 중도의 행복인 실재지복의 평안이라고 봅니다.

좋은 삶이나, 신이 원하는 행위, 불순한 정신을 갖지 않은 사람이 행복하다는 말씀은, 무위와 청정심으로 세상을 초월한 삶을 살아가라는 고귀한 가르치심입니다. 하지만 우리가 생활하고 있는 일상의 외적인 삶에서는 이런 초월적인 삶이란 어려운 일이고, 에고로서 사는 인생이 어떤 방법으로 그런 초월적인 삶에 접근할 수 있느냐가 문제입니다. 그것은 내가 인식 아닌 자각으로 하나님을 본래대로 내적으로 드러내려면, 에고-나와 세계를 포기함으로써 즉 내가 가진 세속적인 욕구 욕망 등의 욕심의 마음을 버림(포기)으로 순복하여야 하고, 그때 비로소 자연스레 드러나는 게 지복인 영원한 행복으로 하나님의 축복인데, 일반적인 인간의 의지나 행위로는 얻어질 수 없는 것입니다. 그래서 지혜나 무소유 등이 그 자체가 행복은 아니고, 우리가 행복을 드러내는 근원의 실재를 찾아갈 때 필요한 덕목일 뿐입니다. 실재에는 소유도 지혜도 없고, 우리의 생각하는 인식으로 알 수 있는 것은 아무 것도 없고 자각의 침묵만이 있습니다.

외적행위로 나타내는 종교의식이나 의례가 하나님에 대한 헌신이나 순복은 아닙니다. 몸과 마음이 나라는 에고생각을 버리고 포기할 때,

나를 포기하는 헌신과 순복으로 에고에 의한 매듭이 풀릴 때 본래생명 빛으로 가득한 세상을 이룰 수 있고, 그럼 하나님의 축복인 평안의 지복이 본래대로 펼쳐집니다. 그것은 이 몸의 명상침묵기도에 의한 내적주시의 자각으로 드러납니다.

또한, 이분은 보이는 하나님이 아닌, 보이지 않고 변하지 않는 무형상의 하나님이라는 것을 직시하였습니다. 창조는 형태와 형상 없는 무에서 이루어지며, 선악도 구별할 것이 없고 악도 선의 일부라는 것입니다. 거의 부처님의 말씀과 일치하며, 이런 말씀들을 통해 모든 종교가 찾아가고자 하는 방향은 같은 하나이고, 방법만이 조금씩 다르다는 것을 알 수가 있습니다. 그런데 우리 인간들의 인식하고 생각하는 마음이 그것을 가로막아 문제라서 단지 외적인식을 버리고 내적주시로만 다가갈 수 있습니다.

또한, 밖으로 나가지 말고 네 자신인 내면으로 돌아가라, 왜냐하면 인간의 내면에 본래대로 진리가 살아 있다는 것이고, 그 생명진리와 함께하는 내적인 사람이 되라는 말씀입니다. 그게 하나님과 함께하는 길입니다. 행복이란 하나님을 만났을 때 비로소 드러나는 것이며, 진리와 최고선은 본래부터 그 안에 내재해 있을 뿐이라 나타나거나 만들어지는 것은 절대 아니라는 것입니다.

진리는 빛의 투사, 반사, 산란 등이 없는 근원의 스스로 빛나는 순수의식의 빛인 원광의 실재이며, 그것이 바로 본래의 '나'입니다. 진리의 빛이 스스로 비추면서 근본무지인 대지성을 투과하면 청정심의 정신이 나타나고, 정신이 세계를 향하면 반사와 산란을 거쳐 에고-나와 자유의지가 나타납니다. 그런데 그는 진리는 최고선이고, 정신이나 자유의지는 중간선이라고 했습니다. 이 자유의지가 세상에 반사되며 산란이 심해지면 최하선인 열등한 선이 되어 악을 행하게 된다고 합니다. 그래서 하나의 빛이 많은 산란을 거쳐 행위가 되면 악이 되므로, 따로 악의 기원은 없고 단지 선만이 있다는 것입니다. 악이란 선이 아주 부족한 최하선이라는 것입니다. 이런 의식의 반사와 산란은 내재된 습이 업으로 표출될 때 일어나므로, 인간의 의지가 아닌 하나님의 역사하심, 즉 신의 의지라 보는 게 합당합니다. 그래서 세상사 모든 게 인간의 의지나 운명이 아닌 단지 신의 의지이므로, 우리는 생각하는 마음으로 구분이나 판단하지 말고 지금 주어진 있는 그대로를 받아들이라는 겁니다. 지혜, 선악, 죄와 벌은 인간이 원하는 것이 아닌 신의 의지이고 역사하심이라 있는 그대로 받아들이는 것은 생각하는 에고- 나를 포기하는 것이라서 헌신이고, 그것이 최고의 순복이라는 것입니다. 세상과 내 앞에 나타나는 인간의 운명이나 자유의지 등까지도 모두 신의 예지에 의한 의지라서 나의 생각으로 흩트리지 말고 받아들이고, 여기에 대한 에고인간들의 끝없는 토론은 단지 토론일 뿐 정답은 내려지지 않는 것입니다. 왜냐하면, 우리 에고인간들이 할 수 있는 것은 신의 의지에 대한 순복뿐이기 때문입니다.

인간은 생각할 수 있는 자유의지는 주어졌으나, 그 생각(의지)이 행위로 행할 때는 의지에 의한 원인과 행위에 대한 결과로 인과가 이루어져, 선악이나 옳고 그름 등의 이분법적인 비교로 다시 시시비비를 가리므로 무한정의 해답 없는 토론만 벌어진다는 것입니다. 그래서 의지 의도나 생각함 행함이 없는 행위인 무위를 하라는 것인데, 생각함이 없는 신의 의지인 '주시자각'으로 있는 그대로를 받아들이고 행하는 것이라서, 그럼 인과가 없으므로 우리는 비로소 자유로워진다는 것입니다.

우리가 일상에서 범하는 모든 오류의 직접적인 원인이, 나라고 생각하는 에고(몸)의식에 의한 타자-대상 인식입니다. 에고인 인간에게는 단지 생각의 자유는 주어졌지만, 생각에 의한 행위에는 자유가 없어서, 대상에 대한 타자인식의 오류 속에 인과만이 계속되는 것이라 사실은 더 이상의 토론이 필요치 않습니다. 나의 마음이 움직여 나타나는 생각들이 행위로 연결되어 인간의 모든 죄를 만드는 것이라서, 우리 누구나 생각만 멈춘다면 더 이상의 악도 없고 죄도 없습니다. 그래도 예수 사후 기독교가 정치권력유착 속에 지금까지 명맥을 유지할 수 있는 것은 플로티노스나 아우구스티누스 같은 많은 선각자들에 의해서입니다.

그러나 인간이 중간선인 자유의지를 가지므로 다른 피조물보다는 우월, 고상하다는 인간우월주의는 예수께서 가르치신 "장작 속에도 내가 있다."는 보편적인 평등성지의 참사랑은 아닙니다. 사랑이란 주객이 있는 것이어서 실재의 본질적인 고유품성은 아니고, 모든 것의 내면과 이면에서 하나님을 자각할 때 대상 인식 대신 일체를 하나의 같은 '나'로 자아인식인 자각하므로, 그것으로 인해 이차적으로 참사랑이 나타나는 것입니다.

동양은 자각으로 부처인 '나'를 만나고 서양에서는 인식으로 하나님을 만난다는 차이점이 있는데, 자각과 인식은 대상에 따른 근본적인 차이가 있어 하나님의 만남은 본래의 '나'와 만남이고 보이지 않는 곳인 저변이나 이면에서 가능한 것이라 인간의 타자인식으로는 할 수 없으며, 단지 나의 내적주시로 인한 자아인식의 자각만으로 가능하다는 것이 옳다고 봅니다. 인식과 자각의 차이는 애초부터 잘못된 설정으로 시작된 것인데, 모든 것을 오류로 만드는 것은 실재인 본래의 '나'를 망각하고, 몸과 마음이 나라고 인식하여 착각하는 에고-나의 생각입니다. 그런 에고마음이 본래 있는 그대로인 실재의 자각을 망각하고, 세계와 나를 자각 대신 타자-대상 인식 하여 봄으로 이 몸의 인생에 수많은 오류를 만들어 내는 것입니다.

전지전능하시고 완전한 하나님께서 악과 불완전한 세상을 창조한 이유도 명쾌하게 설명되지 못했는데, 본래 완전함에는 창조란 본래 없는 것이라, 이제 그만 하나님을 인간이 생각하는 창조로부터 해방시켜드려야 합니다. 단지 인간 마음의 생각으로 전지전능하신 하나님을 만든 것이고, 하나님은 그냥 본래대로 계시고 그분의 표출로 스스로 빛나는 빛(WORD)이 나오고 그 빛이 비추면서 투사되어 세상이 순간에 나타나는 것인데, 인간의 생각하는 마음과 기억으로 덧씌워 세상을 재창조한 것뿐입니다. 그래서 프로이트는 "에고마음의 인간이 생각으로 세계를 재창조하듯이 자신의 생각대로 원하는 신을 창조했다."는 말씀을 했나 봅니다.

기독교에서 말하는 창조와 근대 과학에서 말하는 진화는 수긍하기 곤란한 것이, 본래 실재의 빛에 의해 순간적으로 나타나는 세계는 단지 여기 지금의 이 순간뿐이라서, 창조와 진화는 완전함의 하나님인 근원의 실재 안에는 본래부터 없습니다. 우리 사는 세계도 있는 그대로 하나님의 빛에 의한 실재여서 에고의 생각만 없다면 창조나 진화는 본래 없는 완전함입니다. 그런데 근원의 실재인 순수한 그 빛이 반사되면 나의 몸과 마음을 비추는 에고가 되어, 반사와 산란을 거치면서 빛이 흐려지고 변형이 일어나면서 수많은 다양성의 변형이 일어나, 에고-내가 사는 세상 위에 찰나에 펼쳐지게 되는 것입니다. 이렇게 변형된 세계는 대상물들이 각기 특징으로 본래대로 오감의 빛을 내지만, 나의 몸이 받아들여 지각하고 두뇌작용의 '수상행식'으로 세계를 인식 생각함으로 변형이 일어나 본래의 실재를 벗어나게 됩니다.

선과 악이란 것도 모두가 하나의 빛 의식에서 일어나고 변형된 것이라 구별할 것이 없으므로 생각 없이 그냥 받아들이면 모든 게 단지 선입니다. 이런 생각하는 마음 없는 상태가 하나님의 드러냄인 실재와 같아 모든 게 하나로서 선일 뿐입니다. 사실 선악이란 인간의 마음에 의한 기억 속에 남아있는 잔류인상에 의해, 덜 선한 것을 악으로 규정짓는 이분법적인 사고입니다. 그런데 사고란 이미 본질을 벗어난 에고 생각이라, 사실 악도 선의 일부이고 생각하는 마음만 없다면 선악도 없습니다. 선악이란 본래 없음이고 단지 우리 마음에 의한 생각일 뿐이고, 있다면 단지 '중도'일 뿐이고 그것이 하나뿐인 '최고선'입니다.

세상 대상물이 내는 오감이나 이 몸이 지각하는 감각기관들은 있는 그대로라 그것들이 오류를 일으키는 것은 아니고, 단지 생각하는 두뇌의 의식계가 수상행식 등의 인식작용을 하면서 오류가 생기는 것입니다. 이 오류는 인간에게 소유코자 하는 욕망, 집착하는 정욕, 이루고자 하는 야심, 지적인 허세 등의 의지들을 일으키고, 이런 것 모두가 물질적 육체적인 쾌락, 세속적인 명예, 물질소유의 욕구, 연극적인 과대망상 등의 행위를 일으키므로, 세상을 향한 대상–타자인식의 마음이 밖으로 나돌지 말고 자신의 내면으로 되돌아가 본래대로 고요히 자각하라는 것입니다. 즉, 마음의 눈인 심안으로 내면을 향하여 스스로 에고마음을 소멸하고, 청정심의 심안이 본래의 주시자로서 드러나도록 스스로를 자아인식의 직접지각으로 자각하라는 것입니다.

존재하는 모든 것은 모래알 하나까지도 있는 그대로 자각의식의 빛인 성령불성으로 존재합니다. 그래서 무생물을 포함한 모든 형상 있는 것들은 자각으로 스스로 존재하는데, 동식물인 생명체들은 생존을 위해 대상 인식을 해야 하므로, 그 인식이 자각을 가리게 되는 것입니다. 그래서 우리의 에고인식으로는 각 존재의 자각을 도저히 알 수 없지만, 에고–나의 내적주시로 먼저 실재의 '참나'를 자각하게 되면, 세상 모든 것에서도 동시에 자각하게 된다는 것입니다. 그래서 먼저 내적주시를 통해 나의 내면으로 들어가 실재의 '나'를 먼저 자각해야 하는 것입니다. 이것은 인간만이 이성이나 오성을 가져 우월하다는 편견을 바로 깨버립니다. 만일 실재의 '나'를 자각하지 못한다면 인간도 사물이나 다를 바 없고, 인간만이 가졌다고 자랑하는 이성 오성 등은 세상을 향한 에고의 사리분별을 위한 타자인식이라서 오히려 실재를 가리는 불필요한 것일 뿐입니다. 실지로 모든 존재의 바탕은 성령불성인 순수자각의식의 빛으로 같은 생명의 실재이므로, 너 나 인간 사물 할 것 없이 모두가 불성성령인 단일성의 빛인 원광으로 존재하므로, 똑같은 하나인 '나'로 실재라는 것입니다.

인간이 가지는 생각하는 이성이 인간으로 하여금 우월성의 오만과 타자인식의 편견을 갖게 한다면, 그런 에고의 이성은 우리를 과대망상으로 몰아 현상계를 파괴한다는 것입니다. 실재에서 보면 현상계에 존재하는 모든 것은 대상 인식하는 이성이 없어 본래대로 '나'로서 자각하므로, 있는 그대로가 하나인 실재라는 것입니다. 이 자각의 실재만이 존재로서 존재께 하는데, 인간은 육체의 눈이 아닌 영혼, 즉 영적인 마음의 눈(심안)인 정신으로 자각하여 존재한다는 것입니다. 그럼 인간이지만 이런 자각하는 정신이 깨치지 못한다면 무엇으로 사물보다 우월하다는 것일까요? 겨우 인식하는 것 가지고요? 아닙니다. 자각이 없다면 인간이나 사물이나 존재로서는 하등의 차이가 없습니다. 겨우 생각하는 이성으로 인간의 우월성을 주장하면 '절대신'을 망각하고 기만하게 됩니다. 왜냐하면, 인간의 생각인식으로는 하나님을 만날 수 없고, 세상에 대한 대상 인식을 포기하고 내면으로 들어가 주시 자각할 때 비로소 하나님을 본래대로 드러내고 그 안에 하나님과 하나될 수 있습니다.

모든 존재는 근원의 빛인 자각하는 성령불성으로 자신을 표현하는데, 산란된 인식하는 에고의식도 본래는 근원의 실재인 빛(순수의식)이 반사되어 생긴 것이고, 다시 그 반사광의 산란으로 세상에는 다양성이 생깁니다. 그래서 똑같은 성령불성인 빛으로 각기 자신의 모습을 표현하므로, 실재인 본래자각 안에는 인간들이나 현상계의 사물들이나 모든 게 동질의 단일성으로 균일하므로 일체가 모두 하나입니다. 이 몸도 역시 비록 에고지만 내면에는 누구나 가지는 자각의 빛나는 의식인 똑같은 성령불성으로 가득 차 있습니다. 그런데 그것은 나란 생각의 에고인식이 아닌 나의 내적주시의 자각으로만 드러냅니다.

영혼 가진 인간에게 자유의지가 있느냐 없느냐 하는 문제는, 모든 종교나 철학에서 언급되고 탐구되지만, 지금까지도 풀리지 않는 숙제로 남아있는데 과연 있을까요? 의지란 마음 안에 움직임인 생각으로 행위를 일으키는데, 인간의 생각은 대상에 대한 인식으로 이분법적인 사고인 선악, 옳고 그름, 좋고 나쁨 등의 구분과 분별로 판단하여 마음에 갈등과 고뇌를 일으키고, 결국 그런 생각으로 인해 행위로 이어지므로 인과에 따른 대가를 치르게 됩니다. 그래서 우리에게 일상행위에 진정한 자유란 없어, 자유가 방종이 되므로 대가를 치르는 인과가 발생하고, 자유의지란 것도 내 스스로가 마음을 내면으로 향하게 하는 내향 심에서만 외적행위가 아닌 무행위라서 자유가 있을 뿐입니다.

그런데 과연 근원의 실재에도 마음의 생각하는 의지가 있고 행위가 있습니까? 아닙니다. 실재에는 생각, 의지, 행위 등의 에고적인 마음은 전혀 있을 수 없고, 본래의 고요와 자각의 침묵만이 있을 뿐입니다. 그런데 몸과 마음으로 세상을 사는 에고로서 인간들은, 본래는 없었던 마음의 생각과 의지로 인식하고 감성, 지성, 이성, 오성 등을 통한 비교와 판단의 양가감정으로 행위하며 인생을 살게 되므로 하루도 편안한 날이 없습니다. 그래서 본래대로 지복(至福)의 실재로서 고요하고 평온하게 살기 위해서는, 본래는 없었던 것인데 세상의 대상물을 행한 에고자아 때문에 생긴 마음의 생각, 인식, 의지 등을 모두 포기해야만 합니다. 그 포기는 에고인 몸과 마음의 나와 세계를 포기하는 것이라, 에고-나와 세계로 가려졌던 내 안의 실재인 자각이 본래대로 드러나고 자각의 고유품성인 고요, 행복, 자유, 평온 등이 침묵 안에 지복으로 펼쳐집니다.

설사 생각하는 마음을 포기해도 인간 몸의 생존은 본능적으로 유지하게 되어있어 걱정하지 않아도 되는데, 인간의 생존본능은 생각 없이도 이루어지므로 의도함이 없는 신의 의지인 무위입니다. 그래서 종교에서는 인간의지인 자살을 죄악으로 금지합니다. 우리 몸의 내장기인 심장, 폐, 위장 등의 내장기관은 자의로는 움직일 수 없는 불수의근으로 되어있어, 우리 목숨은 나의 의지와는 상관없이 신의 의지로 자동으로 작동, 유지되게 되어있습니다. 그러니 세상을 향한 인식과 생각하는 마음을 포기해도 이 목숨은 정상적으로 잘 유지되니 너무 걱정하지 마십시오.

우리가 인식으로 생각하며 사는 이러한 세계에서는 하나님인 근원이 실재로서는 드러나지 않지만, 근원의 실재는 나타나는 세상과 현상에 대한 화면 같은 바탕으로 항상 존재하며 단지 주시할 뿐입니다. 그래서 이 몸의 생각하는 마음인 에고만 없다면 나는 바로 본래대로 실재로서 드러나고, 그럼 여기인 지금 이 순간에 드러난 이곳은 본래 있는 그대로의 하늘나라입니다.

실재(實在), 자각의 침묵

- 실재에 대하여 -

35

이면에 실재와 저변에 실재에 대해서

실재란 근원의 스스로 빛나는 빛 원광이 무한의 침묵으로 가득 찬 의식허공으로 본래 그대로(본연, 本然) 상태입니다. 원광은 근원의 자체발광으로 스스로 존재함을 아는 자각의식인데, 비추는 성품이 있어 빛이라 하며 가장 원초적이고 근본의 모든 품성을 지닌 근원의 표출로 지고자의 나타냄이라 창조의 시작이라 합니다.

실재처럼 보이는 우주가 진정 실재하는지의 여부 논의는 먼저 우주가 독자적으로 존재할 수 있는지를 보아야 할 것입니다. 사실 본래 없었던 우주는 근원의 비춤의 빛이 비치도록 스스로를 밀어내며 허공으로 확장되면서 반사와 산란이 일어나 원광인 실재를 바탕으로 허공 안에 형상들과 공간이 등장한 것인데, 이것들이 저변에 바탕인 그 실재를 덧씌워 가리고 있기 때문에 우주는 독자적으로는 존재할 수 없는 비실재입니다. 그래서 바탕인 실재를 창조개념으로 초기우주라고 표현하기도 하는데, 여기에서 원광은 신으로 반사광은 우주와 개아로서, 세상이 창조됐다고도 합니다.

이 세상의 바탕이고 에고-나로 인해 가려지면서도 이 몸과 마음의 바탕이 되는 이면에 실재는, 자체발광의 본래적 상태라 아무것도 인식되지 않는 대상 없는 자각의 침묵 상태이고, 두 번째 것이 없는 단지 하나로만 존재하며, 밝고 어둠이 아닌 단지 근원의 비춤인 순수의식의 빛으로 충만함이 가득 찬 본래의 '나'입니다. 이런 실재 '나'를 대상에 대해 지각과 인식만 하는 에고-나로서는 알 수가 없고, 이 에고마음을 정신(청정심)에 의해 발전된 지성으로 하여금 바깥세상 대신 내면으로 향하게 하여 가슴심장인 근원에 흡수 소멸시키면, 고요와 함께 내면에 자각의 침묵으로 드러납니다. 그것은 나의 내적주시의 직각으로 자각되는 스스로 빛나는 근원의 실재로서 빛인데, 그런 자각의 빛에 의해 몸으로 인한 모든 경계가 사라지면 내면심장인 근원의 점이 이면으로 열리고, 실재인 본래 '나'가 침묵 속에 무한의 단면으로 드러납니다. 그럼 마음소멸로 전면세상도 인식 대신 자각의 심안으로 보기 때문에 생각은 없어져, 그냥 보면 볼뿐이고 모든 게 하나라는 자각으로 보므로, 이면실재와 저변실재가 같이 하나의 실재로서 드러나게 됩니다.

그래서 지금 서 있는 이 몸이 뒤돌아서면 전면에 있던 세계는 사라지면서 보이지 않는 이면실재로 바뀌는데, 이때 전면세상의 바탕이었던 저변에 실재도 같이 보이지 않는 이면실재로 바뀌게 되어 지금 이 순간 여기인 이면이 본래대로 드러납니다. 이때 보이지 않던 이면실재는 몸이 돌아섬으로 전면이 되어 지금 이 순간의 세계로 펼쳐지면서 현상계와 대상물의 바탕으로 가려지게 되면, 에고의 표현으로는 저변실재가 됩니다. 이것은 동양의 음양사상 중 음(실재)으로부터 양(세상)이 나오고 양은 다시 음으로 돌아간다는 음양의 관계로도 설명됩니다. 이렇게 실재와 세계가 뒤바뀌게 되지만, 나의 내적주시로 인식하는 마음이 사라져 드러나는 고요와 침묵 안에는, 이면이나 저변이나 모든 게 같은 자각 안에 있어 같은 하나의 실재로서 드러납니다. 자각 안에는 단지 모든 게 하나일 뿐이라, 우리 모두 '나'를 주시자각한다면 모두가 본래대로 하나입니다. 그럼 누구나의 나는 비로소 실재의 원광인 본래의 근본을 회복하고, 영원한 영으로서 본래대로 영생합니다.

근원 ➡	빛 ➡	실재. '나' ➡	세상. 나
하나님	원광	WORD	빛. 소리
공	자체발광	옴	마음. 몸
자각	자각	자각	대상 인식

이 몸이 인간으로서 세상을 향한 대상 인식의 마음을 포기할 때, 비로소 나는 자각하는 주시자의 심안을 회복하여 자각하므로 본래대로 실재를 드러내는 것입니다. 물론 실재란 근원의 스스로 빛나는 빛으로 순수자각의식이며, 바로 본래대로의 '나'입니다. 자각은 인식만 하는 우리의 일상의식(생각)으로는 절대 드러낼 수 없어, 인식하는 이 몸과 마음만이 나라는 생각을 포기할 때 비로소 생각으로 가려진 자각이 본래대로 드러나는 것입니다. 그래서 인식 아닌 자각으로 이면실재가 저변실재로 드러나 고정될 때까지는 인간으로서 나는 수행의 노력만이 필요합니다. 그럼 나라는 에고자아는 소멸되고, 이면과 저변에서 진정한 본래의 '나'라는 실재만이 있는 그대로 드러나게 됩니다. 그러나 이런 드러냄은 일과성이라서 실재에서 원습이 절멸될 때까지는 지속적인 내적주시가 필요하며, 호흡내면주시의 이면자각으로 실재에 고착되는 길만이 유일한 방법입니다.

실재	=	참나	=	빛	=	비춤	=	자각	=	단일성	=	이면 저변
비실재	=	세상	=	명암	=	무지	=	인식	=	다양성	=	전면

언표불가인 실재를 수많은 표현들로 언급하고 있지만, 이 몸의 두뇌에 의한 에고마음의 작용이라 어떤 표현도 이미 실재인 그것을 벗어난 것입니다. 그것은 생각의 언어적 표현을 떠나서 본래 있는 그대로이지만, 그냥 스스로 빛나는 '있음'의 존재라서 자각하는 침묵인 빛—의식으로 표현합니다. 태양이 비추는 데 무슨 목적이 있어 비추겠습니까? 태양은 존재로서 그냥 쉼 없이 스스로 비출 뿐이고, 태양 빛의 의미와 결과는 태양 아래 인생을 살아가는 생각하는 우리들 나—에고에 의한 것입니다.

근대서양사의 종교와 철학에서 정신과 의사이며 종교철학자인 프로이트를 그렇게 배격한 것은, 내가 잃어버린 아버지의 신성을 되찾으려면 현재의 나라는 에고로서 주체를 포기하고 내면으로 들어가야만 나와 아버지와의 합일로 회복된다는 그의 주장 때문입니다. 하나님과 나는 별개라는 인식론과 신성불가침을 주장하는 서양종교와 철학에서는, 내적자각으로 하나님과 하나 되어 본래의 신성을 회복한다는 '자각론'은 신성모독이라 생각하고 기독교와 천주교에서는 절대 수용 불가여서, 그를 이단아 취급하여 철저히 배격 왜곡하였고 현재도 배격하고 있습니다. 그런데 우리가 하나님께 다가가기 위해서는 하나님에 대한 타자인식이 아닌 자아인식인 자각뿐이고, 자각으로 성경의 'WORD'처럼 하나님과 하나 됩니다. 에고—나로서 주체임을 포기하여 진정한 '나'인 실재의 신성을 회복하여 드러내는 것이 인간 삶에 참의 미가 있고, 또한 이 몸에 주어진 숭고하고 막중한 사명인데, 우리는 그 임무를 직무 유기함으로 '에고자아'라는 개인의 영혼으로 계속 윤회할 수밖에 없습니다. 또한, 종교 가르침이 신성수호를 위해 하나님과 하나 되는 자각을 배격한다면, 본래 '나'를 회복하여 하나님과 하나 되는 구원은 요원할 수밖에 없습니다.

생물, 무생물 할 것 없이 모든 존재들은 자기가 존재함을 스스로 알고 있는데, 이것은 대상 인식이 아닌 실재 빛인 불성성령의 자각의식에 의해서입니다. 그래서 그 원광 빛이 원습을 비추면 반사산란이 일어나 입자결합으로 외형상 모습이 나타나는데, 사실 존재란 이 빛이 반사되면서 순간의 일과성으로 나타나고, 그 순간순간들이 산란으로 변형되면서 이어져 계속되는 것처럼 보일 뿐입니다. 이처럼 형상 가진 모든 존재는 반사광이라 입자로는 일시적인 형상을 나타내지만, 내면에 신성인 본래의 빛으로는 영원성도 동시에 갖게 되는데, 형상은 그 빛이 빛나는 순간마다 반사 산란되므로 본래의 고유성을 잃고 모습이 바뀌어 갑니다. 이렇게 반사광인 빛이 형상을 취할 때는 그 빛이 본래 모습으로 돌아가지 못하지만, 실재의 지속적인 빛의 비춤으로 변해가는 형상을 취해 유지하는 것은 인간의 두뇌와 기억장치에 의한 것입니다. 그래서 이런 기억들에 의한 인간 몸의 모습으로는 생로병사의 외형상을 취하며 목숨을 유지하고, 빛의 형상인 마음으로는 희로애락 속의 인생을 살다가, 습과 업에 의해 때가 되면 영혼의 생명인 마음은 몸을 떠나 윤회되고 형상의 몸마저 사라지게 되는 것입니다. 그럼 남는 것은 무엇입니까? 에고의 시야로는 아무것도 없는, 하지만 본래대로 바탕인 침묵의 실재인 '나'입니다.

우리는 비록 에고의 몸이지만 본래실재로서 영원성을 되찾기 위해서는, 근원의 실재인 스스로 빛나는 빛을 자각해야만 합니다. 그러려면 먼저 인간으로서 세상에 대한 대상 인식의 생각을 포기하여, 몸으로는 나태한 인간의 자세 대신 신적인 바른 자세로 단전호흡을 유지하고, 마음으로는 주의 집중하여 삼킴과 미소의 지속적인 흡인으로 호흡내면주시해야 합니다. 그러면 마음은 근원인 가슴심장합일로 에고 소멸되어 가려진 본래 침묵인 자각이 드러나므로 실재인 '참나'가 스스로 영원히 빛나고 있습니다.

가슴심장인 그곳이 드러난 점 하나로 바로 호흡이 교차하는 교차점인데 근원으로 열려있어, 원광이 시작되는 시작점으로 원점이며 그 원광이 이면실재와 전면세상을 동시에 비추므로 모든 것을 밝히는 중심점이라, 시공 없는 원점입니다. 또한, 그곳은 우리 탐구의 최종 주시처로, 우리가 찾고자 하는 마음의 근원이라서 마음이 합일되는 소멸점이자, 삼위일체 신의 합일점입니다. 이 몸을 포함한 세상 모든 게 실재로서 드러나 고착될 때까지는, 우리는 강렬한 삼킴의 미소로 호흡내면주시의 끝없는 노력으로 마음을 원점으로 되돌려 고정해야 합니다. 시작이 있으면 끝이 있듯이 마음과 상습원습이 절멸되어 모든 게 본래실재로서 드러나 고착되고, 평안의 지복이 이 몸에 드러나 고정될 때까지는 이 몸의 나는 내적주시로 계속 노력해야 합니다.

36
대상 인식이 사라지면
가려진 실재가 드러난다

"침묵하라. 그럼 모든 것이 평온 속에 잠긴다." 이 침묵이 바로 근원의 스스로 빛나는 빛인 자각의 실재로서, 대상 인식의 마음생각으로 가려졌던 내면에 본래 '나'가 고요 속에 침묵으로 드러나는데, 그 침묵 상태를 가리고 있던 에고-내가 사라지므로 본래 '나'인 근원의 실재가 이면과 저변에 드러난 것입니다. 이런 실재인 내 안에는 자유 행복 평화 등으로 표현되는 본래지복인 고요와 평안이 드러나서 지금 이 순간에 침묵으로 항상 함께합니다.

세상을 살기 위해 현상계의 대상에 대한 인식을 주도하는 것은 생각하는 나-에고로서, 몸의 감각기관으로는 외부대상으로부터의 오감을 받아들이고, 마음으로는 두뇌의 의식계를 통해 기억과 비교분석 및 판단함으로, 이 몸과 마음의 지각과 인식과정에 의한 나의 생각이 행위로 연결됩니다. 이 과정은 침묵의 허공을 바탕으로 나타난 세상의 현상계 안에 있는 이 몸이, 에고로서 세상을 살기 위해 대상을 취하고 인식하므로 에고-나는 세상의 대상물에 대한 욕망과 집착, 갈등 등의 감정을 일으키므로 이루지 못함에는 고통을 느끼게 됩니다. 단지 보이는 물질과 현상만을 향한 생각으로 세상을 사는 에고-나는 과거미래에 대한 생각으로 현재를 부딪치게 되어, 지금에 머무르는 현존은 사라져 정작 지금이란 실존 없는 생각속의 환상으로, 시공 있는 현상계란 대상세계가 나에게 나타나는 것입니다.

　본래실재는 자각의 침묵이라서 나의 시야로는 존재를 따질 수 없는 본래 그대로이고, 현상계는 그 침묵이 드러난 허공을 바탕으로 나타난 것이라, 원광인 실재를 바탕으로 나타난 반사광인 에고는 자각 대신 현상계의 대상물들에 대해 타자인식합니다. 실재 현존이란 내가 생각함 없이 여기인 내면심장자각으로 지금 이 순간에 '있음'으로 존재하는 상태라, 현상계의 대상을 볼 때 주시자의 자각으로 보므로 있는 그대로를 보면 볼 뿐이라서, 에고-나의 인식이 없어 비교 분석 판단 등이 없는 청명한 상태입니다. 그래서 내가 에고인식이 없으므로 생각으로 가려졌던 본래실재가 바로 드러나는데, 실재는 자각의 침묵 상태라서 자각으로 모든 걸 존재께 하는 생명의 원천인 'WORD'로 스스로 빛나는 빛인 원광입니다. 이 불성성령인 원광은 바로 근원의 스스로 빛나는 빛인 자각의식으로 모든 것을 비추는 생명이라, 현상계에 존재하는 모든 것은 자각의 빛인 생명으로 외적으로는 오감으로 존재의 모습을 나타내고, 내적으로는 자각의식의 마음으로 자신을 존재께 합니다. 그런데 인간의 에고의식은 몸과 마음으로 현상계 안에서만 작동하므로, 내가 세상 안에 있다고 생각하면 에고의 인식 안에 살게 되는 것이고, 이 몸의 생각하는 에고마음을 포기하면 인식을 벗어나 가려진 자각이 바로 드러나므로 본래 '나'로 살게 됩니다. 세상을 대하는 마음의 생각과 몸의 활동이 나에게는 마치 실재처럼 착각되지만, 생각하는 마음의 인식에 의한 것이라서 과정을 거치므로 비실재인데, 그러나 이런 비실재적인 생각과 활동을 그치게 되면 인식과정을 거치지 않아서 바로 실재인 진리가 자각의 침묵으로 본래대로 드러나게 됩니다.

우리에게 탐욕과 욕망이 없으면 본래의 무욕과 무소유가 나타나고, 생각이 없으면 본래대로 고요가 드러나면서 인식하는 마음이 없어지므로 다양성의 세상과 대상들도 없어지고, 단지 동질의 단일성으로 자각하는 실재의 침묵만이 드러나니 이것은 새로 생기는 것이 아닌 바로 본래 있는 그대로인 본연입니다. 나에게 속박이 없다면 그것은 바로 해탈이고 불행이 없으면 행복이며 고통, 슬픔 없는 것이 즐거움과 기쁨이듯이, 세상의 대상물들에 대한 인식이 없으면 본래 있는 그대로 드러나는데, 그것이 나의 내면자각으로 모든 것들 안에서도 같이 드러나는 자각의 실재이고 진리인 생명이며 평안입니다. 자각을 위해 나는 삼킴과 미소를 머금고 의식을 주의집중하면 호흡내면주시가 이루어져, 방하착과 동시에 가슴 심장의 점이 이면으로 열리면서 모든 경계가 소멸되므로 이면은 무한의 단면으로 드러나 모든 것의 저변에도 실재로서 드러나고, 그럼 모든 것이 생각할 게 없는 자각의 실재여서 본래대로 하나인 '나'로 드러납니다.

세상을 대상 인식으로 보고 생각하는 마음이지만, 자신의 몸을 먼저 느끼면 개아로서 자아인식은 내적주시가 되어 마음은 내면으로 향하고, 가슴심장에서 본래 '나'인 침묵의 빛을 보면 바로 자각이 드러나 세상과 내가 하나 되어 타자인식이나 자아인식마저 사라지므로, 모든 게 본래대로 실재 '나'로 드러납니다. 근원의 가슴심장에 스스로 빛나는 빛이 자각의식인 생명인데, 그 빛이 원습에 반사되어 생긴 에고의식은 빛과 생기로 구성되어, 마음의 빛이 두뇌를 비추면 상습과 두뇌가 작동하여 지각과 인식으로 업인 생각을 이루고, 또한 생기로는 육체에 생명력(목숨)을 주어 몸을 보호하고 행위로 인과의 업보를 받으며, 세상 속에 나의 인생을 살아가게 합니다. 이 생명의 빛이 시작하는 가슴심장이 바로 근원으로 원점이며 모든 것의 중심점이 되므로, 탐구와 명상의 자리는 머리가 아니고 바로 내면가슴심장이며, 이곳이 바로 명상탐구의 최종 주시처입니다. 이 심장중심점은 빅뱅의 포인트처럼 극히 미세한 점 하나로 존재하는데, 나의 내면주시로 자각하면 그 점은 열리고 모든 경계가 사라져 이면실재까지 본래대로 드러나므로, 드러난 이면에 실재자각으로 모든 것의 바탕인 저변실재까지 드러나 하나 되므로, 존재하는 세상 모든 것이 바로 '나'이고 본래대로 근원의 실재입니다.

이 심장은 가슴 안 호흡이 교차하는 교차점에 같이 있어서, 심장 빛에 의한 나라는 생각의 에고마음은 호흡 따라 세상을 들락거리므로 쉴 틈이 없습니다. 그런데 집중하여 호흡주시하면 흡인의 삼킴으로 호흡은 멈추는 특성이 있어, 멈춘 호흡으로 날숨은 없어 마음은 내면에 머물러 쉬게 되므로 내적주시가 되어 비로소 마음이 편안해집니다. 이 과정에는 나름 방법이 있는데, 단전호흡과 같은 바른 자세 안에 삼킴의 미소를 머금으면 지속적인 흡인으로 날숨을 멈추게 하므로 호흡내면주시가 이루어집니다. 그래서 우리가 하는 모든 수행, 수련, 수도, 고행 등의 탐구목적은 마음이 내면가슴으로 향하도록 하는데, 그것들은 하나의 과정이라서 그런 과정 중에 얻어지는 무욕, 무소유 등의 '없음(무)'자체가 깨달음은 아니라는 것입니다. 그것들로 마음이 내면을 향하고 '나라는 생각'의 에고자아와 원습을 절멸시켜야만, 비로소 나는 본래대로 자각의 실재로서 드러나고 고착되어 자유로워집니다. 그럼 여기에는 주체도 대상도 없이 모든 게 하나라 단지 자각의 침묵뿐이고, 그래서 지금 이 순간에 자각의식의 빛인 '있음'의 침묵으로 존재합니다. 우리가 생각하는 현재란 과거미래에 대한 시간적인 개념으로, 나의 몸이 깨어있는 생시에 마음이 작동하여 인식으로 알게 되는 것이라, 생각 없이 자각으로 현존하는 지금 이 순간과는 전혀 다른 것입니다.

이면실재는 잠과 같이 원초적이고 본질적인 상태라 깨어있는 잠인 '생시-잠'이라 합니다. 이 생시-잠이 본래대로 드러나 자각될 때까지는 우리는 부단한 노력이 필요합니다. 또한, 지금의 전면생시와 여기인 이면생시-잠 사이에는 몸에 의한 근본무지(원죄)인 대지성이라는 분리 면이 있는데, 유리와 같아 통과하는 실재의 빛을 산란으로 흐리게 하여 환적요소(마야)를 일으켜서, 투과된 실재의 빛이 원습에 반사되면 바로 세상이 나타나게 됩니다. 그런데 이 몸이 탐구의 내적주시로 이면에 생시-잠을 자각하면, 몸의 원죄로 인한 대지성은 가상 면이라 자연 소멸되어 경계가 없어지므로 환도 사라져 본래대로 실재의 자각 안에 모든 게 하나 되어, 꿈같은 생시에서 깨어나 잠과 같은 본래실재로 존재하므로 잠, 꿈, 생시 모두가 실재 안에 하나로 존재하게 됩니다. 그래서 세 존재상태의 분리된 의미가 없어지고, 항상 자각의 깨어있는 의식으로 세상 모든 게 지금 실재상태입니다.

인간이 지니는 의지력이란 마음의 생각하는 힘인데, 이 힘은 우리들이 세상을 살기 위한 생각과 행위로 소실되어 사라집니다. 그런데 만일 나의 탐구로 생각과 행동을 적게 하면 이 힘은 보존되어 정신력인 지성이 강해집니다. 그래서 일상에서 잡다한 많은 생각을 거두고 하나의 생각에만 집중하면 이 의지력인 지성의 힘이 배가되어 나에 대한 하나의 생각으로 강력한 명상이 됩니다. 그래서 인적이 별로 없는 새벽 공부가 나의 집중명상에 많은 도움이 됩니다. 그럼 밖으로 대상 인식이 없어 생각과 행위가 사라져 주의집중으로 내면주시가 쉬워지고, 명상하는 하나의 생각마저 가슴심장에 흡수되어 사라지면, 비로소 자각하는 실재의 '나'가 드러나는 것입니다. 실재는 바로 WORD(옴)인데 빛과 소리로서, 의식하는 마음과 몸의 생명력을 나타내는 생명의 진리로, 세상 모든 것에 빛을 주어 존재께 합니다. 그래서 에고-나는 외부대상들을 눈 귀 등의 감각기관으로 지각하고 마음의 생각으로 인식하지만, 실재의 '나'는 생각하는 바 없이 단지 대상을 자각으로만 보는 주시자라서, 보이는 세계와 대상들도 자각으로 하나 되어 세상은 실재의 '나'로 드러납니다.

생시에 '나라는 생각'의 개인성인 에고마음은, 찾으려 하면 사라지는 유령에 불과한 실체가 없는 환상의 그림자이고, 세계 또한 이런 유령 같은 마음의 인식에 의해 나타난 것이라 같은 환상입니다. 그래서 먼저 나라는 생각의 에고자아를 찾아 내 안에서 찾아보면 흔적도 없이 사라지는데, 그럼 에고생각에 의한 환상세계도 같이 사라져, 본래 있는 그대로의 실재의 '나'와 본래대로의 실재세상으로 드러나게 됩니다. 그래서 나를 찾는 길은 세상에서 나를 찾을 수는 없고, 단지 내 안 내면에서 찾아야 합니다. 그럼 찾으려 하는 에고마음은 대상 없는 내면

에서는 할 일이 없어 유령처럼 사라지고, 고요 속에 자각하는 실재가
침묵으로 드러나는데 바로 진정한 본래의 '나'입니다. 이것이 선불교의
선각자인 고승들께서 너의 그 고달픈 마음은 세상 아닌 너 안에 있으
니 너의 내면에서 찾으라는, '너의 마음을 가져오너라'의 말씀의 의미입
니다.

37

근원의 빛이 세상을 실재로 드러낸다

근원이 스스로 빛나 드러냄인 원광의 실재는 근원인 지고자의 표출이라 에고—나의 감각기관과 두뇌로는 지각과 인식되지 않아서 이 몸이 알 수 없는 초월적 영적현상으로 무한영원한데, 바탕인 그 빛의 비춤으로 에고—나와 세상이 나타나므로, 그 빛을 바탕으로 우리는 인생을 세상과 더불어 살아가게 됩니다.

이렇게 실재의 영적현상인 의식의 빛 비춤으로 나타난 에고—나가, 같이 나타난 현상계 대상물에 대한 일련의 지각과 인식과정을 거쳐 생각 감정 의지 등이 생겨, 몸의 외적표현으로 언어와 행위가 이루어집니다. 그래서 결국 세상과 현상계에서 일어나는 전 과정은, 실재인 나—비춤으로 나타난 이 몸과 세상 사이에, 에고마음이 대상—타자인식으로 생긴 다양한 생각들을 행위의 표현으로 나타내는 것이라 하나의 심적 현상입니다. 이런 심적 현상으로 실재의 반사광인 나라는 생각의 에고마음이 나타나 먼저 이 몸을 나로 인식하므로, 물질적인 현상세계를 대상으로 취하여 에고—나의 인생드라마가 연출됩니다.

영적 현상 | 심적 현상

근원 ➡ 빛(원광) ➡ 실재(자각) ➡ 마음(반사광) ➡ 몸 ➡ 지각 ➡
인식 ➡ 생각 ➡ 비교, 분석 ➡ 이분법적 판단 ➡ 감정

| 현상세계
➡ 행위, 언어와 행동 ➡ 인과 ➡ 기억 ➡ 습, 업

이와 같이 우리 일상을 지배하는 심적 현상은, 실재인 가슴심장 빛에 의한 반사광으로 일어난 나라는 생각의 에고마음이 두뇌를 비추어 활성화시키면 생각은 세상을 향한 활동으로 몸의 행위 등을 일으킵니다. 이 두뇌는 인간 두개골 안에 있고 인간존재는 세상 우주의 극히 미세한 일부일 뿐인데, 어떻게 거대한 우주가 생각으로 인간의 미세한 뇌세포 안에 있을 수 있겠습니까? 이것은 우주 안에 있는 현상계인 세계는 실재 안에 씨앗의 형태인 습으로 잠재되어 있는데, 실재의 빛으로 인간 몸의 뇌세포가 활성화되면, 씨앗이 나무로 자라나 나타나는 것처럼 또한 몸 세포 안에 잠재된 DNA 인자가 발현되어 몸의 각 기관과 상태가 표현되어 인간에게 나타나는 것과 같이, 실재의 빛이 습을 비추면 안에 잠재된 세상은 반사광으로 순간에 펼쳐져 우리 앞에 나타나 찰나에만 존재합니다. 이렇게 원광의 자체산란인 원습으로 나타난 나와 세상에, 나의 두뇌작용으로 윤회하는 상습이 상상이나 생각 등으로 업을 투사하면 내 앞에는 변질된 현상세계로 순간에 나타났다 사라지는데, 잔상의 기억장치로 계속되는 양 착각합니다.

그러나 실재 안에는 본래 습도 업도 없고 시공이 없어 움직임도 없이 고정되어 있어, 항상 하나의 그 순간만으로 영원합니다. 세상에 일

어나는 이런 모든 일련의 과정은 근원의 영속되는 순간의 영원한 빛인 단일한 원광이 있어 가능한 것인데, 그 빛이 세상에서는 반사광이 되어 산란되면 순간에 사라지는 빛이 되므로, 그 빛에 의한 세상이나 이 몸은 찰나적인 것이라 환상의 그림자놀이라고 합니다. 그래서 세상 모든 것이 순간의 찰나임을 깨달으라고, 옛적부터 많은 선인들께서는 문학과 예술 등을 통해 지나가면 사라지는 인생의 무상함을 지적하고 있습니다.

나의 잠 속에는 에고-나 세상 등 아무것도 없었는데, 이 몸이 잠에서 깨어날 때는 실재인 '나'의 비춤으로 비로소 나라는 생각의 마음이 나타나고, 그 나-에고의 마음이 비추어 몸을 나타내면 따라서 세상도 더불어 나타나게 됩니다. 그래서 이 몸과 세상 사이에는 에고마음에 의한 지각과 인식이 시작되어, 세계 속에 이 몸의 일상은 펼쳐지고 유지됩니다. 그런 나와 세상이 정말 진리라면 항상 존재하여 잠 속에도 존재해야 하는데, 실상 잠 속에는 아무것도 없다는 것입니다. 그런데도 생시에 에고-나는 세계와 이 몸마저 인식되지 않아 아무것도 없는 그런 잠 속의 편안함을 알고, 우리는 매일 그 편안한 잠 속에 들기 위해 수많은 노력을 아끼지 않습니다. 이처럼 아무것도 없는 그런 잠 속에 편안함이 있다는 것을 아는 자는 도대체 누구이며 그 정체는 무엇입니까? 무엇이 깨어난 생시에 내가 존재하지도 않았던 잠 속을 기억하고 잘 잤다는 느낌을 갖게 하는 것입니까? 분명 나의 잠 속에는 이 몸과 마음이 없었는데, 나 아닌 다른 존재가 있을 수 있겠습니까? 그렇지는 않겠죠. 그럼 잠 속의 그 누군가는 에고-나에게 인식되지 않는 나란 존재가 또 있다는 결론입니다. 나가 둘이 있을 수 있습니까? 아니죠! 그럼 그 잠 속에 인식되지 않는 나는 누구입니까?

그것은 에고인식으로는 알 수 없고 오히려 나—에고가 가리고 있는 원초적 본래의식으로 항상 존재하는 자각의 빛인 실재로서 본래의 '나'입니다. 본래의 '나'는 생시에는 이 몸의 에고에 의해 가려지는데, 잠 속에서는 에고마음의 빛이 내면심장으로 향하여 본래의 근원 빛에 흡수되므로 몸과 마음이 동시에 다 없어져 생각마저 없어지므로 고요해지고, 본래 있는 그대로의 침묵이 드러나므로 인식할 게 없어 본래평안인 실재의 '나'가 드러납니다. 물론 잠 속에서도 몸이 있다면 항상 빛나는 실재의 빛에 의한 반사광의 에고가 나오지만, 몸이 인식되지 않는 순수에고상태라서 실재처럼 원초적 의식의 미세함으로 자각하여 침묵의 평안함으로 잠재되어 있는데, 생시가 되면 몸이 활성화되어 깨어난 에고로 본래의 침묵인 실재는 가려지고 에고—나는 잠 속에 대한 기억은 없어도 그냥 평온하게 잘 잤다고 생각합니다. 고요한 잠 속의 평안함의 실재가 바로 본래의 '나'인데, 잠뿐만 아니라 생시에는 '생시-잠'으로 꿈에는 '꿈—잠'으로, 각 존재상태의 바탕으로 본래의 '나'는 항상 존재합니다. 이처럼 에고자아가 아닌 본래의 '나'는 자각으로 모든 상태와 모든 것의 바탕이 되어 고요와 침묵 속에 영속적으로 항상 존재하고 있습니다.

또한 '나'란 존재는 꿈을 창조하듯 생시도 창조하는데, 꿈이 나의 밖에서 꾸어질 수 있을까요? 물론 아니고, 내 안에서 꾸고 이루어집니다. 사실 나의 꿈속은 꾸는 동안에는 생시만큼 실재성과 현실성을 가지나, 깨어나면 바로 내 안에서 이루어진 환상이었다는 것을 알게 됩니다. 그렇듯 생시 또한 생시에만 에고—나에게 현실성을 가지는데, 우리가 깨달음으로 생시에서 깨어나면, 즉 생각하는 마음인 에고가 사라진 상태에서는 생시에서도 역시 꿈처럼 깨어나게 되어 그 생시도 지나간 환상이었다는 것을 알게 됩니다. 그러나 잠은 꿈과 생시와는 달리 아무것도 없는 본래적이고 원초적인 상태로서 꿈과 생시의 바탕이 되므로, 세 상태 모두에 잠은 계속됩니다. 그래서 잠은 우리 누구에게나 똑같은 원초적 자각의 침묵으로 본래 있는 그대로 실재입니다.

  우리는 간혹 나의 꿈속에서도 나 아닌 누군가가 꿈의 전개과정을 주시하고 있다는 것을 깨어나면 느끼는 경우가 있습니다. 또한, 생시에도 외부의 자극이 적은 밤이나 고요한 상태에서는 누군가 이 몸을 주시하고 있다는 묘한 기분이 느껴질 때가 있습니다. 그것은 이면실재로서 바로 본래의 '나'이고 꿈과 생시의 바탕으로 주시자인데, 이 몸의 나와 세계의 바탕이 되기도 하지만 자각으로 잠과 같이 본래의 고요한 침묵의 상태라, 생시에 에고에게는 인식되지 않는 느낌과 같은 것입니다. 그런데 세계와 단절된 상태나, 나만이 홀로 있는 상태에서는 인식이나 생각이 필요 없으므로 자연스레 '나'가 드러나는데, 인식만 하는 에고-나로서는 그런 본연상태의 '나'는 처음이라 적응이 안 되는 것입니다. 실지로 꿈이란 잠과 생시의 결합인데, 생시에는 상습에 의해 꿈이 현실적으로 전개되므로 우리는 생시에 꿈을 기억할 수는 있지만, 꿈은 잠의 과정에서 일어나므로 에고는 잠재되어 나타나지 않아서 업과 습은 쌓이지 않고, 단지 이전에 잠재된 습만이 펼쳐져 꿈의 세상은 시공 없이 사건들만 불연속적으로 나타납니다.
  예수께서 남에게 보이지 않고 인적이 끊어진 '골방에서 기도'하라는 말씀은, 세상을 인식하는 마음을 떠나 자각할 수 있게 홀로 있으라는 가르치심입니다. 또한, 여기에서 골방이란 외부로부터 모든 자극이 차단된 고요한 나의 내면을 의미하는데, 이런 내면으로 들어가 기도하는 것은 바로 하나님을 만나는 길입니다. 에고시야로 빛이 완전 차단된 칠흑 같은 어둠 속에서는, 이 몸조차 아무것도 인식할 대상 없는 상태라서 마음은 고요해지는데, 이것이 바로 생각 없이 '나'만이 자각되는 '내 안에 있는 원초적 고독'인 침묵으로, 나의 내면가슴을 주시하면 본래대로 스스로 빛나는 본연의 실재인 침묵 상태를 자각할 수 있습니다.

하얀 종이는 까만 글씨의 바탕이듯이 침묵의 실재는 내 마음의 심적 바탕이고, 침묵이 세상으로 드러나면 허공이 되어 그 허공은 세상의 물리적 바탕이 됩니다. 그래서 현상계에 인식대상이 없으면 공간은 사라지고 본래대로 허공으로 드러나, 그 허공에 시간마저 그치고 사라지면 본래의 침묵으로 드러나므로, 나와 세상은 자각의 실재로서 영원한 지복이 펼쳐집니다.

마음의 물리적 구분구별이 없으면 차별도 없듯이, 분별하는 의견이나 관념까지 버리고 있는 그대로를 받아들이면 생각할 게 없고, 영적 분별은 직관으로 자연스럽게 일어나는 것이라 생각할 필요도 없어, 몸으로 나타나는 마지막 단계인 행위는 생각함 의도함 행함이 없는 무행위인 무위가 되어 본연의 행위라 지고함 자체입니다. 그것은 이 몸이 비록 에고지만 실재의 빛을 받아 오감의 빛으로 이 몸을 나타내는 데는, 생각함이나 의도함이 없이 그냥 있는 그대로 나타나듯이 무위입니다. 그러나 이 몸의 외모를 화장하거나 꾸미면 본래 그대로인 실재의 '나'를 벗어나고, 생각하는 에고마음의 행위가 됩니다.

우리가 세상을 살면서 세상과 나에 대해 어떤 심적 충격으로 절망을 하면 스스로 목숨을 끊고 하늘나라로 가고 싶다고 생각하는데, 그것은 비록 몸은 사라져도 영혼은 남아 있다는 것을 누구나 은연 중에 알고 있다는 것을 의미합니다. 그런데 그런 마음을 내 안으로 향하게만 할 수 있다면, 바로 내 안이 하늘나라여서 영혼이 구천을 떠돌아 윤회할 것도 없이, 내 영혼은 실재로서 하나님을 만나 하나 되고 본래대로 영생하게 됩니다.

세상에 대한 모든 의견과 관념의 생각은 내 안에서 일어나고 사라지는데, 나의 내면가슴에 실재 '나'인 원광의 자체산란으로 내재된 원습이 반사광으로 나라는 생각의 청정심인 마음을 비추고, 그 빛이 두뇌를 비추면 윤회로 인해 잠재된 상습이 생각으로 활성화되어 일어나 세상을 비추므로 세계가 등장하여 내가 그 안에 있다는 생각으로 행위하므로, 이 현상세계 모든 게 나의 생각하는 마음 안에만 있지 나의 생각밖에는 존재할 수 없다는 것입니다. 그럼 세계란 게 나의 마음에 의한 생각에 불과한 창조물이라, 내 생각이 없으면 세계도 없습니다. 더군다나 반사광인 에고마음은 산란된 빛인데, 밖을 향하고 세계의 대상 인식으로 더욱 산란 오염되므로, 변형된 생각으로 세계는 본래의 실재를 벗어나게 됩니다. 그런데 내적주시로 이 원광이 반사산란 되지 않고 본래대로 그냥 비춘다면 있는 그대로인 실재 빛이라, 순수의식으로 평온이며 불변의 영원함인 생명을 세상에 비추어 세상과 나는 본래대로의 실재로서 드러납니다.

그래서 본래대로 '나'를 드러내기 위해서 생각을 없애려 하는데, 생각은 마음에 의한 움직임이라 마음을 쉬게 하면 되므로, 내 마음이 인식대상인 세계에서 물러나 움직이지 않도록 내 안인 내면가슴에 머물게 하려는 것입니다. 바른 자세로 나의 의식을 코, 입, 목 안의 들숨에 주의 집중하여 삼킴의 미소를 머금으면 내적주시가 되어, 두뇌의 생각기능은 들숨과 함께 내면가슴으로 향하여 머무르고 근원인 가슴심장 빛에 자연 흡수되어 사라지므로, 생각하는 마음으로 가려졌던 본래 상태인 순수의식의 '나'는 본래 있는 그대로 다시 드러납니다.

에고지만 내가 내면에 본래의 '나' 자신을 볼 때는 자아인식으로 자각이 되므로 대상 인식의 세계는 보이지 않고 사라집니다. 허나, 내가 세상을 볼 때는 대상물을 타자인식하게 되므로, 본래의 나 자신인 실재의 '나'는 나와 세계로 가려져 보이지 않게 됩니다. 그래서 세상이란 내가 볼 때만 세계로서 나타나는 나의 창조물인데, 그러나 본래의 '나' 자신만을 보는 자각 안에는 창조란 아예 없고 단지 '있음'의 자각만이 침묵으로 빛납니다.

우리가 일상에서 얻는 기쁨이나 즐거움은 행복감에 의해 나타나는 현상인데, 그것들 자체가 행복은 아니라서 우리의 일상에서도 기쁨을 얻을 수 있지만, 그것은 계속되지 못하고 일시적으로 지나가는 것이 됩니다. 그래서 영원한 내면행복으로 나타나는 본래의 즐거움과 기쁨을 갖도록, 나는 내면으로 향해야 한다는 것입니다. 이런 즐거움과 기쁨은 나의 얼굴에 끊임없는 미소로 나타나 표현되므로 내가 평소에 늘 미소를 머금으면 생각이 없어져 쉽게 내면에 머물러 실재의 지복인 행복을 누리게 됩니다. 그래서 세상을 보더라도 모나리자의 미소를 잃지 말고 바른 자세와 삼킴의 미소를 머금어 마음이 내면에 항상 머물도록 내적주시를 지속해야 합니다. 그럼 가슴심장의 원습 활성화는 중단되고 두뇌에 상습의 활성화도 중단되어, 에고마음인 나라는 생각과 두뇌작용인 대상 인식의 생각은 사라집니다.

　에고마음은 본래 없던 것이라 홀로 작동되지는 않고, 이 몸이 깨어나는 생시에 실재인 '나'의 빛을 받을 때 원습의 반사광으로 마음이 나타나 작동됩니다. 이런 마음이 비추어 몸을 나타내고 세계를 나타내면서, 나라는 생각의 에고는 대상 인식을 위한 생각을 가동하게 됩니다. 그래서 내 마음은 항상 외부인 현상계를 향해 있어, 이면과 저변에서 이 몸을 비추는 근원인 실재의 빛을 가리고 감추므로 에고마음은 실재인 본연을 망각하고 가로막는 자신이 실재인 양 착각하여, 나는 자각 아닌 인식으로 세상을 살게 되어 생로병사에 의한 몸의 고통과 희로애락에 의한 마음의 고뇌와 번뇌를 가지게 됩니다. 그래서 에고-나는 몸과 세계의 대상에 대한 욕망과 집착으로 고뇌하고, 이루지 못함에 대한 고통을 느껴야만 합니다. 그런데 나에게 생각하는 마음만 없다면 이 몸이 인식되지 않듯이 세상도 인식되지 않아, 나에게 일어나는 모든 고통은 사라집니다. 그래서 마음공부는 생각하는 마음을 없애는 과정을 수행하는 길입니다. 내적주시를 위한 바른 자세와 삼킴의 미소로 마음 흡인이 몸에 고착되기까지는 각기 자세에 몸이 적응해야 하고 그 자세들이 하나로 통합되어 안정되어야 하므로 계속 수련이 필요하고, 하나라도 흐트러지지 않고 전체자세가 순간에 하나 되는 그때까지는 지속적으로 노력해야 합니다. 물론 몸의 거부반응으로 많은 통증과 고통이 따르지만, 몸이 적응되면 고통 또한 사라집니다. 그래서 일상생활에서까지 이 자세와 태도가 흐트러지지 않고 항상 유지 고착되는 날까지 이 몸의 에고-나는 노력해야 합니다.

 에고-나의 생각을 없애는 길은 내적주시로 내 안에서 실재인 본래의 '나'를 보면 나의 빛에 마음이 소멸되어 본래대로 실재로서 드러나고 그럼 마음이 없어 생각으로 인식할 게 없는 현상계는 본래대로 단일성의 하나로 드러나므로 세상 모든 것이 같은 본래실재로서 드러납니다. 이것이 본래의 것이 본래 있는 그대로 드러나는 본연삼매로, 세계는 내 안에서 나온 그저 지나가는 영상과 같은 것인지라 인식 아닌 자각으로 지켜 볼뿐입니다. 그 보는 자인 주시자는 이 몸이 아닌 지고자의 비춤으로 드러난 지고자의 친존(현존)으로 빛나는 의식인 자각이라서 이 자각의 빛을 넘어 서면 바로 근원인 하나님이며 절대적이고 지고함 자체 그것으로, 언어표현은 어불성설입니다. 이 주시자가 세상을 주관하지만 관여한 바 없고, 주시자는 일어나는 현상에 대해서 생각하는 마음이 없어 전혀 인식한 바 없이 단지 자각으로만 주관하므로 무위입니다. 그래서 우리도 깨우침으로 생각함 없이 하는 행위는 주시자행위인 무위라서 인과에 구속됨이 없습니다. 세계에 일어나는 모든 현상들은 주시자의 이런 무위의 주관 안에 질서와 조화 속에 이루어지므로, 우리 앞에 벌어져 지나가는 현상에 대해 인간의 의지로는 관여할 수 없고, 생각함 없이 앞에 주어져 있는 그대로를 받아들이면 됩니다. 주시자의 주관으로 질서와 조화 속에 진행되는 세상의 모든 사건과 현상을, 우리들이 세상의 이치나 관념 법칙 등으로 결부지어 생각하는 오류는, 결국 고통과 불행을 가져오므로 절대 피해야 합니다. 내 앞에 일어나는 있는 그대로를 생각함 없이 주시하고 '그런가!'

하고 그냥 받아들이십시오. 세상의 큰 재난 고통 또한 내 생각과 함께 흘러가며 사라지는 것이라 잡지 말고 기억과 생각의 마음을 포기하여, 단지 주시로 흐름이라는 세상 이치를 알고 순응하면 생각할 게 없어 본래대로 실재가 드러나므로 나는 행복합니다. 이 몸이 자유로워지려면 내 앞에 주어진 조건과 자연 상황에 순응해야 합니다. 진정한 자유란 생각이 없는 상태인데, 지금 내 앞에 주어진 있는 그대로의 것을 마음에 안 들거나 고통스럽다고 생각의 마음으로 막으려 하면, 그것은 인위적인 사고개념으로 본래의 있는 그대로를 차단하게 되는 것이라, 속박이 되어 인과를 예측할 수 없는 결과를 가져오게 됩니다. 그래서 생각함 없이 지금 있는 주어진 그대로를 받아들이고 사심 없이 행하십시오. 내 앞에 주어진 상황에 절대 거부하지 마십시오. 거부 자체는 주어진 것을 막기 위해 생각으로 행함이라 인과에 의한 업을 쌓고, 본래의 있는 그대로를 파괴합니다.

세상 모든 것을 대상으로만 인식하려 하지 말고, 내 안 가슴심장에 있는 그대로의 실재를 먼저 자각하여, 세상 모든 것 안에서도 '나'를 보는 자각으로 무심을 행하십시오. 있는 그대로인 세상은 실재인 '나'에 의해 나타나는 것이라 '나'의 비춤이니, 에고의 생각하는 마음으로 흐리게 하지 마십시오. 이 몸과 세계는 바탕인 실재 앞을 드라마 같은 영상으로 단지 지나가는 현상이라 에고—나의 생각으로는 어떤 영향도 끼칠 수 없습니다. 또한, 실재를 바탕으로 일어나는 이 몸과 세계가 결코 실재와 별개일 수 없고, 단지 실재 안에 실재의 일부로 흘러 지나갈 뿐입니다. 실재는 이 몸과 세계를 '나'의 모든 것으로 보는 것은 아니지만, 실재인 '나'의 빛에 의한 것이라 별개로도 보지 않는 동일한 단일성으로 인식 아닌 자각으로 주시할 뿐이라, 그 주시자각의 빛으로 비로소 몸도 세계도 실재로서 드러나는 것입니다. 그럼 원초적 행복인 평온으로 본래의 신천지가 열립니다. 인간이 자연스러운 인간으로 인간답게 살고 싶다면 먼저 본연의 나 자신을 보아야 합니다. 나라는 존재는 항상 깨달아져 있는 실재인데도 우리가 그것을 깨닫지 못하는 것은, 인간의 몸과 마음의 사고하는 인식작용으로는 실재에 접근할 수 없고, 또한 그것들로 실재인 '나'가 가려지기 때문입니다. 그래서 탐구과정은 나를 내적 주시로 자각하여 에고–나로 가려진 본연실재의 '나'가 드러나게 하는 과정을 수행하는 것입니다. 에고–나는 세상을 향해 타자–대상 인식하기 때문에, 생각하는 마음인 에고를 없애면 인식할 대상인 나와 세계가 사라져, 가려진 본래의 '나'가 저절로 드러납니다. 그 '나'는 본래대로 자각의 침묵인 원초적 실재입니다.

태양이 빛나는 것은 태양이 발광체로서의 밝은 빛에 의한 것 같이 우리에게 보이지만, 먼저 지고함의 빛인 실재의 빛에 의한 오감들로 태양이 자신을 형상으로 나타내는 것이라, 실재의 빛에 의해 빛나게 되는 것이지 태양 스스로 빛나는 것은 결코 아니라는 것입니다. 태양도 현상계의 다른 사물들과 같이 대상으로서 똑같은 오감을 가져 자신을 외적으로 나타내며 빛날 뿐입니다. 그런 태양 역시 자신의 형상으로 본래의 실재를 가리는 것은, 사물들이나 몸으로 사는 우리들과 같은 똑같은 이치입니다. 가려진 태양 내면이나 후면을 우리가 볼 수 없는 것은, 에고–나로 가려진 본래 '나' 자신을 볼 수 없는 것과 똑같습니다. 인간을 포함한 우주 현상계 모든 사물들 역시 그 지고함의 빛을 받아 오감들로 자신의 형상을 빚어 나타내 빛나는 것이며, 스스로 빛나는 빛을 내는 것은 지고함의 근원이며, 그 빛 자체인 본래 '나'뿐입니다. 진정한 발광체는 실재 '나' 하나뿐입니다. 우주, 개아, 사물 등 현상계 모든 것은 스스로 빛나는 실재가 진리의 생명으로 나타남이라 세상 모든 게 무차별로 같은 동질의 단일성이고, 이것이 근본적인 원초적 평등이라 참사랑인 자비입니다. 이런 평등성지 안에 침묵의 자각으로 모든 것이 하나입니다.

침묵하십시오. 내향심의 생각 없는 고요함이 침묵 안에 존재로서 자각을 드러내므로, 영적인 실재의 '내'가 있다는 것을 알 것이고, 이것이 깨달음인 직관에 의한 직접지각의 자각입니다. 그 침묵이 깨지면 바로 자각은 사라지고 실재의 '나'는 감추어져, 에고-나의 인식으로 실체 아닌 그림자 같은 환상의 세계가 다시 나타납니다. 실체인 실재는 자각으로만 드러나고, 현상계에 대한 인식은 실체 아닌 세상의 영상 같은 그림자를 보는 것입니다.

이 몸이 세상을 떠돌아도 내 안의 허공은 항상 그 자리에 있듯이 침묵의 '나'는 항상 움직인 바 없이 바로 그곳에 자각으로 존재하는데, 그것은 이 몸이나 세상이 바로 자각하는 실재인 본래의 내 안에 있기 때문입니다. 이 몸이 움직인다 해도 사실 내면의 허공은 움직인 바 없이 항상 고정되어 있을 뿐이지, 몸 따라 움직이지는 않습니다. 왜냐하면, 허공은 어디에나 항상 고정되어 있으므로, 몸이 움직이면 몸이 위치한 곳의 허공으로 몸 안이 채워짐으로, 모든 것이 같은 하나의 허공 안에 있습니다. 물론 몸 안의 공기는 몸 따라 같이 움직이지만, 허공 같은 실재는 어디에서나 똑같은 단일한 동질성의 하나이라 나누어지지 않음으로, 몸의 움직임 따라 같이 움직이지는 않습니다. 이것이 항상 하나로 고착된 실재의 성품으로, 허공도 침묵이 드러난 것이라 실재와 같은 성품을 가진다는 것입니다.

내가 허공을 인식하기란 어려우므로 허공 대신 이 몸으로 쉽게 느낄 수 있는 것은 코안의 공기입니다. 공기는 이 목숨을 위한 산소공급원으로 가장 중요하지만, 평소에는 하찮은 관심 밖의 존재인데, 허나 우리가 인식으로 알고자 하면 쉽게 알 수도 있는 존재 같지 않은 존재입니다. 그래서 호흡과 함께 들락거리는 코안의 공기를 삼킴-미소의 내적주시로 먼저 인식하여 느끼면 목 안의 허공이란 공간을 인식하게 되고, 허공이란 비어 있다는 무의 존재를 깨닫게 되면 인식할 게 없어 생각의 마음은 내면을 향하고 공기와 함께 자연 흡인되므로, 마음은 호흡의 들숨 따라 내면으로 향하게 되어 가슴심장합일로 사라집니다. 세상과 현상계 모두가 허공 안에 존재하고 허공은 단지 침묵이 세상에 드러난 것이라, 허공을 자각하게 되면 모든 게 자각하는 침묵인 실재의 내 안에 있는 것입니다. 그래서 이 몸에게 허공은 실재를 드러내는, 바로 내면으로 가는 입구가 됩니다. 왜냐하면, 허공의 본바탕은 침묵의 실재인 '나'이기 때문입니다.

원습의 반사광인 에고마음은 내면가슴에 있을 때는 순수함으로 빛나는 '청정심'이며, 그 빛이 빛나 두뇌를 비추면 바로 우리가 찾는 '정신'입니다. 그 정신으로 발전된 마음의 '지성'이 뒤돌아서 '내적주시'로 세상 대신 고향이며 근원인 내면가슴심장을 향하는 것이, 우리가 수행하는 마음공부의 근본목표입니다. 몸이 깨어나 이 청정심이 비추어 두뇌가 활성화되면, 상습의 업으로 세상을 향하는 외향심이 되어 외부 세계로부터 지각된 대상을 인식하여 비교 분석 판단의 사고를 거치는데, 그럼 마음은 세상의 대상물에 대한 인식으로 산란되면서 오염됩니다. 하지만 그런 나의 마음이 본래는 실재의 빛에 의해 나타난 것이라, 이처럼 마음으로 나타나는 이 몸과 세상 모든 것도 근원의 실재 안에 있다는 앎도 깨달음입니다. 그럼 바른 자세와 삼킴 미소의 내적 주시로, 마음은 다시 청정심의 정신으로 순화되어 인식의 생각은 사라지고 본래대로 자각하여 침묵합니다.

잠 속에서도 존재하는 '나'는 본래의 생각 없는 지복상태라서, 바로 깨달음의 원초적 상태인 실재입니다. 그런 잠 속의 '나'를 생시에도 자각한다면 같은 실재입니다. 그래서 본래실재인 몸의 이면에 있는 잠과 같은 생시—잠을 주시하고 자각해야 합니다. 이런 잠과 같은 침묵은 항상 본래대로 지속되어 시공이 없듯이 허공에도 역시 시공은 없습니다. 시공 없는 허공 안에, 본래 없었던 나라는 생각의 에고가 등장해 인식을 위한 생각이 작동되면 공간이 형성되고, 그 공간 안에는 시간이 흐르게 됩니다. 그러나 내가 허공을 인식하면 내면흡인의 주시자각으로 연결되어, 본래대로 실재인 침묵의 '나'가 드러나 시공은 사라집니다.

우리가 그렇게 갖고자 찾는 자유, 행복, 평화, 완전함, 평온 등은 대상 없이 자각하는 실재만의 고유품성이라 실재 안에 본래대로 드러나 있는 것인데, 에고마음의 대상 인식세계에서는 이것들을 얻을 수 없고 얻는다 해도 지속될 수는 없어 순간적으로 지나가 일시적입니다. 대상을 필요로 하는 사랑은 실재의 고유품성은 아니라서 실재 안에는 없고, 실재의 품성들에 의해 자연스레 나타나는 기쁨이나 즐거움 등과 같이 이 몸과 에고마음에 의해 나타나는 이차적인 것입니다. 그래서 사랑과 자비는 주객이나 자타구분 없는 자각인 단일성의 '평등성지'로 사심이나 생각 없이 행할 때 비로소 참사랑, 참 자비로 나타납니다.

본래는 근원의 빛이 이 몸과 세상까지 비추어 있는 그대로 실재로서 드러나는데, 나의 마음이 실재인 세상을 인식으로 받아들이므로 그 과정에 실재의 빛이 산란으로 흐트러져 오염되고 본래 '있음'의 실재인 세계가 에고마음으로 가려집니다. 그래서 우리가 내적주시로 자각의 빛을 드러내면, 근원부터 세상까지 본래대로 진리인 하나의 빛으로 비추어져 세계도 있는 그대로 실재품성인 생명으로 드러나므로, 모두 본래대로 하나 되어 세상은 항상 기쁨과 즐거움, 사랑 등으로 가득합니다.

38
모든 빛은 근원의 빛으로 하나다

우리가 현상계의 대상들을 알게 되는 과정을 살펴보면, 모든 대상물은 스스로의 특징인 오감의 빛을 내외적으로 자신을 나타내고, 그럼 우리가 그 대상을 볼 수 있게 태양같이 밝게 비추는 빛이 세상에 있어야 하고, 또한 이 몸이 주체로서 대상 인식의 생각하는 의식의 빛이 같이 있을 때, 이 세 가지 빛들에 의해 주체가 대상을 볼 수 있게 되어 봄이나 앎 등의 인식과정이 이루어지게 됩니다.

나의 몸 역시 주체이면서 대상으로서의 특성인 빛의 오감을 생시의 밝음의 빛 아래서 나타내 자신을 표현하는데, 본래의식으로서 고유하고 단일한 성품인 자각의 빛이 잠에서 깨어나는 생시에 잠재된 원습에 반사되면서 업으로 최초의 '나라는 생각'의 에고마음으로 활성화되어 나온 반사광이, 눈을 뜨는 생시에 첫 번째 부딪쳐 인식되는 이 몸을 고유품성대로 '나'라고 착각하는 오류를 일으키게 된 것입니다.

그렇다면 이 몸과 마음이 내가 아니고 본래의 진정한 '나'가 있다는 것인데, 사실 이 몸과 마음인 에고-나는 단지 실재인 '나'의 빛에 의해 나타난 그림자로서 실체가 없는 나라는 생각일 뿐입니다. 그래서 이런 나라는 생각인 에고그림자의 착각에서 깨어나, 가려진 원초적 실재인 '나'를 찾아 본래대로 드러내는 게 깨달음의 과정이고 탐구라는 것입니다. 물론 본래의 실재인 '나'는 진리로서 자각 자체인 '있음'이기 때문에, 여기에는 깨달음도 해탈도 열반도 나도 본래는 없고, 이런 것들은 단지 생각하는 우리들 마음인 에고 안에 있는 것들입니다. 그런 '나'는 생멸하는 것도 아니고 변하는 것도 아니면서, 구별이나 분별로 인식되는 것이 아니라서 에고의 시야로는 존재라고 할 수도 없지만, 근원에 의해 스스로 자각의 빛을 발함으로 자신의 존재를 나타내는 순수의식으로, 근원의 비춤인 원광이며 실재입니다.

이 근원의 실재인 '나'의 빛나는 빛이 비추어져 개아로서 에고—나와 세계가 나타나는데, 에고의 '나라는 생각'의 근원이 바로 실재인 여기 가슴심장의 빛이어서, 실재를 가리고 망각한 에고—나는 스스로 그 근원을 찾아 내면가슴으로 돌아가야 한다는 것입니다. 그 길은 에고마음도 본래는 실재의식인 원광의 빛에서 나온 것이라 이 원광을 향해 역으로 추적해 들어가고, 그래서 그 근원을 붙들어 그것에 고착되어야 한다는 것입니다. 이와 같이 에고마음이 내면을 향하여 근원의 '나'를 찾으면, 반사광인 에고자아는 근원의 원광에 흡수되어 사라지고, 그럼 실재인 진정한 '나'가 자연스레 본래 그대로 드러나게 됩니다.

불교에서 말씀하시는 무념무상의 무심은 생각하는 마음이 없는 상태로 본래대로 비어 있는 상태이고, 그 비어 있음은 공이 '있음'으로 드러난 원초적인 실재인데, 에고의 인식하는 마음 없이 자각의 빛으로 존재하는 이 실재침묵이 바로 본래의 '나'입니다.

과거와 미래가 시간 개념이듯이, 현재도 과거와 미래와 같이 인식에 의한 생각으로 비교한 단지 생각인 시간 개념입니다. 현재에 있는 내가 생각으로 행위를 하면 생각은 지금 아닌 과거와 미래에 대한 것이라 현재의 그 행위도 생각에 의한 시간 개념이 되므로 시공 없는 실재인 지금에는 머물 수 없게 됩니다. 지금이란 우리의 생각으로는 머물 수도 잡을 수도 없습니다. 지금은 시간 개념이 아니고, 여기 가슴심장의 자각으로 본래대로 드러나는 존재순간으로, 그 순간순간이 영원으로 고정되어 존재로서는 자각으로만 머물 수 있는 것입니다. 또한, 우리가 생각하는 순간은 고정된 지금의 순간을 놓쳐서 지나가 버리므로 지금에 머물 수 없다는 것입니다. 이런 이유로 현상계를 생각인식으로 존재하는 나는 현존할 수 없으므로, 마음을 내면으로 향하고 생각 없이 있는 그대로의 지금에 존재하라는 것입니다. 주시자각으로 지금에 존재하는 현존은, 물질적 심적인 것이 아닌 바로 영적 빛의 실존입니다. 현존실존은 생각 없는 여기 지금 이 순간에만 있으며, 이것이 본래 그대로인 인간의 자연스러운 삶이 아니겠습니까?

우리가 세상을 사는 상식적인 개념이나 관념으로 생각 없는 사람은 바보라고 생각하는데, 이런 전제가 잘못된 생각부터 우리는 버려야 합니다. 천재적인 과학적 사고들과 예술적 작품들은 모두 생각 없는 고요상태에서 영감(靈感)으로 실재의 빛에 의해 내적으로부터 나옵니다. 그래서 생각을 없애기 위해 먼저 생각이 나온 곳인 마음을 찾아 그 안에 버리고, 그 마음을 붙들어 나온 곳인 여기 내면의 가슴심장에 버리는 것입니다. 그러면 생각은 마음과 함께 사라지는데, 생각이 없으면 마음 또한 흔적조차 실체 없는 환영과도 같은 지나가는 그림자입니다. 이런 마음의 시작은 바로 실재의 빛이 내재된 원습에 반사된 나라는 생각의 에고이고, 이 빛이 두뇌를 비추면 윤회된 상습이 활성화되면서 생각이 나타난 것이라, 이 최초의 '나라는 생각'의 에고마음이 시작점인 근원을 찾아가는 것이 탐구의 수행입니다.

그런데 생각을 버리려고 마음을 찾으려 내 안으로 향하는 순간부터 생각은 사라지는데 인식하는 생각은 대상 없는 내면에서는 존재할 수 없고 본래의 자각의식만 존재하므로, 나의 마음도 같이 사라져 내면은 아무것도 없는 고요함으로 드러납니다. 그 고요함 속에 머리는 생각 없는 맑은 청명감과 가슴에는 가득 찬 충만감이 느껴지는데, 이것이 나의 자각으로 드러난 실재의 침묵 안에 나타난 '나'의 본래지복인 평온입니다. 물론 처음 겪는 고요함은 우리에게 낯설어 기괴함마저 주므로 자꾸 벗어나려 하는데, 생각 없는 고요함이 길어지는 어느 순간 그 침묵의 경이로움을 느낄 때 비로소 청명함과 충만함이 드러납니다. 이것은 세상에 향한 인식의 생각으로는 드러나지 않으므로, 이 몸과 마음의 나를 스스로 느끼려 하면 몸도 마음도 본래의 빛에 의한 것이라 자신에 대한 느낌은 바로 자각이 되므로, 자각과 동시에 인식하는 생각은 자연 사라지게 됩니다. 또한, 생각하는 나의 마음이 어디 있나 정체를 찾으려 하면, 마음은 내면가슴으로 향하고 사라져 고요해지고, 내면실재가 본래자각으로 드러나 빛납니다.

39

초능력은 실재가 아니다

우리는 꿈속에서 종종 생시의 현실에서는 도저히 불가능한 일들이나 있을 수 없는 기적 같은 현상을 스스럼없이 발휘하거나 구경하기도 하는데, 한편 현실에서는 상상할 수도 없는 참기 어려운 고통이나 역경 등을 당하기도 합니다. 이것은 꿈속에서는 생각하는 에고가 없어, 내 안에 잠재된 습과 업이 억제되거나 제한됨이 없이 본래 있는 그대로 표출되어 나타나기 때문입니다. 그러나 우리가 활동하는 생시에서는 그런 능력들이 에고의 생각으로 구속되거나 한정되어있어, 설사 나타난다 해도 매우 유동성 있고 가변적이라는 것입니다. 그렇다면 우리 안에 무수히 잠재된 상습들이 업으로 표현되는 능력들을 누구나 똑같이 가지고 있지만, 단지 생시의 현실에서는 나라는 에고마음이 내재적인 그것을 가리고 제한해 발휘되지 못한다는 것입니다.

그런데 이런 초능력을 생시에 에고인 마음이 얻으려 하면 에고-나의 각별한 노력이 필요한데, 그것은 에고마음이 초능력이 잠재된 내면을 향하도록 예리하게 깨어있어야 하기 때문입니다. 나라는 생각의 에고가 계속 존재하는 상태에서는 이 몸이 노력해도 초능력은 나타나지 않고, 지성으로 마음을 내면으로 돌려 소멸되는 순간에만 에고자아로 가려진 실재가 드러나듯 잠재된 초능력이 꿈속같이 생시에도 발휘될 수 있습니다. 그래서 생시에 나에 대한 탐구의 수행과정에 에고가 약해지거나 잠시 사라지면서 이면에 생시-잠이 드러날 때 내재된 초능력이 나타날 수 있습니다. 그러나 이때 나타난 초능력은 행위자가 초능력의 결과에 대해 인식을 하면, 바로 에고가 되살아나 인식자로서 앎이나 봄의 주객의 상관관계가 다시 형성되어 인식과정이 되므로 초능력은 바로 사라지게 됩니다. 초능력은 대상 인식 아닌, 나를 향한 자아인식으로 자각할 때 비로소 나타납니다.

게다가 수행자에게는 이런 초능력 현상은 극히 경계해야 할 상태인데, 왜냐하면 초능력에 의해 주객의 상관관계가 생기면 마음은 초능력 행위에 대한 자만에 빠져 침묵이 깨지므로 초능력은 계속되지 않는데, 자각에서 벗어나게 된 마음은 대상 인식 위해 밖을 향하므로 수행도 어렵게 됩니다. 그뿐만 아니라 어렵게 드러난 자각은 다시 가려져 우리는 실재로부터 멀어집니다.

설사 초능력을 가지고 있더라도 내가 실재로서 드러나면 대상-타자 인식이 없어져 사용할 일도 없고, 본래의 있는 그대로인 실재는 습과 업이 없어 자각 안에 침묵만이 있으므로, 초능력은 존재하지도 사용될 수도 없습니다. 그런데 왜 초능력이 필요하며, 있다 한들 무슨 소용이 있겠습니까? 수행 중에 평소 이상으로 무언가 볼 수 있고 할 수 있는 능력이 생기더라도 그것이 실재일 수는 없어 바로 배격해야 하는데, 거기에 빠지면 인식하는 에고마음이 주객관계에 놓이게 되어 수행할 수 없게 됩니다. 그래서 단지 강렬한 내적주시의 일여내관으로 이면에 본래의 '여기 나-'인 실재를 드러내 주시자각하십시오.

내가 잠에서 깨어난 생시에는 몸과 마음이 나라는 생각이 나타나서 실재인 본래 '나'를 가로막게 되는데, 가리고 있는 에고는 원광인 '나'의 빛에 의한 반사광으로 나타난 것이라서 스스로를 실재 '나'로 착각하는 인식의 오류를 범하는데, 이 몸과 마음은 그런 착각에 빠져 에고-나로서 스스럼없이 본래의 '나'를 자칭하므로, 우리는 몸과 마음이 나라고 생각하게 됩니다.

그런데 잠 속에서는 몸과 마음이 없어 에고-나라는 존재는 없었는데도, 분명 '나'는 존재하고 있었다는 것을 깨어난 생시에 에고-나는 어렴풋이 느끼고 있다는 것입니다. 사실은 생시나 잠 속이나 실재인 본래의 '나'는 항상 바탕으로 있는데, 자각 아닌 에고인식으로는 그런 실재 '나'를 알 수가 없다는 것입니다.

그럼 생시에 이 몸의 나와, 잠 속의 몸이 없이도 존재하는 나와는 서로 다른지? 다르다면 누가 진정한 나인지? 나는 둘일 수는 없습니다. 그런데 잠 속에는 생시의 몸과 마음인 에고가 존재하지 않으므로, 생시에만 존재해 이 몸이 나라는 생각의 에고는, 항상 존재하는 진정한 '나'는 아니라는 결론입니다. 그럼 생시에는 잠 속에 있던 본래의 '참나'는 없는 것인가요? 아닙니다. 그것은 모든 존재상태의 바탕으로 있지만, 인식으로는 볼 수 있거나 알 수 있는 대상이 아니고, 단지 자각의 '있음'으로 존재하는 실재 '나'인 주시자로 이면과 저변에 항상 존재합니다.

그렇지만 이 에고-나도 세상 대신 뒤돌아서 마음이 내면을 향하고 주시자각하면, 본래 없었던 에고마음이라 근원인 가슴심장에 합일되어 사라지고, 실재로서 본래의 영적인 진정한 '나'가 본래대로 드러나게 됩니다. 이것은 우리 누구나가 모두 본래부터 가지고 있는 것이지만 우리는 그것을 모를 뿐인데, 이렇게 본래의 '나'를 드러내 '참나'로 영원히 사는 것이 바로 누구나 가지고 싶어 하는 절대적인 초능력이 아니겠습니까? 이 절대적 최고의 초능력이 바로 항상 영원히 존재하는 '영생(靈生=永生)'입니다.

침묵하는 본래의 '나'를 가로막는 인식의 에고마음을 없애고 본래대로 영광(靈光)이며 영생(永生)인 원광(元光)을 드러내기 위해서, 흡인의 삼킴과 미소로 호흡 내면 주시하여 마음을 안으로 향하게 하고 내면가슴 안에서 그 마음을 쉬게 하면, 인식하는 거친 마음은 가슴심장에 합일 소멸되어 사라지고 본래의 미세하고 순수한 마음인 청정심으로 머물게 됩니다. 그럼 자연스레 가려졌던 자각하는 실재 '나'가 침묵으로 드러납니다.

이처럼 인식의 생각 없이 그냥 존재하는 실재의 '나'가 바로 자각의 빛입니다. 그럼 현상계인 세상의 바탕인 실재로서 침묵의 허공도 주시자인 '나'입니다. 그래서 우리 모두 누구나의 '나'는 에고마음의 개아가 아니고, 이처럼 근본인 바탕으로 불생불멸의 영원함이고 무한한 생명이며 자각으로 하나인 일자라서, 인생의 시공은 사라져 영생으로 또한 자각의 빛으로 '있음'입니다.

우리가 생각하는 마음을 가지면 바로 무지가 되고, 세상을 대상-인식하는 무지는 대상에 대한 이분법적 사고로 욕망 집착을 일으켜 고통을 가져옵니다. 그래서 진정한 깨달음의 가르침은 나라는 생각으로 세상을 향한 에고마음을 포기하라는 것입니다. 그것은 바른 자세의 단전호흡과 삼킴의 내적주시로, 지각하는 오 감각기관과 생각하는 의식계의 기능을 포기하고 흡인하여 내면가슴으로 향하도록 하면 마음 기능은 사라지므로 두뇌의 상습 활성화는 사라져 생각이 없으므로 내면은 고요해지며, 그럼 내면의 미세한 마음(청정심)으로 이면주시 자각하라는 것입니다. 먼저 이 몸 앞에 비어 있는 허공의 침묵을 인식하십시오. 그럼 침묵으로 내면허공과 하나 되므로, 생각인식은 자연스레 내면으로 향하고 가슴심장 빛에 흡수 소멸되어 고요와, 본래의 '나'의 식인 머무르는 청정심이 드러나 자각의 침묵만이 있습니다.

본래 고대서양철학의 근본은 '자각론'인데, 기독교의 국교화로 인한 신정합일의 영향과 중세를 거치면서 종교철학과 과학의 발전영향인지 '인식론' 쪽으로 바뀌게 되었습니다. 그래서 현대사에서 말하기를 서양의 중세를 암흑시대라고 별명하기도 하는데, 자각 대신 종교와 세상을 향한 인식만 강조하므로 '나'를 망각하여 자각 없는 인성으로 피폐해진 세상 때문이라 봅니다.

종교를 이용한 통치를 위해 하나님과 나를 별개로 인식시키고, 인간 상호 간에 출신의 차이점을 부각시켜 차별을 인식시키므로 계층 간의 절대적 고립을 만들어, 신정합일로 권력과 신성을 일부 특권층들만이 사유화했습니다. 그래서 종교와 권력층의 에고집단화가 이루어져 극심한 빈부차로 문화는 꽃피었으나, 자각하는 인간본성의 말살로 인한 인간도구화와 심성의 피폐화로 서민층은 숨도 못 쉬고 동물 같은 대우로 고통 속에서 살았습니다. 또한, 선교와 개척이라는 미명 아래 다른 나라를 전쟁으로 침범하여 살생과 노략질로 식민지화하고, 이민족이라 하여 노예화하여 동물보다 못한 대우를 하였습니다.

이런 상황을 타파하기 위해 아무리 사회개혁을 한다 해도 개혁자들은 다시 또 힘 있는 특권층으로 등장하고, 위에 서려 하는 인간마음의 욕망에 의해 다시 권력화와 집단화를 이루는데, 이런 행태는 종교와 권력 등의 힘이 지배하여 지배와 피지배층으로 존재하는 세계에서는 절대 사라지지 않고, 국가와 국민을 위한다는 미명 아래 지속적으로 되풀이 되고 있을 뿐입니다.

또한, 인식론으로 과학적인 발전은 이루었지만, 영적인 발전은 없고 오히려 영은 파괴되어 대신 물질만능에 의한 수많은 전쟁으로 민중은 고통을 겪을 수밖에 없습니다. "국가가 개인의 범죄를 금지하는 것은 국가권력이 범죄를 독점하기 위한 것이다."라는 어떤 분의 말씀이 여기에 딱 맞는 말씀이고, "국가권력만이 선이고, 또한 권력자인 나만이 선이고 옳으며, 내 편이 아니면 모두 악이고 적이다."라는 망상의 광기로 국민을 사지로 내모는 상황은 시대가 변해도 새로운 세상이 온다 한들 이런 에고들의 집단화와 부와 권력화는 변치 않아, 현재까지도 권력자들의 공포정치와 광분의 전쟁은 우리나라뿐만 아니라 세계 곳곳에서도 계속진행형입니다. 이런 현상은 동서양을 막론하고 사회변천 과정에 에고의 집단화로 똑같이 일어났으며, 또한 발전되었다는 현대사회에서도 똑같은 양상으로 지금도 전개되고 있습니다. 인간에고성이 소멸되지 않는 한, 인간역사가 존재하는 한, 이런 구별과 격차로 권력과 부를 가진 자들이 위에 서서 억압하고 속박하는 양상은 항상 되풀이될 것이고, 이런 악순환은 에고인 인간의 힘으로는 풀 수 없는 문제이기도 합니다.

그러나 그것들도 내 앞에 주어진 있는 그대로의 것이라서, 생각하는 마음 없이 주시하면 지나가 사라지는 현상들이고, 주시자인 '나'의 주관 아래 일어나는 것들입니다. 지금 이 순간에 있는 그대로를 주시만 하십시오. 그럼 세상은 '나'의 주시주관 안에 그냥 흘러갑니다. 그 흐름을 에고—나의 마음이 관여만 하지 않으면, 모든 것이 '나'의 주관 아래 순리와 조화 속에 진행되는 세계는 실재의 행복, 자유 등이 드러나 평안합니다. 그래서 우리는 누구나 내적주시의 내향 심으로 에고를 소멸하고 가려진 실재의 '나'를 드러내는 자각의 길만이, 구별과 분별, 억압과 속박 등 모든 제약을 일거에 해결하여 평온의 세상이 됩니다.

천국과 유토피아 또는 가나안과 같이 약속된 땅은 하늘이나 멀리 이상향에 있는 것이 아니고, 바로 내 안에 있습니다. 이 몸이 성전이고 불전입니다. 성전 안에 하나님이 계시고 불전 안에 부처님이 계시는 것은 너무 당연한 것이라, 세상도 좋지만 먼저 이 몸 안에 항상 있는 성전과 불전을 드러내 하나님 부처님을 안고 살아야 하며 모든 사람, 모든 것 안에도 똑같이 하나님 부처님이 계시다는 것을 알고 같이 안고 살아야 합니다. 이 몸 안에 모든 것이 다 있고, 내 안에서 나온 세상에서는 찾을 것이 하나도 없으니 생각함 없이 단지 주시만 하십시오. 그리고 세상보다는 먼저 이 몸을 주시하여 내면으로 들어가 내 안에 계신 그분인 진정한 본래 '나'를 만나 하나 되는 길만이 바로 구도의 길이고, 구원이고, 본래대로 영생하는 길입니다. 그러려면 예수님 말씀 따라 굳건한 반석 위에 성전인 나의 집을 지어야 합니다. 좋은 방법은 불교에서 말씀하시는 '방하착'을 이루고 '진아 안주'하는 길인데, 그 길은 명상법으로 바른 자세 안에 강렬한 빨아 삼킴의 미소를 머금어 지속적인 흡인의 단전호흡, 내적주시입니다.

　우리는 수행과정에도 가족과 주위 친지가 나를 구속한다고 생각하는데, 사실은 나의 생각으로 그들에게 나를 옭아매어 구속한 것이라, 그들에 대한 대상 인식의 내 생각을 포기하고 단지 지금 이 순간에 주어진 대로 받아들이고 생각 없이 주시하면 구속도 속박도 없습니다. 그럼 이 몸의 나는 자유로워지고 그들과 더불어 일상을 살면서도 자유인으로 수행할 수 있습니다. 출가자가 산속에서 세상일을 생각하면 출가자가 아니듯이, 재가자도 속세에서 출가만을 생각하면 출가자도, 재가자도 아닙니다. 내가 교육받았던 사회의식 책임의식 등의 나의 생각이 그들에게 옭아맨 것이지, 그들은 나를 전혀 옭아맨 바가 없습니다. 그래서 에고-나의 사회적인 통념인 그런 생각들을 내려놓고 지금 있는 그대로를 받아들이고 주시하면, 나는 주시자로서 무위를 하게 되어 인과에 구애받지 않는 일상 속에 자유인이 됩니다. 세상사 모든 게 나의 마음으로 인한 생각 안에서 일어나니, 나의 생각만 멈추면 세상도 나의 내면처럼 고요하게 됩니다. 인간으로서 세상을 살면서 생각인식을 놓기가 어렵다고 하는데, 강렬한 빨아 삼킴의 미소로 이 몸의 내면가슴심장인 여기 중심점을 주시하면 생각은 사라지므로, 자각으로 나는 자유로워집니다.

　우리가 생시에 세상을 대할 때는 항상 이 몸을 중심으로 외부 대상에 대한 지각과 인식의 사고과정을 거치므로, 먼저 세상의 중심이며 가장 가까이 있는 이 몸부터 주시하고 인식한다면, 나의 생각하는 마음은 밖을 향하지 않고 몸 안인 내 안의 내면으로 향하게 됩니다. 그래서 마음은 나의 내면인 여기 가슴심장으로 향하여 사라지고, 그럼 자연스레 생각으로 가려진 자각이 본래대로 드러나는 그것이 진정한 실재 '나'로, 지금 이 순간 자유와 행복인 지복으로 드러납니다. 이처럼 육신의 에고—나를 주시해 내면에 진정한 본래 '나'를 드러내면, 더 이상 인식할 게 없어 생각이 없으므로 자각으로 모든 게 하나 되어 바로 나입니다. 그래서 '나'의 본질은 이런 실재의 빛으로 자각의식이지, 대상 인식으로 생각하는 마음과 몸의 에고—나는 절대 아닙니다.

인간들은 자신의 한계를 느끼므로 부족함을 채우려고 모여서 무리 짓기를 좋아하는데, 그러나 무리를 지으면 서로의 협력보다는 아만의 에고에 의해서 서로 시기하고 음모하는 다툼으로 변질됩니다. 그래서 구도는 본래대로 홀로 있는 게 현명한 방법이라서, 스스로의 길을 자신이 찾아야 합니다. 그렇다고 세상을 등지라는 것이 아니고 세상사에 마음을 뺏기지 말고, 연극배우처럼 일상을 유지하며 바른 자세와 삼킴의 미소로 밖을 향하는 마음을 내 안에 머무르게 하라는 것입니다.

항상 바른 자세로 이 몸에 주의집중하고, 삼킴의 미소로 흡인하는 내적주시하면 마음은 내 안으로 향하고, 이 몸과 세상에 대한 인식이 사라지면 내면에 침묵인 자각이 본래대로 드러나고, 드러난 실재자각으로 나와 세상은 불성성령인 빛의 단일성으로 하나 되어, 지금 이 순간에 모든 게 다 '나'여서 세상사에는 연연할 게 없고 초월하게 되므로, 세계는 나에게 아무 영향을 끼친 바 없이 그저 내 앞을 지나갈 뿐입니다. 이 몸이 세상 안에 있어도, 나만 주시자각하면 세상은 내 안에 있습니다.

40

세상을 사는 지혜

몸으로 인생을 사는 우리는 매일 세상의 수많은 사건 사고를 부딪치며 그 상황해결을 위해 복잡한 다양성의 세계를 인식 판단하여 행위하고, 그래서 일어나는 갈등 불안 고통 희열 등의 감정의 소용돌이 속에 하루도 마음 편한 날 없이 살아가고 있습니다. 그런데 우리는 정작 평온한 행복을 원하지만 이처럼 힘든 인생을 사는 것은, 나-에고가 지나가면 사라지는 세상에서 없는 행복을 찾으려 몸과 마음의 생각으로 헤매면서, 세상 저변과 나의 이면에 실재인 본래행복을 가리고 은폐하고 있기 때문입니다. 사실 이런 평온의 행복은 본래 '나'인 단일성의 실재 안에만 있는 것이라서, 나의 에고마음이 스스로 주의집중으로 세상 대신 뒤돌아서 내 안 내면을 향하면 마음은 본래의 가슴심장 빛에 합일 소멸되어 생각은 사라지므로, 고요한 내면은 자각의 침묵이며 주시자인 실재 '나'가 본래대로 드러납니다. 그럼 이면에 드러난 본래 '나'인 주시자는 실재자각으로 세상을 비추고 보므로, 지금 이 순간의 세상은 다양성 아닌 본래 있는 그대로 단일성인 실재로서 드러나므로, 일체가 '나'뿐인 하나의 세상은 인식대상 없어 생각할 게 없고 갈등 없이 평온뿐입니다.

세상에 모든 형상 있는 사물은 자신의 특징인 오감으로 빛을 내어 자신을 존재로서 표현하는데, 주체로서 나는 사물과 사유에 대한 대상 인식 중에 두뇌의 수상행식을 거치므로 나의 의식과 대상의 오감은 반사산란현상으로 빛이 흐려져, 대상을 있는 그대로 못 보고 산란으로 변형되어 인식하게 됩니다. 그러나 나의 생각인식 대신 주시자의 실재자각으로 본다면, 본래 빛의 의식으로 보게 되므로 산란되거나 변형됨 없이 모든 게 본래대로의 실재입니다. 그것은 에고지만 나의 내적주시로 자각이 드러나면 주시자의 심안도 드러나 세상을 봄에도 인식 대신 자각이 되므로, 본래 있는 그대로의 실재의 세상을 보게 됩니다.

인간으로서 세상을 사는 데 절대 필요하다고 주장하는 자유의지는 사실은 본래 없습니다. 나의 에고마음에 자유의지가 있다면, 이 몸이 본래의 '나'인 실재로 돌아가는 데만 자유의지가 필요하고, 그때 비로소 길잡이가 됩니다. 내가 하던 자유행위도 타인이 할 때는 똑같은 행위인데도 주위를 구속하고 불편하다고 생각하는데, 같은 행위도 행위자에 따라 달라지는 결과로 인해, 이 세상을 향한 행위에 진정한 자유는 없다는 것입니다. 나에 의한 행위의 자유가 모든 사람도 같이 자유로울 때 비로소 구속 없는 자유가 되는데, 그게 의도함, 행함 없는 행위입니다. 우리 사는 세상에서 철학의 궁극적인 목적이 진리탐구와 자유의지인데, 본래 진리인 '나'를 찾아가는 진리탐구에만 자유의지가 나타나 작용하지 세상을 향한 자유의지는 절대 없습니다. 왜냐하면, 자유란 진리의 실재 '나'가 드러났을 때, 같이 드러나는 행복과 같이 고유한 본래 성품 중 하나이기 때문에, 에고-내가 인식하는 세계 속에는 진정한 자유나 행복은 없습니다. 인간에게 자유의지와 행위에는 항상 인과의 대가가 따릅니다.

이 몸의 나를 포함한 세계는 실재의 비춤에 의한 반사광이라 비추는 순간만 존재할 뿐인데, 나-에고의 기억과 인식하는 생각이 마치 영화처럼 세계가 계속되는 양 착각하게 만듭니다. 나의 것이라 생각하는 몸과 마음이 때가 되면 사라지듯이, 나의 가족과 세상도 나의 발현 업으로 이 몸 따라 나타났다 몸이 사라지면 같이 사라지는 생각 속의 개념이지 실재는 아닙니다. 내 안에 있던 것이 에고를 따라 업으로 나타난 게 내가 사는 세계인데, 우리는 그걸 모르고 세상만이 모든 것이고 나는 단지 그런 세상이 일부인 양 스스로를 세상에 얽어매고 있는 것입니다. 그래서 주시자각으로 실재를 가리고 있는 에고-나를 포기한다면 진정한 본래 '나'는 자연스레 드러나므로 세계와 나도 대상 인식이 아닌 자각하는 실재이므로 마음 쓸 게 없이 평안해집니다.

여기에서 에고-나를 직접 포기한다는 것이 어려우면, 세상에 대한 욕망이나 집착 대신 베푸는 성품을 개발하면 포기 또한 얻어질 수 있는 성품입니다. 배려, 나눔, 베풂은 주는 자나 받는 자 모두가 기쁨인데, 단 베푸는 자가 내가 베푼다는 생각인 사심이 없어야 모두가 즐겁고 기쁩니다. 그래서 내가 가족과 세상을 위해 무언가를 한다는 생각함이나 의도함 없이 내가 가진 모든 것을 그냥 베풀어야 합니다. 이것이 사심 없는 포기의 베풂이 되어 참된 포기가 되므로 사라진 마음으로 가려진 내면의 청정심이 드러나고, 그럼 본래의 '나'인 실재가 드러나므로 모든 것이 내 안에 본래대로 있습니다. 여기엔 가족도 세상이란 개념도 없고 모든 게 단지 하나만의 '나'라는 자각의 실재만이 있습니다. 이것이 참인간의 삶인 평등성지입니다.

베풂 ➡ 포기 ➡ 사심 없음 ➡ 참된 포기 ➡ 청정심 ➡ 실재

　우리가 사랑의 표현으로 그림이나 행동으로 보여주는 하트의 모형은, 내면의 영적 우심장과 육신의 좌심장이 겹쳐져, 정신과 몸이 하나되는 두 심장의 합체입니다. 인간에고는 내면을 떠나 항상 밖을 향해 생각하고 헤매므로, 내면 두 심장의 합체로 드러나는 지복인 줄 모르고 생각의 마음으로 조작하여 외부로 표출하고 사랑이라고 표현합니다. 그러나 이 지복은 에고인식이 아닌 내면자각이 있어야만 드러나는 본래행복입니다. 그래서 에고-나의 의도적 행동이나 생각을 포기하라는 것이고, 그럼 내면심장 빛으로 본래행복이 드러나고 참사랑으로 표현됩니다.

　행복은 단순히 불행 없는 본래적이고 원초적상태가 지속되는 것이라 항상 있는 것인데, 대상 인식하고 생각하는 에고와 대상의 현상계로 가려진 것으로, 세상의 행복인 일시적이고 지나가면 사라지는 쾌락적인 것과는 다릅니다. 불행은 단지 행복이 없는 상태입니다. 실지로 사랑은 행복 같은 본래성품이 아니고, 대상에 대한 나의 주시자각의 평등성지로 인해 이차적으로 나타나, 본래지복 안에 무차별적인 사랑으로 끝없이 베풀어집니다. 이렇게 밖으로 표출하는 에고의 마음에 의한 세상은 일시적으로 지나가는 것이라서, 잠시의 행복인 쾌락은 있어도 지속적인 본래행복은 인간 세상에는 없는 것입니다. 행복은 단순히 불행 없는 상태라, 인간에게 행복이 없으면 불행뿐입니다. 그래서 인간은 본래적인 행복 없는 세상에서 그런 불행을 벗어나고자 행복

대신 무지개 같은 쾌락적인 행복을 찾아, 착각 속에 행복 없는 세상을 끝없이 헤매게 되는 것입니다. 그러나 나의 내면 자각의 실재를 드러내면 세상도 같은 실재로 본래의 것이라 비로소 드러난 행복으로 평온합니다. 항상 나의 내면에 영속되는 행복은 방치하고, 지나가는 세계에서 착각으로 일시적인 행복을 찾는 것은 어리석은 일이 아닌가요? 내 안의 행복이 드러날 때 비로소 세상 모든 게 하나로 같이 행복합니다.

내 앞에 놓인 거울을 보면 거울 안에는 나도 있지만 이 몸의 뒤에 보이지 않던 세계가 나타나면서 공간의 허공은 나의 앞뒤에 같이 나타나는데, 그 한 장의 얇은 거울 단면 안에 보이지 않던 세상 모든 것을 입체 아닌 본래의 단순한 단면으로 있는 그대로 반사하여 우리에게 보여줍니다. 이처럼 우리가 직접 볼 수 없어 망각하고 있는 나의 이면은 무한한 한 점의 단면으로 모든 것을 포함하고 있는 근원의 실재로서 스스로 빛을 내고 있고, 전면세상은 이런 이면에 실재 빛을 받아 거울과 같이 세계로서 모든 것을 반사와 산란으로 나타내 인식하는 나에게 입체로 보여줍니다. 이처럼 거울 같은 세계가 빛을 반사하고 산란되지 않는다면 세상은 존재하지 않습니다. 세상에 보인다는 것은 빛의 반사산란에 의한 것이라 실재가 아닌 환상입니다.

이런 나의 이면은 순수한 의식허공으로 의식의 빛으로 가득하지만 반사가 전혀 일어나지 않아, 상으로서 보이지 않는 무상이고 입체감이 없는 단지 무한한 단면의 허공입니다. 그러나 전면세계인 원소허공은 반사와 산란이 일어나면서 생각하는 내 앞에 다양한 세계를 입체적으로 펼쳐 보여줍니다. 그럼 나 또한 세계의 일부로서 나의 마음도 거울과 같아 마음이 이면에 원광의 빛을 받아 전면세계에 반사하고, 나라는 에고마음은 그걸 보고 새로운 것으로 인식하고 생각하여 욕망과 집착으로 세상을 살게 되는 것입니다. 이런 세계는 실재인 나의 빛에 의해 나타남에도 그걸 새롭다고 인식하는 에고의 생각하는 마음에 의해 재창조되어 환상으로 바뀐다는 것이 문제인데, 이 환상에서 벗어나는 길은 내적주시로 본래 있는 그대로인 실재 '나'를 회복하는 것입니다.

우리가 생각하는 하나님이 성직자나 예수님을 통해서 나에게 임하는 것은 아니고, 우리가 구도의 과정 중 간접지를 배우는 청문과정처럼 그들은 하나님에게 가는 길잡이는 됩니다. 왜냐하면, 완전한 절대자인 하나님이 어떤 매개체를 통해서 혹은 밖에서 우리에게 오는 것은 아니고, 그분은 움직인 바 없이 본래대로 계신 분이라서 내가 직접 그분에게 다가서야 하므로, 세상 대신 그분이 계신 나의 이면으로 뒤돌아서야 합니다. 절대로 매개체는 없고, 있다면 그 매개체는 하나님을 망각한 생각하는 에고마음이라는 것입니다. 나의 밖 세계인 하늘에서 태양 빛이나 비가 내리듯이 밖에서는 하나님이 나에게 절대 올 수 없는 이유는, 밖의 세계는 내 안에서 나온 빛이 반사 산란되면서 다양성으로 표출되어 나타난 것이라 바로 나의 변형물인데, 어떻게 나의 변형물인 밖의 세계에서 하나님이 올 수가 있겠습니까? 하나님 부처님은 오고 감이 아닌 근원인 '있음'으로, 어디에나 바탕으로 '있음'이라 내 안에도 계십니다. 나라고 생각하는 에고마음만 없다면, 모든 누구나의 내면에 하나님, 부처님, 극락, 천국, 세상 등 모든 게 다 들어있습니다. 그래서 누구나 각자 안에서 실재인 본래 '나'를 찾아야 합니다. 나를 내적 주시하여 침묵자각으로 내 안에 하나님을 만나 하나가 되십시오. 그럼 나의 마음 모든 것을 하나님께서 거두어 가시므로 나라는 생각의 에고는 사라지고 인식하는 생각마저 사라져 평안을 줍니다. 이것이 하나님의 은총이고 사라진 에고는 나의 포기라서 본래실재가 드러나므로 하나님에 절대 순복이고, 그 순복의 평온이 애씀 없이 지속될 때까지는 이 몸 나의 중단 없는 주시자각의 지속적 노력이 필요합니다.

실재존재인 '나'를 에고생각으로 이 몸으로만 제한하지 마십시오. 그러려면 마음을 내 안 가슴심장으로 들이고 본래의 '나'를 드러내야 하는데, 먼저 바른 자세로 코안 공간의 공기를 인식하고 느끼며 얼굴 오관의 기능을 끌어당겨 강렬한 삼킴의 미소를 머금고 흡인하여 내적주시가 되면, 생각하는 마음은 몸 안으로 향하고 근원인 여기 가슴심장에 합일되어 흔적도 없이 사라지고, 내면은 생각 없는 고요함으로 본래 '나'인 실재의 존재가 자각의 침묵으로 이면에 드러납니다.

이처럼 '나'라는 존재는 항상 존재하는 영원한 존재이지만, '나'의 빛에 의한 이 몸의 생각하는 나—에고는 잠시 지나가는 것이라 비존재 혹은 비아라고 합니다. 그래서 이런 일시적인 에고를 벗어나 본래의 '나'를 자각으로 드러내는 것이 본래대로 다시 사는 '부활'로서 영원히 존재하는 '영생'입니다. 이런 '나'를 자각하면 지금 이 순간에 참 존재로 존재하는 것이고, 내가 이 몸으로 생각하는 에고가 되어 인식에 의한 생각으로 일상의 세계를 보면 일시적이고 지나가는 것이라 나와 세계는 비존재입니다.

실재에는 자각으로 '나'만이 존재하기 때문에 인식에 의한 세계의 다양성은 사라지고, 세상 모든 것이 단지 단일하고 동질성의 '나' 하나로 자각됩니다. 두 번째 것이 없이 하나만이 있을 때는 나란 생각조차 없는데, 사실 나라고 하는 것은 인식에 의한 에고의 나타냄이고 실재에는 자각만 있고 생각의 나는 아예 없습니다. 그래서 이렇게 생각하고 글을 쓰는 것은 모두가 지성에 의한 상대적인 에고마음의 작용입니다. 우리가 하는 탐구의 대상은 '진아'인 실재가 아니고 비아로서 에고입니다. 왜냐하면, 실재는 본래대로 있기 때문에 탐구할 수 없는 것이고, 실재를 가로막고 망각한 나라는 생각의 에고인 이 마음을 이 몸이 깨어있는 생시에 탐구하여 마음제거하는 것이 목적입니다. 그래서 이 몸 에고-나의 중단 없는 내적주시로 '나'를 드러내는 것입니다.

침묵 속에 자각하는 원광으로 일자인 실재가 본래의 '나'이고 진정한 '참나'인데, 이것 또한 나-에고를 위한 표현입니다. 이렇게 글 쓰고 생각하는 것은 분명 마음작용이라는 것을 잊어버리거나 착각해서는 절대 안 됩니다. 그래서 진리는 언어나 경전이나 가르침의 세상 안에 있는 것이 아니고, 그것들은 단지 진리를 가르치는 손과 손가락 같은 것입니다. 우리는 그 손가락 끝이 가르치는 너머를 보아야만 비로소 그곳으로 건너가 진리를 만나게 됩니다. 그렇다고 진리가 저 멀리 있는 것이 아니고, 바로 내 안팎이나 뒤, 어디에나 있지만 에고마음과 세계가 장막처럼 가려 보이지 않고, 보인다는 것은 모두가 에고자아의 변상이라 진리가 아니고, 보이지 않고 인식되지 않는 것은 모두가 하나인 진리입니다. 우리가 알거나 보고 듣고 하는 인식작용에는 절대 진리가 없고, 단지 그것들 너머인 이면과 저변에 세상의 바탕으로 자각의 빛인 생명의 진리가 있습니다. 그래서 진리는 항상 나와 함께 또한 세상과도 함께 있는데, 보지 못하고 알지 못하게 단지 그것을 가리고 있는 나라는 에고자아와 세계라는 영상을 걷어내면 빈 화면과 같은 바탕인 실재가 바로 있는 그대로 드러나게 됩니다. 실재인 진리는 보이지 않지만 변하지 않고 고정되어 있어 항상 스스로 빛나 존재하는 '있음'의 자각의식입니다. 이 몸은 지각능력이 없어 목숨이 끊기면 단지 시체에 불과하므로, 이 몸에 생명인 목숨과 의식인 마음을 주는 본체가 바로 진리라는 것을 알고 꼭 찾아야 합니다. 그래서 진리의 빛으로 빛나는 근원실재인 내면가슴심장을 주시해야 하며, 바로 그곳이 내 마음의 눈이 항상 머물러야 할 최종 주시처입니다.

우리가 세상을 살기 위해 개발하는 능력은 에고능력을 확장시키는 것이라, 능력이 커지면 커질수록 실재 '나'로부터 더욱 더 멀어지며 분리감이 커져 상실감이 더 합니다. 어린아이는 이 에고가 덜 발달되어 잠재된 상태이고, 깨달은 이는 이 에고를 근원으로 회귀시켜 합체 절멸시켜 본래실재인 '나'를 있는 그대로 드러냅니다. 그래서 깨달음이 일시적으로 되어서는 안 되고, 원습과 함께 에고가 절멸되어 드러난 실재가 완전히 고착될 때까지 우리는 끊임없이 노력해야 합니다.

우리 일상의 낮은 태양의 밝은 빛으로 이루어지고, 지구의 자전으로 해가 져 밤이 오면 빛이 사라지므로 세상은 어둠으로 덮이지만, 실지로 태양은 우리 지구와 상관없이 항상 밝음으로 빛나고 있습니다. 이런 태양처럼 실재는 항상 빛나고 있어 그 빛으로 세상도 있는 그대로 실재지만, 밝은 생시에 무지의 나라는 에고가 등장하면 세계도 같은 어둠의 무지로 덮이므로 대상 있는 현상계는 환상이 됩니다.

우리가 깨달음으로 직접 체험하는 본래 실재의 세상은 있는 그대로 여서 사실 황홀경은 아닙니다. 황홀경이란 마음으로 인식되는 대상 있는 상태이고, 실재는 대상 없어 단순히 원초적이듯 본래대로 그냥 고요한 평안의 지복입니다. 그래서 깨달음의 황홀경을 찾기보다는, 생각의 마음이 사라진 고요 속에 본래 있는 그대로의 세상에 지복의 경이로움을 느끼는 것이 옳다고 봅니다. 이 지복은 본래적이고 실재의 고유품성이라, 사람들은 에고마음이지만 항상 고유품성인 행복을 원합니다. 그러나 행복은 본래적이라 우리가 세상에서 원한다고 얻어지는 것은 아닙니다. 행복이란 불행 없는 원초적 상태라 불행하다는 나의 생각하는 마음만 없애주면 불행은 없어지고 그럼 남는 것은 행복뿐입니다. 그런데 우리 인간들은 행복을 물질적으로만 생각하여 가지려는 욕구욕망이나, 내가 가지기에는 거창하거나 멀리 있는 것으로 착각하는 게 문제점이므로, 내가 가져야 한다는 착각하는 마음에서 깨어나기만 하면 바로 내 안에서 본래대로 있는 행복이 드러나게 됩니다. 그래서 나의 생각만 없으면 인식과 생각으로 가려진 본래행복이 드러납니다. 우리가 생각하는 행복이 만족감이나 황홀경이라면 계속될 수는 없어 가지면 사라지는 일시적인 쾌락을 찾는 것이고, 내 안에 행복은 중도로서 그냥 평온이라 항상 나의 생각 너머에 본래침묵으로 있습니다.

내 앞에 나타나는 세상과 현상계인 세계는 단지 지나가는 일시적인 현상이고, 보이지 않는 모든 이면과 허공에는 사라지지 않는 실재의 내가 세계의 바탕으로 존재하므로, 세상 모든 것이 내 안에서 일시적으로 나타나고 지나가면 사라집니다. 그래서 이처럼 지나가는 세상에서 찾는 행복이란 일시적 쾌락이 되니, 행복을 가리고 있는 생각하는 에고마음을 나의 내면으로 되돌려 보내 없앤다면, 자연스레 본래행복이 있는 그대로 드러나는 것입니다. 그래서 물질적이든 심적이든 행복을 쫓지 마십시오. 내가 불행하다는 생각만 없애면 가려졌던 평온의 행복이 본래대로 드러납니다. 행복은 세상과 에고–나로 가려져 있어 절대 세상에서 얻어지는 것이 아니고, 바로 세상과 에고–나를 포기하고 넘어섰을 때, 세상 저변과 나의 이면에 자각하는 실재의 '나'가 드러남이 본래지복인 평안입니다.

나의 마음이 가지는 지성 중에 명지(明智)란 것이 있습니다. 이 지성은 내적주시로 본래의 진지(眞智)를 드러내지만, 잘못된 상황에서는 어처구니없이 무지(無智)로 변하는, 상황 따라 변해 매우 가변적입니다. 그래서 인생을 사는 우리에게는 이 지성이 몸과 마음 따라 세상을 향하면 무지가 되어 떠도는 생각으로 변해, 일시적으로 지나가는 변상인 그림자처럼 환상이 됩니다. 그러나 이 지성이 수행으로 내면을 향하면 마음과 함께 내면 가슴심장 빛에 사라지고 스스로 빛나는 빛인 진지로 드러납니다. 그럼 생각이 없어지므로 내면은 고요해져, 본래침묵으로 순수의식인 자각이 드러나고, 그래서 실재의 빛으로 평안의 지복이 드러납니다. 이 자각상태를 미세한 마음상태라 하며, 이 미세함은 어떤 미세함보다 더 미세하므로, 세상 모든 것이 씨앗처럼 습으로 이 미세함의 자각 안에, 바로 실재 안에 있게 되는 것입니다. 그래서 나는 명상의 수행으로 명지의 지성을 자각하는 미세한 마음상태로 이끌어, 드러나는 실재에 고착시키는 것이 '진아 안주'로 바로 수행의 목표입니다. 이런 명상은 각기 수행하는 수도자가 해내야 하는 몫이고,

그럼 내면에 청정심의 정신으로 드러난 진지는 본래대로의 실재 그대로라, 누구든지 수행하면 습인 씨앗이 발아되지 않아 본래대로 실재로서 드러나 똑같은 하나입니다. 세상을 인식하는 것은 에고–나라서 모든 게 각기의 다양성으로 나타나지만, 실재인 본래의 '나'는 단지 자각함으로 세상 모든 게 같은 하나인 단일성의 실재로서 드러난다는 것입니다. 그래서 실재 세상에는 나 아닌 것 없이 모든 게 '나'인데, 여기에는 생각의 마음은 필요 없고 있을 수도 없는 것입니다. 단지 자각의식만이 '나'로서 침묵 안에 빛날 뿐입니다.

생각하는 마음의 나는 에고자아고, 이런 나의 생각으로 우리의 일상 속에 행위가 이루어집니다. 그런데 에고마음에 의한 생각들이 어디에서 일어나는지 나의 내면에서 찾아보면, 내면 어디에도 없고 그냥 사라져 어떤 존재의 흔적조차 없다는 것입니다. 그래서 이 몸의 가슴 내면 어디에서 생각이 일어나는지 찾아보고, 또한 찾는 자가 누구인지도 찾아보라는 것입니다. 찾는 자가 비록 지성인 에고마음이지만 나를 찾아 내면가슴을 내적주시하면 대상 없는 본래대로여서, 인식할 게 없어 마음은 사라지므로 생각은 일어나지 않고, 그럼 행위를 하여도 생각함이 없는 행위가 되어 인과가 없으므로, 이런 행위는 아무리 해도 업도 습도 쌓이지 않는 실재 안의 무위가 됩니다. 그래서 이처럼 나의 생각과 의지의 마음을 포기하는 것이 수행이고, 그럼 나는 세상과 대상에서 벗어나 단지 대상 없는 주체로서 하나로만 존재하므로 바로 자각이 되어 모든 것을 실재로서 드러냅니다.

실재의 '나'는 단지 행위 없는 자각의 주시자라서 무지의 나를 직접 없앨 수는 없고, 에고인 무지의 나가 명지의 지성으로 수행하면 마음은 내면을 향하고 미세한 마음이 되어 몸이 나라고 생각하는 무지의 에고는 자연 사라지므로, 그럼 자각이 되어 실재의 '나'가 본래대로 드러나는 것입니다. 이렇게 에고자아로서 몸이라는 대상이 사라지면, 본래대로 남아있는 실재가 바로 자각하는 '나'입니다. 설사 이 몸이 움직인다 해도 '나'는 전혀 움직인 바 없이 항상 여기 지금에 고착된 바탕이고, 그래서 세계는 내 안에 지나가는 영상장면 같은 환상입니다.

이 몸이 보인다는 것은 대상이 된다는 것이고 또한 인식할 수 있는 명암과 마음이 있다는 것입니다. 주위가 밝음의 빛만 있다면 대상은 볼 수 없고 또한 어둠만 있어도 대상을 인식할 수 없습니다. 현상계에서는 항상 밝고 어둠의 상대적인 명암이 같이 있어야 대상을 인식할 수가 있는 것이라서, 세상 안에 나의 생각은 항상 대상들에 대해서 상대적이고 이분법적입니다. 또한, 어둠은 어둠을 밝히는 빛에 먹히고 사라지지만, 실재의 빛은 명암을 동시에 있는 그대로 밝히는 빛이라서 명암을 동시에 존재께 하므로, 구별이나 분별의 인식이 아니고 단지 자각하는 것입니다. 그래서 실재인 '나'의 빛에서 모든 것이 나오고, 그 빛 안에 모든 것이 머물다 그 빛 속으로 다시 사라지는 것이라서, '나'는 항상 여기 지금 이 순간인 영원한 순간 속에 있는 것입니다. 몸으로 사는 나와 세상은 순간의 빛으로 찰나에 존재하다 순간에 변해 사라지는 찰나에 존재라는 것을 알아야 합니다. 이런 세상에 대한 인과에 빠지지 말고, 나와 세계에 대한 모든 것을 무관심으로 생각을 포기하면 본래대로 드러나는 '나'를 깨닫게 되어, 단지 실재의 '나'로서만 머물러 존재하게 됩니다. 나를 깨달음이 자각이고 그럼 있는 그대로인 실재의 본래 '나'로서 존재하여 부족한 것 없는 평온의 지복이 본래대로 드러나게 됩니다.

나 자신이나 너 자신이나 내면에 있는 누구나의 자신인 '나'는, 누구나 하나로 똑같아 모든 사람이 스스로 '나'라고 자칭합니다. 이 누구나의 '나'를 앎이 영적 깨침이고 바로 자각입니다. 항상 단 하나의 '나'만이 존재하며, '나'는 우리의 인식으로 볼 수 있는 것이 아니고, 인식 너머에 있어 단지 직관에 의한 직각으로만 자각되는 근원의 실재로서 자체발광의 의식입니다.

41
모든 존재의 표현인 오감은 실재의 빛으로 무위이다

　　　　　세상현상계에 존재하는 모든 것들은 자신의 특성으로 오감인 색(색깔), 성(소리), 향(냄새), 미(맛), 촉(촉감)의 빛과 입자로 자신을 나타내는데, 즉 인간을 포함하여 생물이든 무생물이든, 활동체이든 비활동체이든 간에 모두는 내재된 불성성령인 생명 빛의 자각으로 이 같은 오감의 빛을 내어 자신을 존재로 표현합니다. 이 행위는 바로 순간의 창조행위인데, 모든 사물이 불성성령인 자각의 빛으로 자신을 나타내는 행위라 무위이고 신의 행위인 창조라서, 오감을 나타내는 모든 것은 스스로 순간의 창조자입니다. 이렇듯 근원의 빛에 의한 행위는 반사광이라 모든 게 순간창조인데, 이 창조를 에고-내가 인식과 생각의 기억으로 받아들여, 개아와 세계와 신이 탄생하여 세상이 등장하는 것입니다. 그러나 인식 아닌 자각 안의 행위는 모든 것이 신의 행위로 지고자의 나타냄인 표출이라 본래 있는 그대로 영원한 순간의 실재로서 드러나는 신국인데, 그러려면 평소에 우리 누구나 있는 그대로의 실재를 드러내는 내적주시의 자각이 필요합니다.

　그래서 내가 지금 이 순간에 보고 있는 모든 것은 스스로 찰나에 오감의 빛을 내는 창조주로서 진정한 '참나'란 걸 앎도 깨달음입니다. 세상창조는 이렇게 모든 사물 스스로가 실재인 '나'의 빛을 받아 스스로 창조자로서 이루어내는 것이지, 따로 창조주가 있는 것은 결코 아닙니다. 인간만이 신으로부터 선택받았다는 오만함의 생각만 없다면, 세상에 존재하는 모든 것은 있는 그대로 스스로 주인이며 주체입니다. 그래서 예수께서는 "장작 나무 안에도 내가 있다."는 말씀으로 진정한 '참나'를 드러내셨습니다.

그런데 성현들께서 말씀하시는 창조도 없고 본래는 불생불멸이라는 것은, 실재에서 보면 세상이란 순간에만 순간의 빛으로 찰나에 존재하는 것이라 생멸이라 할 수도 없어 존재라 할 수도 없다는 것을 말씀하심입니다. 그 원광인 실재의 빛은 순간으로 영원히 지속되는 것이어서 생멸이 없고, 현상계는 반사광이라 그 순간은 순간으로 끝나고 새로운 순간순간이 이어져 계속됩니다. 단지 인식하는 에고—내가 인생을 산다는 것은 찰나의 순간에 빛의 생멸을, 이어지는 기억과 생각으로 연결하여 세계와 내가 창조되어 계속된다고 생각하는 착각의 환상입니다. 마치 이것은 눈의 잔상을 이용해 서로 같은 것 같으면서도 미세하게 서로 각기 다른 24장의 필름들을 일 초 동안 순간순간을 이어서 영상으로 표현되는 영화장면과 같아서 그림자환상이라고 합니다.

모든 것이 본래대로 하나이고, 그래서 나를 포함하여 형상으로 보이는 모든 사물들의 본질은 바로 신이고 근원의 실재라서 실재의 똑같은 빛으로 자신을 창조하여 오감의 빛을 발하고 형상을 나타내는 것입니다. 모두가 하나인 세상 모든 것을 내 마음으로 생각하여 너 나, 내 것과 너의 것, 선악, 좋고 나쁨, 추하거나 예쁨, 옳고 그름 등의 이분법으로 구분, 구별하여 탐닉하는 것은 신의 행위를 망각한 에고마음의 인식에 의한 '수상행식'의 사고입니다. 그래서 나의 대상 인식의 생각만 포기하면 본래 있는 그대로 신의 실재입니다. 있는 그대로인 현상계의 사물들에 의한 색성향미촉의 오감은, 자각의식의 빛으로 스스로를 창조하여 자신을 나타내는 행위라서 무위이고 바로 본래실재를 드러내는 것입니다. 그래서 에고-내가 인식의 생각하는 마음만 없으면 세상은 본래 있는 그대로라, 모든 게 자각의식의 빛으로 자신을 드러내는 신의 행위라서 바로 신국으로 열립니다.

실재의 빛에 의한 반사광인 나의 마음이 내면에 머무르지 못하여 호흡 따라 밖을 향하고 세상에 빠져 헤매는 생각이 되면, 실재로부터의 분리감 때문에 우리는 일상에서 표현하기 곤란한 막연한 불안감을 가집니다. 그런데 이 같은 에고마음이 그런 세상에서 벗어나 홀로 조용히 있을 때는 반대로 세상과의 분리 감으로 불안감을 느껴, 마음이 불안정해지면서 두려움 내지 초조감이 찾아오고 심해지면 공포심까지 옵니다. 그럼 모든 걸 포기하는 심정으로 세상과 자신을 포기하고 잊게 되기도 하는데, 이런 포기는 외부와의 단절을 가져와 인식이 사라지므로 마음은 자연 안으로 향하고 내향심이 되어 스스로 본래의 정신을 되찾게 됩니다. 이때 마음은 내면에 머무르는 청정심이 되어 인식-생각이 없으므로 내면은 고요해져 모든 대상 인식은 사라지므로 두려움과 공포심도 사라지고, 그럼 실재의 '나'라는 존재가 드러나고 모든 걸 자각으로 의식하여 본래의 평안을 되찾게 되는 겁니다. 그래서 그런 극도의 공포심이 이 몸에 고통을 일으키기도 하지만 간혹 세상을 포기하고 잊게 만들어, 본래 '나'를 찾아가는 길을 제공하기도 합니다. 이처럼 생각하는 마음에고만 없으면, 나는 인식 아닌 본래의 자각으로 실재존재로서 영원한 찰나를 순간순간에 영속적인 존재로 드러나게 됩니다.

 이 몸의 잠 속에서는 나-에고가 활성화되지 않고 잠재해 있어서 고요한 잠 속 평안함을 어렴풋이 기억하게 됩니다. 꿈은 생시 바로 직전이나 잠 속의 수면 상태가 약해지면서 잠재된 에고가 약하게 깨어나고, 전생현생에서 윤회 잠재된 습과 기억들이 희미하게 일어나 세상을 재창조하므로 불연속적이고 혼란스러운 꿈의 세계로 펼쳐진 것을, 깨어난 생시에 에고는 희미하게 기억하는 것입니다. 그러다 태양 아래 우리가 활동하는 생시가 되면 몸의 생기로 원습에 의한 에고는 완전 활성화되고, 그럼 나라는 생각의 에고는 잠재된 상습을 활성화시켜 업으로 생각과 기억들을 연결하여 본래실재인 세상을 기억 속 업의 세계로 재창조하여 인생드라마를 연출하고, 또한 현재생시에서 평온했던 잠의 상태와 뭔가 불안정했던 꿈의 세계까지도 기억합니다.
 이렇게 에고가 세 상태에 모두 존재하며 잠재해 있을 수 있는 것은, 에고의 바탕으로 실재인 '나'라는 존재가 있기 때문입니다. 이 몸 안에서 꿈속의 일상과 나가 존재하듯이 생시에 이 몸의 나는 실재인 본래의 '나'안에서 인생을 펼치고, 꿈속에서는 꿈을 의심할 여지 없이 실재라 착각하듯이 생시도 실재라 착각합니다. 하지만 잠 속에는 에고가 잠재해 있어서 실재를 어렴풋이 기억은 하지만, 에고는 전혀 움직인 바 없어 거의 본래대로 실재의 완전한 평온으로 있을 수 있는 것입니다. 이렇게 에고가 전혀 움직인바 없는 잠의 상태에서는 나, 너, 세상 등 아무것도 없이 평안뿐이었는데, 생시에는 그 에고마음이 활성화되어 활동하므로 평온은 깨지고, 실재인 세상이지만 에고의 기억으로 재창조되어 덧씌워져 스스로를 고통과 불행하게 만듭니다.

그런데 생시에 내가 에고마음을 움직임이 없는 상태로 만들 수 있다면, 나는 잠과 같은 고요 속의 평안인 실재를 직접 드러낼 수 있어 평온 속에 있게 된다는 것입니다. 이것은 에고가 생긴 곳을 알고 에고의 정체를 안다면, 그 과정을 역으로 추적해 들어가 에고의 근원을 찾아 그곳으로 되돌리므로, 덧씌움의 에고문제를 해결할 수 있는 것입니다. 그런 나-에고가 이 몸 밖에서 생겨 내가 된다고 보기에는 너무 터무니없고, 그렇다면 나의 내면에서 온 것이라 몸 안으로 되짚어 들어가야 한다는 것입니다. 그럼 내면에 들어와 머물게 된 에고마음에게는 인식할 대상이 없어서 갑자기 활동성을 잃게 되므로, 내면에 머물러 본래적인 상태가 되어 고요해집니다. 이렇게 고요해진 청정심마음인 순수에고상태도 본래상태인 스스로 빛나는 빛인 자각의 빛에 흡수 소멸되므로, 이면에는 본래대로 고요한 침묵실재만이 드러나고 그럼 전면세상도 있는 그대로 실재입니다.

힌두교 경전의 말씀에는 실재 안에 '마야'라는 환적인 힘이 내재해 있다고 하는데, 이 마야의 창조적인 힘에 의해 형상과 오감의 세계가 나타나는 것이고, 그것을 에고-나의 마음이 대상으로 보므로 생각하는 인식의 과정에 오류를 범하게 됩니다. 그래서 불성성령 같은 마야의 정체를 알게 되면 나의 마음도 대상에 대한 생각의 인식을 벗어나고 본래의 자각이 되므로, 나와 세계도 같이 본래대로 실재로서 드러 난다고 합니다.

근원의 스스로 빛나는 원광인 순수한 빛에는 본래 마야가 없는데, 그 빛이 비치도록 스스로를 밀어낼 때 생기는 의식허공은 같은 실재 의 연장이라 자각하는 침묵의 품성도 가지지만 실재—비춤의 자체산란 으로 생긴 환적마야도 같이 품게 되는데, 현상계에 실재침묵이 원소허 공으로 드러날 때 이 마야도 같이 등장하므로, 실재인 허공 안에는 자 체산란의 마야가 세상으로 나타나 보이게 됩니다. 그래서 세상과 나는 실재이면서 환적인 요소도 같이 품게 되어, 몸을 나라고 생각하는 에 고마음으로 살면 마야에 의한 환적인 요소로 세상도 같이 환상이 되 고, 이 몸이 깨달음의 내적주시로 자각하여 깨어있으면 환적인 마야에 서 벗어나고 세상도 함께 본래대로 실재로서 존재하게 됩니다.

내가 만들어서 애지중지하는 작품이나 좋아하는 소장품도 지금 이 순간에는 나와 아무 상관 없이 그것이 스스로 빛을 발해 자신을 창조 하여 스스로를 나타내는데, 단지 에고인 나의 인식과 기억으로 생각하 여 내가 만족감을 가지는 것뿐입니다. 물론 만들고 소유하고 있는 것 은 에고—나지만 그것은 이미 지나간 일이고 지금 순간 만드는 것이 아 니듯이, 과거에 만들었던 생각을 소유하는 것뿐입니다. '지금 이 순간' 에는 내가 만들거나 가질 수 있는 것은 아무것도 없고, 단지 실재로서 존재하는 생각 없는 자각의 침묵으로 현존뿐입니다. 현재 내가 행위로 서 만들고 있거나 가지고 있다는 것도, 나의 인식에 의한 생각이라 존 재로서 존재할 수는 없어 시공 안에 순간의 생각으로 지나가면 사라 집니다. 그러나 만들고 있는 그 순간순간은 생각 없이 이루어지므로,

생각 없이 존재하는 것은 실재의 연속입니다.

시공이 사라진 지금 이 순간에 모든 존재는 스스로 오감의 빛으로 자신의 존재를 나타냅니다. 나를 포함한 모든 사물들, 모래알 하나에서 전자알맹이 하나까지도 스스로 빛을 내어 존재를 나타냅니다. 이런 진지의 앎이 인식하는 생각을 없애주므로, 침묵 속에 있는 그대로를 자각으로 보게 되는 것입니다. 이것은 태양 안에 있는 자나 나와 같은 모든 사람들 안에 있는 자가 모두 하나이듯이, 모래알맹이 안에 있는 자와도 하나이기 때문입니다. 그자가 바로 일자인 일체존재로서 실재인 '참나'입니다. 그래서 모든 것의 안팎에 실재하는 참나 안에 세상이 존재합니다.

이 몸이 비록 에고지만 실재할 수 있는 방법은 바른 자세의 강렬한 삼킴으로 지속적인 내적주시인데, 들숨의 흡인으로 마음이 내면가슴 깊숙이 들어가 심장 빛에 합일되고 이면으로 열리면 여기인 '나―'가 드러나고, 어느 순간 인식되지 않는 호흡 멈춤이 지속되면 바로 그 지금의 순간에는 가슴심장중심점에 본래의 '나'로 고정 고착되어, 이 몸은 '삼킴의 미소 안에 고요한 침묵'으로 있습니다. 이것이 근원의 실재로서 침묵으로 자각하는 '나'입니다.

42
너의 마음을 가져오너라

자연현상의 현상계에 존재하는 모든 것은 성령불성인 실재의 자각의식 빛으로 존재하며, 그 빛에 의해 오감을 내어 자신의 실체를 외형으로 드러내어 존재로서 나타나게 됩니다. 그래서 이 몸이 에고지만 나를 몸으로서 인식하지 않고 본래대로 자각한다면, 모든 존재들의 실체가 무엇인지를 알게 될 것이고, 자각의식의 빛으로 모든 게 하나인 것도 자연 알게 됩니다. 그러려면 이 몸의 나와 나의 모든 것에 대한 생각을 포기할 때, 즉 인식하고 생각하는 마음을 포기할 때 에고-나와 대상세계에 대한 나의 인식이 사라지므로 가려진 본래 있는 그대로의 실재인 자각의 침묵이 드러나게 되는 것입니다. 이런 자각은 본래 있는 그대로의 실재 '나'를 드러내는 의식 빛으로, 그런 나는 일체에 두루 하여 무한하고, 불생불멸이라 순간의 영원함이고, 시작과 끝이 없어 시공도 없고, 그럼 자각 안에 나와 모든 것이 하나 되어 단일성의 일자로 드러나는 것입니다.

간혹 종교에서 악용하는 대목이 이 포기인데 마음을 포기하여 생각을 없애라는 것을, 모든 것을 포기하여 재산까지 포기하여 내놓으라는 것과, 일상까지 포기시키고 집단화시키는 데 문제가 있습니다. 아무리 많은 재물을 가져도 재물에 대한 소유욕이 없어 나의 것이란 생각 없이 주시만 하는 것도 포기라서, 일상에서도 홀로 주시자각 하여 '나'의 실재를 드러낼 수 있습니다.

자각이란 스스로의 존재함을 아는 의식(Self awareness)의 빛입니다. 생각이란 대상에 대한 에고마음의 인식이고, 깨달음은 직각으로 스스로를 아는 실재로서 자각일 뿐입니다. 그래서 생각은 과거미래에 대한 대상적인 앎인 인식이고, 자각은 실재인 여기의 순수의식이 지금 이 순간의 존재로서 드러나는 것입니다. 생각으로 존재하는 시공 안에는 지금이란 존재할 수 없고, 시공 안에 과거와 미래를 생각하거나 생각으로 행위하고 있는 순간을 기억의 시간개념으로 현재라고 합니다. 이런 시공 유무에는 절대적 차이가 있으므로 지금과 현재를 착각해서는 절대 안 됩니다.

'지금'은 시공을 초월하여 시공이 아예 없는 상태라서 현재의 개념으로 표현하자면 시공 안에 시간과 공간이 겹치는 순간이라 시공의 개념이 사라진 영(零)인 상태인데, 과거미래는 시간과 공간이 따로따로 존재하므로 지금에는 존재할 수 없는 생각개념에 의한 환상입니다. 시공이 없으면 인간이 어떻게 존재할 수 있냐고 걱정하는데, 시공이란 인간 마음 안에 생각인 환상이므로 생각마음만 버리면 본래 있는 그대로 자각의 실재입니다. 그래서 이 시공을 벗어나는 길은 자각인데, 지속적인 강렬한 삼킴의 미소로 호흡내면주시하면 이 몸과 세계를 인식하는 생각은 사라지므로 내면에 본래 '나'를 자각하게 되고, 그럼 세계도 자각으로 실재로서 드러나게 되어, 모든 게 실재의 '나'로서 드러납니다.

예수께서 "무거운 짐을 진자들이여, 다 나에게로 오라. 그럼 내가 그 짐들을 덜어버리고 편안케 하리라." 말씀하신 것은 예수께서 인생의 고통을 대신 진다는 의미가 아니고, 세상을 향한 너의 힘든 마음을 너 스스로인 본래의 '나'에게 되돌리면, 마음은 사라지므로 인생의 굴레 같은 모든 짐도 같이 사라지고, 본래대로 편안해진다는 말씀입니다. 우리 누구나 예수님같이 실재인 본래의 '나'를 자각하여 드러내면, 인간으로 고통받는 마음의 짐을 벗어버리게 되어 생각 없는 마음으로 평안해집니다.

불교에서도 선의 대가들께서 제자들에게 직접 하신 말씀으로 "너의 고통 받는 그 마음을 가져오너라." 하신 것은, 너 안에 가져올 그 마음이 있으니 내면에서 그 마음을 찾아보면 찾는 에고마음은 내면의 본래의 '나'인 실재 빛에 흡수되어 사라져 생각이 없어지니 평온하게 된다는 말씀으로 예수님 말씀과 같은 의미입니다. 또한, 고통받는 나가 누구인지 찾아보라는 말씀으로, 나를 찾으려 하면 찾으려는 동시에 내면가슴으로 고통과 함께 사라지는 에고자아의 마음이라는 것을 직시하게 해주셨습니다.

생각하는 마음인 에고의 대상-타자인식을 벗어나는 길이 깨달음이고 속박 없는 해탈입니다. 지나가면 사라지는 대상에 대한 인식의 생각을 벗어나면, 바로 본래의 빛으로 스스로의 자각이 드러나는 대상 없는 영원한 실재입니다. 사라지는 것(인식)은 놔두고, 영원한 것(자각)에 머무르십시오. 세상과 나를 포기하면 진정한 '나'인 자각의 실재가 '천상천하유아독존'으로 드러납니다.

나의 가족과 세상이 나를 구속하는 것이 아니고, 나의 몸과 마음이 스스로 그들에게 얽매여 속박하고 있는 것입니다. 이것을 벗어나는 길은 그들에게 신적인 최대한의 헌신하는 것입니다. 그럼 헌신으로 나의 생각하는 마음을 잃게 되어 나를 구속하는 생각하는 마음도 사라지게 되는 것입니다. 단지 내가 한다는 생각을 버리고, 생각 없는 마음(無心)으로 행하십시오.

얻거나 도달할 것이 없다는 것은 바로 나 자신 자체가 성령이고 불성이어서 나는 항상 이것으로 존재하는 것이지, 몸이나 마음으로 존재하는 에고–나는 찰나에 사라지는 빛이라는 것입니다. 그 불성이 바로 자각의식의 빛이어서, 자각 없는 삼매는 깨어날 수밖에 없어 지속되지 못하는 것입니다. 그래서 내가 일상에서도 그 불성성령의 빛을 자각하며 생활한다면, 그것이 바로 진정한 삼매이고 깨어날 것이 없이 항상 본래의 원초적인 실재라는 것입니다. 대상에 대한 인식함 없이 내적주시로 모든 것이 바로 '나'임을 깨닫는 것(자각)이 그 길입니다.

몸이 내가 아니니 포기하라는 것은, 이 몸은 절대자의 도구로서 행위하는 것이라서, 나라는 존재는 본래는 행위에 대한 의지를 가진 행위자가 아니라는 것입니다. 그래서 나는 신의 도구로서 의지 없이 행위할 때는 내가 행하는 것에 대한 결과에 대해 나는 아무 책임이 없고, 모든 책임은 절대자가 진다는 것입니다. 그런데도 이 몸의 내가 행위자라는 생각을 가지면 대상 인식의 에고행위로 인과가 나타나므로, 몸과 마음이 나라는 생각만 포기한다면 나는 생각하고 행위 할 게 없어 자연 쉬게 되므로, 고요 속에 가려진 자각의 침묵이 본래대로 드러나, 나는 실재로서 현존하게 됩니다.

43

행복이란 중도의 평온이다

배는 최대한 집어넣고, 가슴은 지속되는 들숨으로 팽창시키며, 목과 머리는 위로 미는 바른 자세를 취하고, 지속적인 강렬한 삼킴과 미소를 머금고 흡인하여 호흡내면주시하며, '여기 나— 지금 나' 또는 '나는 누구인가?' 등의 내심염송을 하면, 고요 속에 일자인 '나'에 대한 명상이 되고 마음은 내향심이 되어 가슴심장을 향하여 합일되는데, 그럼 지고자의 자각인 침묵의 무염송이 계속되는 실재가 드러납니다. 그런 바른 자세 안에 삼킴의 미소는 들숨의 흡인력으로 나의 마음을 가슴 내면으로 향하게 하여 심장에 합체 고정시키는 방하착이 나타나며, 드러난 내면가슴심장이 시공 없는 바로 '여기'입니다. 평소 일상에서도 바른 자세와 삼킴의 미소는 나를 실재 안에 머물게 합니다. 그럼 나는 자각으로 본래대로 세상의 중심(Center)인 원점으로 드러나, 경계소멸로 이면이 열리면 본래의 실재 '나'로서 드러나게 됩니다. 그것이 바로 지금 이 순간이며, 그럼 나와 현상계 모든 게 실재로서 일자인 '나' 하나로 고착됩니다.

삼킴 – 중심인 나(나-) – 여기 – 자각 – 지복 – 방하착
미소 – 모든 게 나(나) – 지금 – 실재 – 행복 – 고착

만일 바른 자세가 흐트러지면, 바로 생각하는 에고인간의 나태한 자세가 됩니다. 그럼 자각을 벗어나고 인식으로 인한 세계가 나타나는데, 바른 자세를 벗어나면 중심인 '여기인 나'를 벗어나 생각하는 마음이 나타나고, 삼킴의 미소가 사라지면 '지금의 나'를 벗어나게 되어 인생의 소용돌이에 휘말리게 됩니다. 그래서 설사 방하착이 되더라도 항상 바른 자세로 가슴심장의 주시를 놓쳐서는 절대 안 되며, 심장근원이 이면으로 열려 원습소멸로 일체가 실재로서 고착되도록 노력해야 합니다. 이 몸의 현존을 위해 '여기 나-', '지금 나'와 삼킴의 미소를 잊어서는 안 됩니다.

우리는 세계 안에 이 몸으로 내가 생존한다는 생각으로 존재-의식-지복인 실재의 '나'를 가리고, 에고마음의 무지와 무관심으로 진정한 '나'인 실재를 망각하고 있습니다. 또한, 비이원성인 실재 위의 세계라는 재창조물을 업으로 투사하여 덧씌우고 나 스스로가 미혹에 빠지게 되는데, 즉 어둠 속에서 밧줄을 뱀으로 기둥을 사람으로 신기루를 물로 실제처럼 착각하게 됩니다. 우리가 이런 세상에서 찾는 행복이란 물질적 심적 만족감인데, 무지(無知)와 미혹(迷惑)의 착각으로 인해 나타난 세계라 만족감이란 그때뿐이고, 또한 그 행복감도 일시적이라 사라지는 것으로 쾌락이라고 합니다. 그러나 진정한 행복이란 이런 환적인 세상에 있는 것이 아니고, 내가 내적주시로 내면으로 들어가면 영적으로 깨어나고 빛의 실재인 본래 '나'를 자각하므로, 영원한 실재 존재로 본래 품성인 존재-의식-지복의 충만감이 생각 없는 중도인 지복의 평온으로 드러나는 것입니다.

내가 사는 세계란 양자역학적 법칙과 같이, 세계를 대하고 보는 순간 찰나에 이미 이전의 본성을 잃고 새로운 세계로 변하여 가는데, 빛과 같이 매순간의 변함이라 연속성이 없어 환적인 것입니다. 우리가 착각하는 것이 바로 이 대목인데, 찰나에 순간 변해가며 지나가는 연속성 없는 환적인 이 세상을, 에고인 나의 마음이 각 장면을 기억하고 그런 기억을 연결하여 보니 계속 존재하는 것으로 착각한다는 것입니다. 또한, 태양 빛은 빛의 밝음과 입자로서 열에너지를 동시에 가져 존재를 나타내듯이, 세계도 우리가 볼 때는 입자로서 존재를 드러내 보이지만 보지 않을 때는 빛으로 존재해 보이지 않는다는 것이 양자역학의 설명이고, 실재에서도 똑같습니다. 단지 우리가 보는 그 순간에만 입자에 의한 물질로 보이는데, 그것도 시공을 헤매는 기억하는 마음의 착각으로 연속성을 가지는 것입니다. 그래서 우리는 이런 세계에 대한 물질적 심적인 생각으로, 일시적으로 지나가며 나타나는 환상적인 충족감을 행복이라고 생각 속에 착각하는 것입니다. 그러나 실재의 '나'는 인식으로 보든 안 보든 항상 고착되어 있는 바탕이라서 시공을 떠나 자각으로 현존하며, 본래의 품성인 존재-의식-지복으로 영원하고 무한합니다. 이것이 원광의 영원한 본래행복인 영생입니다.

인간의 모든 행위는 내면가슴에 청정심마음의 빛이 두뇌를 비추면 사고 작용을 거쳐 행위기관인 사지를 통해 일어납니다. 그런데 인간의 몸이 하는 행위에는 마치 신의 행위처럼 두뇌의 생각함이나 의지 없이도 이루어지는 행위가 있습니다. 의학적으로는 불수의근에 의한 행위라 하는데, 우리 몸의 생존이나 방어기전을 위한 심혈관계, 호흡기, 위장관, 생식기 등의 운동으로 우리의 의지나 두뇌의 사고과정을 거치지 않고 자율적으로 이루어지는 신체 운동입니다. 이것도 생각 없이 이루어지는 무위의 하나라 이 몸의 생존은 바로 신의 의지로서 나타나는 행위입니다. 이렇게 이 몸의 내면인 보이지 않는 내장기의 세계도 질서와 조화 속에서 자율적으로 유지되어, 우리는 목숨을 걱정하지 않아도 신의 의지로 자연스럽게 생존해가므로 몸을 통한 수련과 구도의 길을 갈 수 있는 것입니다. 물론 생식기는 수의근도 같이 있어 에고생각에 의한 동물적인 정욕도 일으키지만, 지성의 내적주시로 마음이 내향하면 극복할 수 있는 정신적 힘도 생깁니다. 그러나 일반 근육은 수의근으로 두뇌의 생각의지를 신경계로 명령을 받아 수행하는 행위기관이라, 수행은 내적주시의 흡인으로 마음이 내면에 머물도록 횡격막을 포함한 상체 몸통 근육들이 항상 흡인하고 있도록 훈련시키는 과정이라서, 근육의 긴장수축이 불수의근처럼 무의식적으로 지속될 때까지 노력이 필요합니다.

또한, 우리의 모든 생각은 마음의 움직임에 의한 것이고, 마음의 정체는 실재 '나'인 원광이 원습에 반사된 최초의 '나라는 생각'인 에고이므로, 나의 정체를 알고자 하면 최초의 나라는 생각의 에고마음을 찾으면 되므로 '나'를 찾는 탐구를 하는 것입니다. 그 찾는 자는 비록 이 몸이지만 에고에 의한 외적정신의 지성으로 나를 찾고자 하면 내면으로 향할 수밖에 없고, 청정심인 내적정신은 그런 마음을 더욱더 내면으로 끌어당겨 내면에 머무는 마음이 됩니다. 그럼 머무는 마음은 움직인 바 없이 고요하므로 생각작용은 없어지고, 마음은 본래 없었던 반사광이라 원광인 실재에 흡수되므로 최초의 나라는 생각조차 없어집니다. 그래서 나라는 생각도 없고 에고마음도 없는 내면은 본래 있는 그대로 드러나는데, 바로 본래의 고요 속 침묵입니다.

'고요'는 대상 인식 없는 상태이고, '침묵'의 정체는 바로 실재의 스스로 빛나는 빛에 의한 자각인데 그 빛 자체는 근원의 표출로 비춤인 '원광'입니다. 이 자각의 빛이 스스로 존재함을 아는 '순수의식'으로 영원한 '존재의식'인데, 우리가 찾는 영적자각입니다. 이 몸과 모든 것의 보이지 않는 이면과 저변을 주시자각하십시오. 그것이 바로 자각의 실재인 본래 '나'를 드러내는 길입니다.

44

인격과 인품

　　　　　우리가 일상에서 하는 행위들은 같은 행위임에도 그 사람의 인격을 나타내는 지성에 의해서 서로 각기 다르게 나타나는데, 실지로 그 행위를 절제하고 조화를 이루게 하는 것은 지성 아닌 비인격의 인품입니다. 인격은 우리가 흔히 말하는 지성을 가진 에고적인 마음에 의한 외적인 행위라서 사람에 따라 각기 다르게 나타나고, 본래인품은 모든 사람들의 내재적 성품에 의한 것이라 누구나 다름없이 온화하고 평안합니다. 그래서 우리 스스로의 노력으로 누구나 가지고 있는 올바르고 순수한 본래마음의 내적인품을 드러내면, 세상을 대하는 나의 마음은 질서와 조화 속에 에고심이 줄어 절제 등의 겸허한 심성을 가짐으로, 이웃과 세계를 향한 배려와 나눔의 베풂 성품을 가지게 됩니다.

　사실 개아인 내가 내적 신의 의지를 몸을 통해 행위로 나타내면서, 여기에 에고마음의 개인적인 견해가 외적으로 포함되어 나타난 것이 인격입니다. 그래서 이 몸의 행위라도 에고마음의 생각 없이 본래대로 신의 의지만을 행하면 신과 동일한 인품을 나타냅니다. 이처럼 우리는 비록 인간이지만 누구든지 모두 똑같이 신의 인품을 가진 존재라서, 비록 인격이지만 행위에 대한 외적인 결과들로서 사람들을 비교 평가

하여 구별 분별하는 행위는, 내재된 신을 기만하는 에고행위가 되므로 인간으로서는 절대 조심하고 피해야 합니다. 이 몸 앞에 벌어지는 모든 일에 마음 쓰고 조작하려 하지 말고, '그런가!' 하고 있는 그대로 받아들이고, 에고-나의 마음이 생각함 없이 그냥 지나가십시오.

그런데 형상 가진 이 몸이 내적인 신을 생각하고 신에게 헌신하는 것은 바로 '나'에 대한 것이라 그 자체가 자각하는 것이고, 에고를 떠나게 되어 비로소 나의 행위는 신의 행위인 무위가 됩니다. 그러나 자신의 소원이나 기원을 바라는 것은 대상 있는 이차적이라, 생각하는 에고의 행위가 되므로 절대 피해야 합니다. 그래서 몸과 마음을 포기하여 바치는 진정한 헌신으로 신에 대해 자기순복을 하면, 에고소멸로 본래대로 신과 내가 하나 되어 비로소 진정한 '나'가 드러납니다. 그럼 나는 단일성을 이루고 실재를 드러내므로, 세계를 벗어나 본래대로의 세상이 됩니다. 본래의 '나'에 대한 탐구가 어려우면 이차적이지만 내 안에 하나님 부처님에 대한 헌신의 기도로 순복을 바치십시오. 그럼 에고로서 나의 포기가 되어, 신과 하나 된 본래의 '나'가 드러납니다.

우리는 대상이나 타자에 대한 진정한 헌신과 사랑으로 성자가 될 수는 있지만, 진정한 자신을 깨달아야만 비로소 진인이 되는 것이고 그것은 바로 '자각' 자체입니다. 자각에는 에고의식이 없으므로 몸이 나라는 생각도 없고, 그래서 세계를 보더라도 인식 아닌 자각으로 보기 때문에 구별이나 분별마저 없어져 모든 것을 동질성으로 하나의 '나'인 평등성지로 보게 됩니다. 자각 안에는 나라고 생각하는 개인성의 에고가 없어 몸이나 마음에 대한 인식이 없으므로 생각도 없고, 세계를 향하는 마음도 없어 이루고자 하는 바도 없이 그저 자각으로 바라볼 뿐이라 내적주시와 같습니다. 또한, 본래의 원광인 실재의 자각 안에는 몸을 의식하는 에고란 본래 없어, 이 몸은 단지 세상과 함께 본래대로 실재의 빛으로 빛날 뿐입니다.

내 앞에 벌어지는 일에 대해 인식 생각 판단하는 바가 없다면, 그저 바라보는 것 이외에는 별 행하는 바가 없어서 보는 것 자체는 바로 무위입니다. 그래서 어떤 일이든 생각하는 바가 없이도 행위는 자동적으로 이루어지고, 그럼 그의 시선은 항상 여기 지금 이 순간에만 머물러 있게 됩니다. 이런 무위로서 개인성이 상실된 에고 없는 상태는 인간이 생각으로 하는 어떤 행위보다 더 강렬한 행위가 되어, 가장 최선이고 항상 최고의 행위가 됩니다. 그럼 무위와 함께 드러나는 이 몸의 내재적 신의 인품인 삼킴의 미소가 침묵 속에 자연스레 떠오릅니다.

45

아들에게

우리가 세상을 살다 보면 많은 시련과 고난은 항상 같이합니다. 물론 기쁘고 즐거운 때도 있지만 그것은 잠시고, 어려움과 고통이 바로 뒤따라와 이 몸과 마음을 괴롭히는 게 우리가 사는 세계입니다. 그렇다고 똑같은 상황이 되풀이되는 것은 아니고, 많은 변화와 상황의 뒤섞임 속에 생로병사와 희로애락 등의 현상들이 되풀이되면서 수많은 사건 상황들과 함께 시간은 나의 인생이란 공간을 흘러 지나갑니다. 최근 그대에게 닥친 어려움이 세상을 살다 보면 누구에게나 닥치게 되는 그런 현상들입니다. 그래서 인생의 선배로서 세상을 살면서 얻은 삶을 대하는 태도와 방법들에 대해 몇 가지 이야기해 주려 합니다.

첫째, 항상 내 앞에 놓여있는 상황만을 주시(직시)하십시오.

지금 이 순간 내 앞에 놓여 있는 것만이 바로 나의 복덩어리 행복입니다. 세상사는 기쁨이 있으면 다음엔 꼭 슬픔이 뒤따라오고, 어려움과 슬픔이 있으면 다시 기쁨과 풀림의 순조로움이 뒤따라와 이전 것은 그저 흘러 지나가 사라질 뿐입니다. 그래서 세상사에는 아무리 큰 기쁨이나 슬픔도 그때 그 순간일 뿐 계속 지속되는 것은 전혀 없고,

단지 기억하는 마음속에 남아 있다가 생각으로 다시 나타나 기쁨과 고통을 주고 사라질 뿐입니다. 그것은 단지 과거를 기억하는 회상의 내 생각에 불과하지, 지금 주어져 일어나고 있는 현실은 아니라는 것입니다. 그런 생각에 빠져 있으면 마음으로 가슴심장인 여기가 가려져 사라지므로 나의 인생에서 가장 중요한 '지금이란 순간'의 현존을 생각들로 놓치게 됩니다. 그래서 과거에 대한 회상이나 미래에 대한 예상의 생각을 버리고, 내가 존재하고 있는 지금 이 순간에 내 앞에 주어진 것만 보는 것이 현존으로 현명한 인생이 됩니다.

지금 내 앞에 있지도 않은 것들에 대한 기억들을 억지로 생각하며 후회와 절망한들 그게 무슨 소용이 있으며, 어려운 상황에 무슨 도움이 되겠습니까? 기억이나 생각, 후회나 절망 등은 생각하는 마음의 잔상들로 지금이란 나의 실존을 가리고 헤어날 수 없는 과거의 늪으로 빠지도록 나 스스로를 몰아세우게 됩니다. 우리는 일반적으로 나에게 닥친 고통이나 상황에 대해 원인이 무엇인지 찾으려는 생각으로 지새우며, 분석과 후회로 자신의 마음을 핍박합니다. 그래서 마음에 의한 그런 생각들로부터 벗어나기 위해, 삼킴의 내적주시로 지금 고통받는 그 마음을 이 몸의 안인 내면가슴 어디에 있는지 어떻게 생겼는지 내 마음의 정체를 찾아보라는 것입니다. 그럼 찾는 마음에 의해 아팠던 생각들은 사라지고, 그런 생각들이 없으면 내면은 갑자기 고요해집니다. 생각하는 의식이란 에고―내가 세상을 향한 인식이고, 생각 없는 의식은 본래의 진정한 '나'에 대한 자각으로 침묵입니다. 그럼 고요 속에 여기 내면에 본래의 생각 없는 '나'가 존재한다는 자각을 하게 되므로, 지금 이 순간 '나'는 실재로서 현존하게 되고, 그러면 지복인 본래

행복이 바로 내 앞에 펼쳐지게 됩니다. 그래서 꿈같은 생각을 버리고 나를 주시하십시오.

지금 이 순간 내 앞의 것만이 진정한 나의 것이지 생각 속이나 멀리 있는 것은 내 것이 아닙니다. 물론 나의 것이란 건 본래 없습니다. 지금 이 순간에 내 앞에 없는 것을 억지로 찾거나 만들려고 하지 마십시오. 과거미래에 꿈같은 일들은 생각 속에 지나가는 것이라서 환상입니다. 그래서 지금 이 순간에 내 앞에 있어 존재하는 것만이, 바로 나의 복덩어리 지복입니다.

인생의 모든 일과 사건들은 지속됨이 없이 순간순간 그냥 스쳐 지나갑니다. 항상 내 앞에 주어지는 상황이나 있는 그대로의 현상들을 좋든 싫든 유불리를 따지지 말고, 생각함이 없이 단지 주시하고 그냥 있는 그대로 겸허히 받아들이는 것이 세상과 충돌하지 않고 나를 다치지 않아 마음 쓰지 않고 평안케 하는 현명한 삶이 됩니다. 다양성세계의 사건 상황에 대한 끊임없이 일어나는 생각들을 포기하여, 세상을 향한 탐욕과 행동에 극단적이고 무모한 용감성은 버리고, 내 마음이 뒤돌아서 내면으로 향하고 머물러 쉬게 하여 절대적인 본래의 평온을 되찾으십시오.

둘째, 항상 나 자신을 주시하여 놓치지 말고 느끼십시오.

세상사에 대한 수많은 생각들로 헤매며, 마음이 이 몸의 나를 벗어나지 않도록 하십시오. 마음이 나를 벗어나면 마음의 움직임인 생각은 불필요한 과거와 미래의 세계를 헤매며 머릿속을 혼동으로 몰아가, 나에게 과거에 대한 고통과 필요 없는 상상 속에 꿈같은 희망을 안겨

주며 정작 행복 있는 지금 이 순간에 내가 존재로서 머물 수가 없게 만듭니다. 세상과 나에게 일어나는 과거나 미래에 대한 생각을 버리고, 먼저 이 몸을 느끼고 강렬한 삼킴으로 날숨까지 흡인하여 내면가슴, 심장중심에 자각의 빛남인 침묵을 느끼게 될 때까지 내적주시하십시오.

진정한 '나'란 존재는 여기 지금 이 순간에 자각으로 존재하는 실재이지, 몸과 마음의 인식으로 세상을 바라보며 사는 이 몸의 에고는 아닙니다. 그래서 모든 것으로 가득 차 보이는 세계에 대해 소유하려는 욕망으로 마음이 탐욕에 빠지지 않게 하십시오. 세상에 대한 탐욕에 빠지면 바로 진정한 '나'는 가려져 자각되지 않고 욕망이 채워질 때까지 세상을 헤매게 됩니다. 에고들의 세계인 사회란 개아들이 자신을 보호하고 상호이익을 얻기 위해 구성된 집단체라서, 실지로 타자인식의 생각하는 에고-나 하나만을 위해서 존재하는 것은 결코 아닙니다. 그런 데다 실지로 사회는 공동체적인 협력보다는 에고마음들이 자기보호적, 이기심의 생각으로 상호 간에 시기, 암투, 이용, 사리사욕 등의 다툼이 더 많이 다반사로 일어난다는 것에 유의하십시오.

본래는 세상 모든 것이 각기 자각의식의 빛으로 일자로서 존재하며, 이 몸 또한 똑같이 자각으로 존재하는 것이지 대상을 생각하는 인식의 마음에 의해서는 아닙니다. 그래서 세상의 모든 것이 있는 그대로 존재하는 것일 뿐, 개인의 소유 대상은 절대 아니라는 것입니다. 그래서 탐욕스런 에고-나와 타인들의 에고로 본래의 진정한 '나' 자신이 가려져 점령되지 않도록, 세상보다 먼저 나 자신을 스스로 내적주시하고 항상 느끼십시오.

셋째, 항상 나를 잘 관리하십시오.

나 자신의 몸과 주위주변을 항상 깔끔하게 정리 정돈 잘하는 것이 마음이 달리 생각하거나 신경 쓸 게 없어 욕심 없이 나를 평온하게 해 주고, 이것이 바로 나를 행복의 지금에 머물게 하는 길입니다. 또한, 주위에 대한 베풂의 헌신으로 스스로를 잘 관리하면 딴생각이 없어져 자연스레 밝음 속에 고요가 찾아오고, 그것이 지금 이 순간에 머물러 나를 행복으로 이끄는 길입니다.

배는 안으로 집어넣고, 가슴은 들숨으로 앞과 위로 최대한 팽창시키며, 목과 머리는 위로 솟구치듯 밀면 바른 자세가 이루어집니다. 이 자세는 평소에도 지속되도록 몸에 익숙해지게 노력해야 합니다. 이 바른 자세가 무너지면 몸으로 사는 인간으로서 생각하는 에고의 나태한 자세가 되어 피곤한 인생이 됩니다. 몸이 편한 것보다는 이 바른 자세가 몸과 정신건강에 좋습니다.

이 바른 자세 안에 강렬한 삼킴의 미소로 코 안의 공기를 느끼면 들숨은 지속적으로 자동 흡인되고, 날숨까지 흡인되도록 지속하면 일념집중의 호흡내면주시가 이루어져 마음은 내면가슴에 머물러 고요해집니다. 그럼 생각하는 마음이 사라진 내면가슴은 고요 속에 침묵이 드러나는데, 이면에 잠과 같은 침묵까지 주시자각하면, 자체발광의 자각하는 순수의식이며 바로 진정한 '나'인 실재가 드러납니다. 그럼 본래의 참나 안에 안주하는 진아 안주가 이루어지며, 나는 지복의 평안 안에 잠기게 됩니다. 그렇다고 나만 생각하게 되는 것은 아니고, 모든 것을 나로 보는 자각으로 타자인식이 안되므로 모든 게 서로 다를 게 없는 '평등성지'로, 이 몸의 주위와 세상 모든 것에 대한 배려와 베풂, 사랑, 자비는 기본이 됩니다.

삼킴의 미소 ➡ 지속적인 흡인 ➡ 호흡내면주시 ➡ 일념주시 ➡
머무는 마음 ➡ 방하 착 ➡ 가슴심장합일 ➡ 자각의 침묵 ➡
진아 안주 ➡ 지복과 평안

46

잠과 생시의 중간에서

우리는 누구나 어린아이들의 천진난만하게 웃는 표정을 좋아하는데, 그 웃음을 보고 있으면 우리를 아무 생각 없이 있는 그대로 아이의 맑은 표정에 그냥 빠져들게 되기 때문입니다. 그것은 나의 본래적이고 원초적인 지복의 평온상태라서 누구도 거부할 수 없는 것입니다. 또한, 우리는 은연중에 고정, 정지, 고착되어 변하지 않고 어떤 것에도 영향받지 않는 참된 것을 원하는데, 그것이 나의 원초적이고 본래적 성품이기 때문이며, 이런 본래 품성들은 바로 근원의 실재인 자각이며 순수한 의식으로 세상 모든 것들의 바탕이자 토대가 됩니다.

고정 = 연속. 무한 = 지속. 영원 = 영구 = 실재

이런 실재의 무한함과 영원함은 일자의 완전함 그 자체입니다. 그런데 존재의 다양성 등 유한하다는 것 자체는 일자인 무한함에서는 절대 있을 수 없는 것이라, 하나님의 완전함에는 창조나 개아라던가 하는 분리와 유한의 개념들은 절대 있을 수 없는 것이고, 단지 개아인

에고의 생각 속에만 창조가 있는 것입니다. 그래서 전지전능하시다는 하나님의 완전함에는 모든 게 하나일 수밖에 없어서, 신 개아 현상계들로 나타나는 다양성과 창조는 절대 있을 수 없는 환상이고, 인간의 생각하는 마음 안에 창조의 세상으로 하나님 우주 개아가 나타나는 것입니다. 그래서 나의 생각하는 마음이 없으면 모든 게 본래 있는 그대로 실재입니다.

밝은 태양 아래 잠에서 깨어나 생활하는 생시를 우리는 깨어있는 상태라 생각하지만, 그것은 무지에 덮여있는 어둠의 상태입니다. 그러나 어둠에 덮여있어 잠을 자는 상태는 실지로 무지가 없어 맑게 깨어있는 상태인데, 인간에고의 관점에서 볼 때는 전혀 반대상태로 착각하게 되는 것입니다. 물론 의식 없고 깨어있지 못한 에고의 잠은 무지에 쌓인 인간의 잠일 뿐이며, 그것은 생시의 무지가 잠 속의 무지인 무의식으로 이어진 것입니다. 우리는 이런 무지와 같은 무의식 속의 잠에서 깨어나야만 맑은 본래의 자각의식 속에 잠을 자게 되는데, 그것은 생시에 자각으로 깨어있어야만 잠 속에서도 맑게 깨어있는 본래의식으로 존재하게 됩니다. 깨어있는 의식이란 외부의 대상에 대한 인식이나 몸을 빌려 존재하는 것이 아닌, 스스로 존재함을 아는 순수의식인 '자각'입니다. 그래서 이 몸의 내가 실재존재로서 존재하려면 생각함이 없이 항상 가슴심장을 주시자각하고 있어야 합니다. 그 자각은 현상계의 바탕인 허공 같은 침묵의식으로 실재 '나'로, 잠 꿈 생시는 바탕인 '나'의 앞을 지나가는 현상에 불과하여, '나'는 마음 쓸게 없이 단지 바라만 볼 뿐이어서 본래대로 고요 속의 평안 그 자체입니다.

자각은 몸으로 사는 인생에서는 몸과 마음이 나라는 생각을 포기해야만 드러나는 것인데, 방법은 일념집중의 주시라는 것입니다. 그래서 에고-내가 깨달음의 자각으로 가는 길은 내적주시가 절대필요조건이며 이것이 밖을 향한 마음을 내면으로 되돌리는 것인데, 밖을 향한 마음(외향심)은 대상 인식을 위한 것이고, 뒤돌아서 안을 향한 마음(내향심)은 스스로의 존재를 아는 자각이라 본래대로 초월적이고 원초적인 상태로 드러납니다.

이런 주시는 오관의 끊임없는 내적주의집중으로 나를 느끼는 것을 말합니다. 주시의 방법은 수없이 되풀이하여 기술한, 바른 자세 안에 삼킴의 미소로 지속적인 흡인하여 마음이 내면에 머물게 하는 것입니다. 그럼 내적주시에 의한 마음소멸로 자각이 이루어지면, 세계는 실재인 '나'의 주관으로 내 앞을 지나가는 현상이란 것을 알게 되며, 세상의 대상물들이 인식대상이라는 관념이 없어지므로 인식 대신 단지 자각으로 주시할 뿐입니다. 또한, 다른 방법으로는 에고의 지성으로 살펴보는 집중의 대상으로 몸 안의 '기'가 있는데, 시작은 부분적으로 손가락 등 사지에서 시작하여 몸 전체적으로 느끼면 내적주시가 이루어져, 실재가 드러나게 됩니다. 단지 처음 호흡내면주시 전에 집중주시의 방법을 수련하는 과정이며, 여기에만 몰두하면 내적주시를 놓치게 되고 기 수련으로 끝날 수도 있습니다.

우리는 몸에 동물성의 '혼' 때문에 마음이 움직여 인식을 하므로, 구분하여 인식 사고하는 마음기능으로 인간으로서는 마음이 편치 못해 고통이 뒤따르게 됩니다. 그러나 본래 품성인 신성의 '영'으로 나를 자각한다면, 마음은 내면에 가라앉고 가슴심장으로 사라져 고요와 침묵으로 평안의 지복을 누리게 됩니다. 이렇게 인간은 '영혼'으로서 신성과 동물성을 동시에 가지고 있는데, 동물성보다는 영의 신성을 드러내는 게 좋지 않겠습니까? 그것은 마음은 쉬게 하고 내적주시로 자각하는 것입니다.

이 몸이 나라는 생각으로 나를 몸과 동일시하는 한, 절대 자각은 있을 수 없어 항상 무지로 덮여 잠까지도 무의식상태가 됩니다. 물론 잠의 상태가 생시의 무지보다는 덜해 나는 생각 없이 편안한 잠을 즐기게는 되지만, 본래대로 완전하지는 않습니다. 에고-나는 순수한 잠의 상태에서는 존재할 수가 없어 원습으로만 잠재되어 있지만, 진정한 '나'는 잠에서도 존재하는 순수의식인 자각입니다. 그래서 잠, 꿈, 생시의 모든 상태에 항상 존재하여 바탕이 되는 것은 자각의 실재인 본래의 '나'입니다.

이런 자각만이 항상 나를 존재께 하는 것이지, 에고는 단지 생시의 한 상태에만 인식을 위해 존재하므로 우리는 인생의 절반만 살뿐입니다. 그래서 깨어있는 자각으로 본래의 '나'로 온전한 100% 인생을 즐겨야 하지 않겠습니까? 그러기 위해 바로 밝은 이 생시에 자각의 침묵과 잠의 고요함이 공존하는 깨달음으로 가야 합니다. 잠과 같이 에고 없는 무의식(생각 없음)의 고요함과 생시와 같이 깨어있는 자각의 침묵을 이 몸에 동시에 갖는다면, 그것이 우리가 간절히 바라는 평온의 지복입니다.

'잠과 생시의 중간상태'란 우리가 막 잠에서 깨어나는 순간으로 나라는 에고인식이 막 시작하는 순간이지만, 그런 내적인식과 바로 깨달음의 깨어있는 순간인 자각이 공존하는 상태입니다. 그 상태가 바로 밖으로 향하기 전의 내면에 머무르는 마음인 순수에고의 고요함과 본래대로의 실재의 자각이 겹쳐있는 순간입니다. 그 순간은 모든 생각이 일어나는 근원이기도 하지만, 생시에는 생각과 생각들 사이의 틈새인 간격과 같기도 합니다. 많은 선각자들은 이 틈새가 침묵으로 세상의 바탕인 허공과 같아 바로 깨달음으로 가는 길이라고 평소에 꼭 찾아야 된다는 가르치심입니다. 이때 에고는 내면에 머무는 상태라 순수에고라 하며, '나'라는 생각뿐인 머무는 마음이라서 자각의 청정심상태입니다. 그곳은 바로 생각들의 뿌리가 되는 근원이고, 내가 찾고자 하는 최종의 주시점이기도 한 가슴심장 안에 마음허공의 침묵입니다. 주시는 세계를 향한 인식이 아니고 내면을 향하여 나의 근원을 찾고자 지성의 마음으로 내면을 집중하여 살펴보는 것으로, 내적주시로 에고-나는 근원에 합일 소멸되고 실재 '나'의 자각이 드러나, 스스로 빛나는 의식허공의 침묵을 드러내는 것입니다. 주시자각으로 실재가 드러나면 모든 것의 겉모습이 아닌, 형상의 이면과 저변에 침묵의 허공을 알게 됩니다. 그것이 자각의 주시이며 주시자의 단안으로 세 존재 상태의 바탕으로 드러나는 길이며, 그럼 세 허공은 본래 의식허공으로 하나 됩니다. 모든 현상들은 지나가면 사라지고, 자각의 빛으로 빛나는 실재의 '나'만이 영원한 바탕으로 실존이고 현존이며 절대자의 친존입니다.

세상에 인간들의 인식으로 신을 찾는 종교에서는 절대로 구원은 있을 수 없어, 현재에도 종교전쟁과 이념 등의 투쟁으로 서로 분열되고 혼란되어 나타납니다. 그래서 세상을 생각하거나 구애됨 없이 속박에서 벗어나려면, 지금 이 순간 내 앞에 있는 그대로만 보고 생각함 없이 받아들여, 일념집중의 내적주시로 내 안에 본래 '나'를 드러내 실재의 '나'로서 존재하면 됩니다. 그것이 허공의 침묵이며 침묵의 허공인, 자각의 원광입니다.

47

성호 긋기와 선의 세계

근원의 실재인 빛이 비춤으로 반사와 산란이 순간인 찰나에 일어나 나타났다 사라지는 나와 인간세계는 순간 빛에 의한 순간의 생멸이어서 창조나 존재라고 할 수도 없어, 본래의 실재대로 불생불멸입니다. 그런 빛을 발하는 실재는 본래 원광이라 늘 있는 그대로 이며 어떤 변화도 없이 본래대로 끊임없이 빛을 발하고 있어 불생불멸이고, 또한 모든 것을 자각의 빛으로 주시하므로 모든 것도 원광 빛의 영원한 순간 안에 본래대로 있는 그대로의 불생불멸입니다. 그런데 우리가 말하는 창조에 의한 세상과 문명의 진보와 발전은 두뇌의 생각과 기억장치의 조합에 의한 것이라 인간에고마음의 생각 속에 환상일 뿐입니다.

우리가 가고자 하는 목표와 수행의 과정은 에고지성에 의한 것이지만, 인간으로서 포기와 함께 본래대로의 실재를 회복하고 있는 그대로인 실재의 완전함을 드러내려는 것입니다. 그래서 우리에게 과거나 미래는 아무 의미가 없다는 것을 알고, 자신이 지금인 현재에만 존재한다는 것을 알아야 합니다. 그리고 현재를 시간개념이 아닌 존재개념의 '지금'으로 이끌도록, 세상모든 것의 중심이며 원점인 원광으로 본래실재인 자신의 존재를 깨닫기 위한 일념집중의 내적주시로 항상 자각해야 합니다. 이것이 바로 인간으로서 삶의 목적이자 의무입니다.

 십자가 성호를 긋는 것은 성부 성자 성령인 삼위 신이 나의 내면에서 본래대로 하나로 합체되어 일체 됨을 의미하는데, 우리는 성호를 몸의 외부에다 그으므로 본래의 의미를 잃어버리게 됩니다. 성호는 내면에서 주시의 자각으로 그어야 하며, 수직으로는 먼저 상단전인 두 눈 사이 내면을 느끼며 오관의 기능을 한곳(상단전=송과 체)에 집중하여 마음을 흡인하고 천천히 성부를 하며 점을 찍으면, 두뇌의 의식계인 생각하는 마음들이 내면가슴으로 흡인되어 고요해지고, 마음 빛에 의한 두뇌에 상습 활성화가 중단되어 생각이 소멸됩니다.

 다음, 배를 집어넣고 하단전인 아랫배 골반 안을 느끼며 주시하고 천천히 성자하고 점을 찍으면, 지속적인 흡인으로 아랫배는 단단한 반석이 되어 횡격막이 아래로 고정되고 가슴은 최대한 팽창되어 음압이 계속되므로 지속적인 흡인으로 마음은 내면 가슴에 머물게 됩니다.

 성령은 중단 전인 내면가슴중심이며 원점인 심장근원을 느끼며 수평으로 긋는데, 그럼 마음은 가슴심장 빛에 합일 소멸되고 드러난 실재자각의 빛으로 모든 게 하나 되어, 이면중심에 실재의 '나'가 드러나 바로 하나님과 하나 되면 원습마저 사라지고, 고요와 침묵 안에 충만감이 넘쳐 자연스레 미소를 머금고 본래대로 모든 게 하나로 고정됩니다. 이 모든 과정은 묵언의 내심염송입니다.

 성부 성자의 '수직성호'는 바른 자세에서 삼킴의 호흡내면주시로 마음이 흡인되어 내면은 고요해지며, 상중하 단전이 하나 되는 방하착과 같은 자각의 상태로, 호흡은 지속적인 흡인으로 끌어들여 나가는 날숨도 멈추게 되므로, 여기의 내면가슴심장인 근원의 실재가 고요 안에 침묵으로 드러나 빛납니다.

성령(성신)의 '수평성호'는 미소의 내적주시로 대지성을 자각하여 모든 경계가 사라지므로 '지금 이 순간'에 현존하여 근본무지의 원죄를 벗게 되는데, 내면가슴심장에서 하나님과 나와 세상 모든 게 하나로 합체되는 삼위일체의 합일점인 심장 중심의 원점에는 바로 본래의 실재인 '나'가 원광으로 빛나며 침묵으로 드러나는 것입니다. 이것이 바로 이 몸의 내면가슴심장에서 합체로 이루어지는 십자가의 의미입니다.

내면에 성호를 긋고 나를 내면 십자가의 합일점인 중심에 고정하십시오. 그럼 가슴심장에는 끊임없이 근원의 빛을 발하는 삼매가 드러납니다. 그래서 수직 그음은 바른 자세 안에 삼킴으로 내면의 세단전은 하나 되고, 수평 그음은 미소로 대지성을 자각하게 되므로 일체가 원점이며 영점인 중심점에 합체되어, 일자인 근원으로 드러나고 하나님과 하나 되어 영생합니다. 그래서 성호 긋기와 여기 '나'에 대한 명상의 선은 근원의 실재를 드러내는 침묵의 묵상 명상으로, 가장 직접적인 구도의 길입니다.

마 치 면 서

　　전제가 잘못된 질문에 대한 대답 자체는 처음 잘못된 시작 때문에 어떤 대답이 되었던 결론 역시 잘못된 결과가 됩니다. 또한, 그 오류는 서로 많은 상반된 생각의 결과들이라서 인간사회에서는 서로 간에 결론 없이 끊임없는 논쟁만 일으킵니다. 그래서 먼저 잘못된 그 전제를 올바르게 바로잡아야만 우리는 오류와 논쟁에서 해방될 수 있습니다. 그 잘못된 전제는 몸과 마음의 에고—내가 실재의 '나'라는 생각으로, 순간의 세계도 실재한다는 착각을 일으키는 무지의 원죄입니다. 개아로서 영혼이나 몸이 나라고 생각하는 마음인 에고는 실재인 원광의 반사광이라서 본래 실재하지 않는데, 실재한다는 착각 속에서 나오는 관념이나 사고는 시작이 잘못된 전제의 오류입니다. 그래서 많은 철학적, 종교적 이론들이 진리추구에 결론 없이 끊임없이 서로 논쟁하는 이유가 바로 반사광으로 허상인 마음의 착각에 의한 것입니다. 더군다나 그런 허상으로 환상인 찰나세계에서 무지인 에고관념으로 진리인 근원을 찾는다는 것 자체가 모순입니다.

　　몸과 마음이 나라는 생각의 에고의식은 실재 '나'를 가로막는 덧씌움의 무지이고, 그런 에고는 자신이 실재라고 착각하는 잘못된 동일시의 원죄를 저질러, 우리 사는 세계는 착각과 오류로 영화 같은 드라마를 펼칩니다. 그뿐만 아니라 에고-나는 실재와 이 몸 사이에 매듭을 지어 세상을 실재로 밝히는 생명인 진리의 빛을 가리고 차단하므로, 이 몸의 나는 세상을 실재로서 못 보고 전도망상의 세계에 빠져 환상 속에 헤매게 됩니다. 그래서 이런 에고마음을 제거해야만 가려진 실재의 '나'가 드러나는데, 몸으로 사는 에고-나로서는 그 마음을 없앨 수가 없으므로, 에고를 본래 나온 내면의 가슴심장인 근원으로 되돌려 보내는 것입니다. 그럼 반사광인 에고는 실재인 원광에 합일 소멸하므로 에고매듭은 풀리고 무지도 사라져, 나는 본래대로 근원실재로 드러나 진리인 근원 빛을 전하는 길이 되고, 그럼 세상도 본래의 생명 빛으로 실재로서 드러나게 됩니다.

지금까지 많은 말과 글들은 본래 '나'인 실재를 드러내기 위해 에고-나의 생각을 없애려는 것인데, 방법은 내적주시와 흡인으로 세상을 향한 에고마음의 대상 인식을 버리면, 마음생각으로 가려진 세상도 이 몸과 함께 자각하는 본래의 빛에 의해 바로 실재로서 드러나게 됩니다. 에고-나가 실재를 가로막고 또한 실재의 빛을 반사와 산란으로 흐리게 하였으므로, 에고지만 이 몸 지성의 끊임없는 내적주시의 노력으로 세상의 산란된 빛은 도로 흡인하고 마음이 원광에 합일 소멸하면 에고매듭도 자연 풀리게 되므로, 가려진 원광이 본래대로 빛나 세상 모든 게 하나인 생명 빛으로 본래실재로 드러나게 됩니다.

 바른 자세로 삼킴의 미소를 머금고, 숨길 음식 길을 통한 지속적인 흡인으로 날숨마저 내면에 머물도록 들숨만을 지속적으로 흡인합니다. 이때 온몸이 땀구멍들까지 흡인하도록 강렬한 일념집중의 내적주시로 흡인을 하여야 합니다. 이 과정으로 무엇을 이루거나 된다는 것은 아예 없고, 무엇을 버린다는 것도 없습니다. 단지 끊임없는 지속적인 들숨의 흡인으로 에고는 근원에 합일되어 생각하는 마음이 사라지므로, 고요한 내면에는 가려진 '나'의 원광이 본래대로 드러나면 모든 게 영원한 근원의 실재입니다. 그럼 실재인 원광이 이 몸과 온 누리에 본래 있는 그대로 드러나고 나와 세상은 그냥 평온합니다.

참고문헌

대한기독교회, 『성경전서』, 대한기독교서회, 2016.

라마나 마하르쉬, 대성 역, 『라마나 마하르쉬와의 대담』, 탐구사, 2003.

데이비드 갓맨, 정창영 역, 『있는 그대로』, 한문화, 2004.

까라빠뜨라 스와미, 대성 역, 『불이해탈』, 탐구사, 2007.

락슈마나 샤르마, 대성 역, 『마하요가』, 탐구사, 2001.

모리스 프리드먼, 대성 역, 『아이 앰 댓』, 탐구사, 2007.

에크하르트 툴레, 노혜숙·유영실 역, 『지금 이 순간을 살아라』, 양문, 2008.

에크하르트 툴레, 류시화 역, 『NOW』, 위즈덤하우스. 2008.

에크하르트 툴레, 류시화 역, 『삶으로 다시 떠오르기』, 연금술사, 2013.

현각, 허문영 역, 『선의 나침반 1, 2』, 김영사, 2010.

대한불교조계종 불학연구소·전국선원수좌회, 『간화선』, 조계종출판사, 2015.

법상, 『금강경과 마음공부』, 무한, 2008.

홍정식, 『반야심경/금강경/법화경/유마경』, 동서문화사, 2016.

보만·화현, 『불멸』, 지혜의눈, 2006.

최현각, 『선어록산책』, 불광출판사, 2005.

법정, 『숫타니파타』, 이레, 2005.

법정, 『진리의 말씀』, 이레, 2009.

차차석, 『선어삼백칙』, 여시아문, 2004.

법상, 『반야심경과 마음공부』, 무한, 2017.

김태완, 『마조어록』, 침묵의 향기, 2012.

파드마 삼바바, 류시화 역, 『티벳사자의 서』. 정신세계사, 1995.

금인숙, 『신비주의』, 살림, 2006.

조규홍, 『플로티노스』, 살림, 2006.

박경숙, 『아우구스티누스』, 살림, 2006.

권수영, 『프로이트와 종교』, 살림, 2005.

김원명, 『원효』, 살림, 2008.

우봉규, 『달마와 그 제자들』 살림, 2008.

이순칠, 『양자컴퓨터』, 살림, 2003.

박재모, 『초끈이론』, 살림, 2004.

김영철, 『안셀무스』, 살림, 2006.

최인숙, 『칸트』, 살림, 2005.

김태항, 『카발라의 신비 열쇠』, 하모니, 2013.

원순, 『선수행의 길잡이』, 법공양, 2016.

라마나 마하르쉬, 대성 역, 『라마나 마하르쉬 저작전집』, 탐구사, 2001.

김태항, 『도마복음과 카발라』, 하모니, 2010.

곽영직, 『양자역학의 세계』, 동녘, 2008.

내 안에 있는
원초적 고독

펴 낸 날   2017년 08월 07일

지 은 이   이병국
펴 낸 이   최지숙
편집주간   이기성
편집팀장   이윤숙
기획편집   윤일란, 허나리
표지디자인   이윤숙
책임마케팅   하철민, 장일규
펴 낸 곳   도서출판 생각나눔
출판등록   제 2008-000008호
주   소   서울시 마포구 동교로 18길 41, 한경빌딩 2층
전   화   02-325-5100
팩   스   02-325-5101
홈페이지   www.생각나눔.kr
이 메 일   bookmain@think-book.com